AF554021

दादा-दादी
नाना-नानी
कहानियाँ रिश्तों की

शृंखला की अन्य पुस्तकें

दादा-दादी नाना-नानी

कहानियाँ रिश्तों की

श्रृंखला सम्पादक

अखिलेश

सम्पादक

डॉ. राजकुमार

राजकमल प्रकाशन

नयी दिल्ली पटना इलाहाबाद कोलकाता

ISBN : 978-81-267-2540-3

मूल्य : ₹ 350

पहला संस्करण : 2014

प्रकाशक : राजकमल प्रकाशन प्रा. लि.
1-बी, नेताजी सुभाष मार्ग, दरियागंज
नई दिल्ली-110 002

शाखाएँ : अशोक राजपथ, साइंस कॉलेज के सामने, पटना-800 006
पहली मंजिल, दरबारी बिल्डिंग, महात्मा गांधी मार्ग, इलाहाबाद-211 001
36 ए, शेक्सपियर सरणी, कोलकाता-700 017

वेबसाइट : www.rajkamalprakashan.com
ई-मेल : info@rajkamalprakashan.com

मुद्रक : बी.के. ऑफसेट
नवीन शाहदरा, दिल्ली-110 032

KAHANIYAN RISHTON KI : DADA-DADI NANA-NANI
Series Editor Akhilesh
Edited by Dr. Rajkumar

प्रकाशकीय

'कहानियाँ रिश्तों की' पुस्तक शृंखला की योजना सहसा नहीं बनी। यह अनुभव किया जा रहा है कि विभिन्न आर्थिक, सामाजिक और व्यक्तिगत कारणों से सम्बन्धों की अन्त:सलिला क्षीण हो रही है। सम्बन्ध वे सतरंगी सूत्र हैं जिनसे मनुष्यता का इन्द्रधनुषी पट बुना और बना है। व्यापक स्तर पर कहें, तो समग्र सृष्टि ही सम्बन्धों के सतत चक्र का प्रतिफल है। हमारा ध्यान हिन्दी कहानियों की ओर गया जिनमें सम्बन्धों की एक समृद्ध मंजूषा मौजूद है। साहित्य की यही विशेषता है कि वह विस्मृति का धुँधलका दूर कर पाठक को मनुष्यता की नई सुबह के लिए जाग्रत करता है।

इस सन्दर्भ में अनेक रचनाकारों और मित्रों से चर्चा हुई। उन्हें भी यह योजना अच्छी लगी। तय किया गया कि इस पुस्तक शृंखला में कुछ चुनिन्दा सम्बन्धों पर पुस्तकें प्रकाशित हों। फलत: जिन सम्बन्धों पर पुस्तकें प्रकाशित की जा रही हैं वे है—प्रेम, दाम्पत्य, परिवार, माँ, पिता, सहोदर, दादा-दादी नाना-नानी, बड़े-बुजुर्ग, दोस्त, गाँव-घर, मानवता। ये पुस्तकें पाठकों की संवेदना व भावना को प्रशस्त करेंगी, ऐसी हमारी मंगलाशा है।

हमारी हार्दिक इच्छा है कि सुधी पाठक इन पुस्तकों को पढ़कर अपनी प्रतिक्रियाओं से हमें अवगत कराएँ। पुस्तकों में सम्मिलित कहानियों पर अपनी राय देते हुए यह सुझाव भी दें कि इन सम्बन्धों पर और किन कहानियों को शामिल किया जा सकता है। यह भी बताएँ कि क्या कुछ और ऐसे सम्बन्ध हैं जिनको केन्द्र में रखकर लिखी गई कहानियों को इस शृंखला में रखा जाना अपेक्षित है। पाठकों की सहभागिता से ही शब्दों का लोकतंत्र मजबूत होता है।

'कहानियाँ रिश्तों की' शृंखला की पुस्तकें विभिन्न अवसरों पर भेंट की जा सकती हैं।...या कोई भी व्यक्ति इन्हें पढ़ते हुए अपने रिश्तों का कोई गुमनाम...लापता सिरा हासिल कर सकता है। यह भी जाना जा सकता है कि समय और समाज की गति-मति रिश्तों में व्याप्त आत्मीयता को किस तरह तीव्र अथवा क्षीण करती चलती है। एक संक्रमणशील समाज में सम्बन्धों के भास्वर भविष्य को समर्पित है यह पुस्तक शृंखला-'कहानियाँ रिश्तों की'।

रिश्तों की बुनियाद पर

सम्बन्धों पर आधारित कहानियों की यह श्रृंखला पाठकों, शोधार्थियों, समाजशास्त्रियों और सामाजिक चिन्तकों के लिए सादर प्रस्तुत है।

यूँ तो हर अच्छी कहानी, सभी अच्छे किस्से इनसानी रिश्तों की बुनियाद पर ही रचे जाते हैं किन्तु कहानियों के हमारे इन संकलनों की नाभि में रिश्तों को सबसे प्रमुख कारक मानने के पीछे कुछ अन्य वजहें भी हैं जिनकी चर्चा यहाँ अनुचित नहीं होगी।

भारतीय समाज में रिश्तों को जितनी मजबूती, आत्मीयता और ऊर्जा हासिल रही है, वह विरल है। एक तरह से कहा जा सकता है कि इस देश के यथार्थ को रिश्तों की समझ के बगैर जाना-समझा नहीं जा सकता है। माँ-पिता, भाई-बहन, दोस्त, दादी-नानी, बाबा-नाना, मामा, मौसा-मौसी, बुआ-फूफा, दादा, चाचा, दोस्ती–अनगिनत सम्बन्ध हैं जो लोगों के अनुभव-संसार में जीवन्त हैं और जिनसे लोगों का अनुभव-संसार बना है। इसीलिए हमारे देश की विभिन्न भाषाओं में लिखी गई कहानियों, उपन्यासों आदि में ये रिश्ते बार-बार समूची ऊष्मा, जटिलता और गहनता के साथ प्रकट हुए हैं। न केवल लेखकों, कवियों, कलाकारों बल्कि सामाजिक चिन्तकों के लिए भी ये रिश्ते एक तरह से लिट्मस पेपर हैं जिनसे वे अपने अध्ययन क्षेत्र के निष्कर्षों, स्थापनाओं, सिद्धान्तों की जाँच कर सकते हैं। अत: रिश्तों पर रची गई कहानियों की यह श्रृंखला हमारी दुनिया का अंकन होने के साथ-साथ हमारी दुनिया को पहचानने और उसकी व्याख्या करने की परियोजना के लिए सन्दर्भ कोश के रूप में भी ग्रहण की जा सकती है।

कहना जरूरी है कि हमारे देश में विभिन्न प्रकार के नजदीकी मानव सम्बन्धों का स्वरूप कोई स्थिर चीज नहीं रहा है। तरह-तरह के सामाजिक, आर्थिक, सांस्कृतिक परिवर्तनों के सापेक्ष उसमें बदलाव होते रहे हैं। इस श्रृंखला की विभिन्न कड़ियों में कहानियों के चयन के समय इस बात का ध्यान रखा गया है कि वे किसी एक खास अवधि या कालखंड की न होकर समूची हिन्दी कहानी के खजाने से चुनी जाएँ। अत: इन कहानियों के पाठ से गुजरना आधुनिक समाज के परिवर्तन, विकास

और इनके मानव आत्मा पर पड़नेवाले असर को समझने में भी मददगार हो सकता है। यहाँ उल्लेखनीय है कि कहानियाँ सामाजिक अध्ययन की खुराक भर न हों, इनके होने की बुनियादी और अपरिहार्य शर्त इनका कहानी के रूप में भी सार्थक और विशिष्ट होना है। इसलिए आप इस शृंखला के विभिन्न संकलनों में हिन्दी के वरिष्ठ एवं नए कथाकारों की प्रसिद्ध कहानियों को पढ़ सकते हैं।

इस योजना के सम्पादन के सन्दर्भ में यह कहना आवश्यक है कि इसके प्रत्येक संकलन के अलग-अलग सम्पादक हैं जिनकी समकालीन रचनाशीलता में अपनी ठोस उपस्थिति है। सम्पादन और चयन का वास्तविक कार्य उन्होंने ही किया है। अत: इस आयोजन में जो कुछ अच्छा और स्वीकार्य है वह उन्हीं के कारण है। जो कमियाँ हैं, अन्तर्विरोध हैं यदि वो हैं तो बतौर शृंखला सम्पादक मेरी त्रुटियों, सीमाओं के कारण हैं, उनके लिए मैं आपसे यही अनुरोध करूँगा कि मुआफ करते हुए रिश्तों के इस कथा-संसार में सम्मिलित हों।

आखिर में, मैं राजकमल प्रकाशन के प्रबन्ध निदेशक श्री अशोक महेश्वरी जी का आभारी हूँ कि उन्होंने इस परियोजना के लिए अपनी स्वीकृति दी और शृंखला सम्पादक के रूप में मुझे कार्य करने का न केवल अवसर प्रदान किया बल्कि काम करने की प्रक्रिया में हर तरह की स्वतन्त्रता और सहूलियतें दीं।

भूमंडलीकरण और संचार क्रान्ति के बाद दुनिया काफी बदल गई है। भारतीय समाज के विषय में विचार करें तो कह सकते हैं कि उक्त बदलाव का सर्वाधिक असर यहाँ इनसानी रिश्तों पर ही पड़ा है। उस पर इतने आघात, इतने घाव हुए हैं कि उसके विगत चेहरे को पहचानना नामुमकिन हो चुका है। रिश्तों के मध्य की गरमजोशी, संवेदना, विश्वास, एका आदि के तार छिन्न-भिन्न हो रहे हैं। हम कह सकते हैं कि रिश्तों का यह भरा-पूरा संसार छूट रहा है, बिछड़ रहा है। जब कोई चीज हमसे दूर होती है, छूटती है तभी शायद हमें उसकी सर्वाधिक जरूरत होती है। ये कहानियाँ जड़ों से कटते जा रहे अकेले, निहत्थे आज के आदमी की इस दिशा में कुछ मदद कर सकें, उसके सरोकार और जज्बातों को थोड़ी ताकत दे सकें, यही हमारी आकांक्षा है।

—अखिलेश

सम्पादकीय

[1]

राजकमल प्रकाशन से बाबा-दादा-दादी नाना-नानी पर केन्द्रित कहानियों का संकलन सम्पादित करने का पत्र मिला, तो मुझे इस विषय ने अप्रत्याशित रूप से उत्सुक बना दिया। कारण यह था कि इस प्रकार के सम्बन्ध के लिए परिवार की कम-से-कम पहली और तीसरी पीढ़ी की उपस्थिति जरूरी है। इसका अर्थ यह हुआ कि संयुक्त परिवार की संस्था के किसी न किसी रूप में बचे रहने पर ही ऐसे सम्बन्धों की गुंजाइश है जबकि आधुनिकता के प्रचलित और प्राय: सर्वमान्य हो चुके विमर्श में संयुक्त परिवार पिछड़े हुए प्रतिक्रियावादी मूल्यों का गढ़ माना जाता रहा है। इसी तर्क के आधार पर हिन्दी में उन कहानियों को जो संयुक्त परिवार की संस्था का समर्थन करती थीं, प्रगतिशील मानने में संकोच होता था चाहे वे कहानियाँ प्रेमचंद की हो क्यों न हों। विडम्बना यह थी कि संयुक्त परिवार तो गैर आधुनिक संस्था थी लेकिन पहली और तीसरी पीढ़ी के सम्बन्ध प्राय: बेहद मानवीय और वात्सल्य भाव से परिपूर्ण थे! इस विरोधाभास का सामना करने के दौरान मेरा ध्यान ऐसे समाजवैज्ञानिक लेखकों की ओर गया जो आधुनिकता के पश्चिम-केन्द्रित महाआख्यान के लक्षणों को सार्वभौमिक नहीं मानते। फिर इस बात का भी खयाल आया कि जापान में तो संयुक्त परिवार की संस्था ने आधुनिकीकरण की प्रक्रिया में अवरोध बनने के बजाय सहायक की भूमिका निभाई थी। इसका मतलब यह हुआ कि आधुनिक चेतना और वैयक्तिकता के विकास के लिए पश्चिम की तरह समूची दुनिया में संयुक्त परिवार का विघटन और एकल परिवार का अभ्युदय जरूरी शर्त नहीं है। वास्तव में सच्चाई तो यह है कि पश्चिमी आधुनिकता के लक्षणों की दूसरी सभ्यताओं और देशों में देशकाल के भेद के कारण यथावत् पुनरावृत्ति चाह कर भी सम्भव नहीं। पश्चिम को आधुनिकता का एकमात्र मॉडल मानने पर भी नहीं। अब तो आधुनिकता नहीं, आधुनिकताओं की चर्चा जोरों पर है; क्योंकि पश्चिम की आधुनिकता नाना प्रकार के संकटों में इस कदर घिर गई है कि निकलने का रास्ता नहीं सूझ रहा।

इस प्रकार की कहानियों से संयुक्त परिवार की संस्था को सिरे से खारिज करने के बजाय उसके गुण-दोषों को ज्यादा बेहतर ढंग से समझने में मदद मिलेगी। संयुक्त परिवार के विघटन से यदि कुछ समस्याएँ हल हुईं तो कुछ नई और प्राय: अप्रत्याशित समस्याओं का जन्म भी हुआ। संयुक्त परिवार की कुछ समस्याएँ थीं तो एकल परिवार की भी कुछ समस्याएँ हैं। जब एकल परिवार का भी विघटन होने लगता है तो कुछ और नई समस्याएँ उत्पन्न हो जाती हैं। आज हम आधुनिकता के उदय के बाद परिवार संस्था में आए परिवर्तनों का पुनरावलोकन करने की स्थिति में हैं। एकल परिवार के भी विघटित होने के साथ ही एक ऐसी स्थिति उत्पन्न हुई है जहाँ मनुष्य-जाति के संरक्षण और विकास के लिए परिवार संस्था को किसी न किसी रूप में कायम रखने की जरूरत पर नए सिरे से बहस छिड़ गई है।

बाबा-दादा नाना-नानी की कहानियाँ ऐसे समाज में सम्भव नहीं जहाँ बूढ़ा-बूढ़ी ओल्ड एज होम में मृत्यु का इन्तजार करते हों; और कामकाजी पति-पत्नी के बच्चों को चाइल्ड केयर सेन्टर में काफी समय बिताना पड़ता हो। अत: इन सम्बन्धों वाले संयुक्त परिवार की भूमिका पर किन्हीं आयातित अवधारणाओं के आधार पर निर्णय देने के बदले इनके महत्त्व को किसी समाज के ऐतिहासिक सन्दर्भ में समझना ज्यादा उचित होगा।

[2]

प्रेमचंद की 'ईदगाह' को एक क्लासिक कहानी का दर्जा मिला हुआ है। इस कहानी के हामिद के माता-पिता, दोनों की मृत्यु हो चुकी है और उसकी दादी अमीना उसे पाल-पोसकर बड़ा कर रही है। ईद के मेले में दूसरे बच्चे खिलौने खरीदते हैं, मिठाइयाँ खाते हैं लेकिन हामिद के पास सिर्फ तीन पैसे हैं। तीन पैसे से वह अपनी दादी के लिए लोहे का चिमटा खरीद लाता है। दादी के पूछने पर कि 'सारे मेले में तुझे और कोई चीज न मिली जो यह लोहे का चिमटा लाया' वह जवाब देता है कि 'तुम्हारी अंगुलियाँ तवे से जल जाती थीं इसलिए मैंने इसे लिया।' दादी और पोते के प्रगाढ़ प्रेम को व्यंजित करने वाली प्रेमचंद की इस बेजोड़ कहानी से हमें यह समझने में मदद मिलती है कि कोई भी संस्था तभी तक जीवित रहती है जब तक उसकी कोई सामाजिक सार्थकता और भूमिका होती है। संयुक्त परिवार की संस्था पर किन्हीं समाज वैज्ञानिक अवधारणाओं के आधार पर नहीं बल्कि उसकी सामाजिक भूमिका के परिप्रेक्ष्य में विचार किया जाना चाहिए। दादी के बिना हामिद अनाथ हो जाता और हामिद के बिना दादी बहुत ही अकेली पड़ जातीं और जिन्दगी गुजारना दूभर हो जाता।

जैनेन्द्र की कहानी 'रामू की दादी' दादी और नौकर के सहारे पलने वाले एक बच्चे की कहानी है। उसके पिता, माँ की मृत्यु के बाद, जब वह एक महीने का था, उसे दादी के पास छोड़कर विलायत चले गए थे। उसे यह नहीं पता कि 'कोई माँ भी होती है जो उसके नहीं है और कोई बाप भी होता है जो भी लगभग उसके नहीं है।' इस कहानी में बच्चा अपनी दादी के सहारे बड़ा हो रहा है और बच्चे को पालना दादी के लिए कोई बोझ नहीं है, क्योंकि दादी का बच्चे के प्रति गहरा स्नेह है। यह स्नेह दादी के जीवन को भी अर्थवान बनाता है। इस प्रकार के सम्बन्धों को जरूरत, दायित्वबोध या सहायता की शब्दावली से नहीं समझा जा सकता, क्योंकि ये प्रेम और स्नेह के सम्बन्ध हैं।

शिवप्रसाद सिंह की कहानी–'दादी माँ' कहानी के रूप में मूलतः एक संस्मरण है जिसमें लेखक 'स्नेह और ममता की मूर्ति' दादी का चित्र उपस्थित करता है। एक ऐसी दादी जो घर–परिवार के लोगों की ही नहीं, दूसरों की मदद करने को भी तत्पर रहती हैं। दादी ऐसी थीं कि, ''किसी प्रकार का अपराध हो जाने पर जब हम दादी की छाया में खड़े हो जाते, अभयदान मिल जाता।'' दादी की मृत्यु का पत्र पाकर लेखक को विश्वास ही नहीं होता कि दादी माँ नहीं रहीं। यह कहानी एक तरह से दादी के जीवन को स्मृतियों के सहारे रचने का उपक्रम करती है। दादी और पोते के सम्बन्ध ऐसे हैं कि दादी के चले जाने से पोते को गहरा दुःख होता है। दादी का अस्तित्व पोते के विकास में एक संबल है। जहाँ इस प्रकार के सम्बन्ध होंगे, बड़े-बूढ़ों को ओल्ड एज होम में जाने की जरूरत नहीं होगी। ओल्ड एज होम में जाने की जरूरत इस प्रकार के सम्बन्धों के टूटने की स्थिति में पड़ती है।

कृष्णा सोबती की कहानी 'दादी अम्मा' हिन्दी में लिखी कुछ उन विरल कहानियों में से है जिनके केन्द्र में दादी नहीं बल्कि परदादी हैं। यह एक ऐसा परिवार है जिसमें चार पीढ़ियाँ रहती हैं। दादी अम्मा कुछ झगड़ालू स्वभाव की हैं और अपने पति (दादा) और बहू से झगड़ती रहती हैं, लड़ने का कोई मौका हाथ से नहीं जाने देतीं। दादी अम्मा की परिवार में भूमिका लगभग समाप्तप्राय है। वे 'बीच-बीच' में कभी उठकर बहुओं के कमरों की ओर जाती हैं तो लड़-झगड़कर लौट आती हैं। उनके पोते उम्र के रंग में किसी की बात नहीं सोचते। इसके बावजूद दादी के प्रति बेटे-बहुओं और पोते-पोतियों में सम्मान और प्रेम का भाव बचा हुआ है। दादी की मृत्यु दादा के लिए ही नहीं, बेटे-बेटियों, पोते-पोतियों के लिए भी अपूरणीय क्षति है। दादी अम्मा नहीं रहीं तो दादा अब पोते-पोतियों को देखकर जिएँगे। लड़ने-झगड़ने के बावजूद संयुक्त परिवार में पीढ़ियों के पारस्परिक सम्बन्ध एक-दूसरे को जीने का सहारा भी देते हैं। मृत्यु का साक्षात्कार कराने वाली यह हिन्दी की अत्यन्त महत्त्वपूर्ण कहानी है।

दीपक श्रीवास्तव की कहानी 'लघुत्तम समापवर्तक' एक ऐसे बच्चे की कहानी है जिसके पिता की हत्या हो चुकी है और माँ ने आत्महत्या कर ली, क्योंकि पति की मृत्यु के बाद उसके बड़े बाबू के द्वारा सम्बन्ध स्थापित करने के कारण वे गर्भवती हो गई थीं। परिवार में उपेक्षित और प्रताड़ित ये बच्चा दादी के स्नेह के सहारे ही पल-बढ़ रहा है। इसीलिए वह चाहता है कि दादी अभी चार-पाँच साल न मरें, ताकि इस दौरान वह बड़ा हो जाए।

कामतानाथ की कहानी 'बच्चा' अपने ढंग की एक अद्‌भुत कहानी है। रेल के साधारण डिब्बे में सफर करने वाले पुलिस के सिपाही को एक युवती के बच्चे को देखकर अपने पोते की याद आ जाती है। यह बच्चा उसकी गलमुच्छें खींचता है, झापड़ मारता है और उसके ऊपर पेशाब भी कर देता है। पुलिसवाला उसे उठाकर फेंक देने, गला मरोड़ देने, टाँगें फाड़ देने जैसी पुलिसिया भाषा में पेश आता है। इसे सुनकर बच्चे के माता-पिता ही नहीं, डिब्बे के अन्य मुसाफिर भी भयभीत हो जाते हैं कि बच्चे की जान की खैर नहीं। असल में बात यह है कि इस पुलिसिया भाषा के पीछे बच्चे के प्रति स्नेह का भाव छिपा हुआ है, क्योंकि उसके घर में भी एक ऐसा ही पोता है। नौकरी की व्यस्तता उसे उसके पोते से दूर रखती है। वह जी भरकर पोते को दुलार नहीं कर पाता। यह कहानी इसलिए भी महत्त्वपूर्ण है क्योंकि यहाँ बाबा और पोते का सम्बन्ध पारिवारिक दायरे से बाहर व्यक्त हो रहा है। इससे यह भी समझ में आता है कि पारम्परिक भारतीय समाज में बाबा और पोते के सम्बन्ध की चाहत और जरूरत अभी भी बची हुई है।

शिवशंकर मिश्र की कहानी 'बाबा की उघन्नी' के बाबा परिवार के एक ऐसे प्रभुत्वशाली पुरुष हैं जिनको नाराज करने का साहस परिवार में कोई भी नहीं कर सकता, क्योंकि भरे-पूरे परिवार के सदस्यों को यह भय है कि उनकी मर्जी के खिलाफ यदि कुछ किया गया तो बाबा मर जाएँगे। एक बेटा, छह पोते और दो पोतियों वाले परिवार में बाबा को बेटा से ज्यादा पोते सन्तोष पर भरोसा है। संयुक्त परिवारों में बाप और बेटों में सीधे बातचीत कम होती है। इस कहानी में भी बाबा अपने पोते संतोष के मार्फत परिवार से संवाद करते हैं और पोता भी बाबा के सामने परिवार की ऐसी तस्वीर प्रस्तुत करता है कि परिवार में सब कुछ बाबा की मर्जी से ही हो रहा है। पोतों या बहुओं के आपसी झगड़े को जानने पर बाबा उसका निपटारा अपने ढंग से करते हैं। इसमें उचित-अनुचित या तर्क-वितर्क के बजाय बाबा के आदेश का महत्त्व है। जो गलत होता है वह बाबा के सामने हाजिर होता है और बाबा उसकी पीठ पर लाठी छुआकर उसकी गलती का दंड देते हैं। यह कहानी संयुक्त परिवार में स्त्रियों–विशेष रूप से बहुओं की उपेक्षा-दुर्दशा का पक्ष भी उपस्थित करती है।

मनमोहन भाटिया की कहानी 'बड़ी दादी' में भी चार पीढ़ियाँ एक साथ मौजूद हैं। जमाना तेजी से बदल रहा है। दादी के मूल्य और संस्कार और बच्चों के तौर-तरीकों में इतना अन्तर आ गया है कि पोते के जायज सवाल भी दादी को अपमानजनक लगते हैं। बेटे को माँ की गलत बातों पर भी घर की शान्ति के लिए पर्दा डालना पड़ता है जबकि दादी माँ अपने उग्र स्वभाव के कारण पोते से तालमेल नहीं बैठा पाती। यह संक्रमणकालीन दौर का बदलता हुआ परिवार है।

शैलेन्द्र सागर की कहानी 'ब्रंच' के बाबा पढ़े-लिखे और बहुत समझदार हैं किन्तु पीढ़ियों के अन्तराल से उत्पन्न मूल्यगत भिन्नता के कारण वे अपने पोते के तौर-तरीकों से सहमत नहीं हो पाते। पोते की पीढ़ी 'भविष्य की पीढ़ी है भूत की नहीं। अतीत से मुक्त होकर ये लोग केवल आगे देखना चाहते हैं।' जबकि बाबा को 'भविष्य का कोई सपना आकर्षित करना तो दूर दिखता तक नहीं।'

मनमोहन भाटिया और शैलेन्द्र सागर की कहानियों से यह स्पष्ट होता है कि दादा-दादी और पोते-पोतियों के सम्बन्धों में आ रहे ये इस बदलाव के मूल में दादा-दादी के स्वभाव से ज्यादा तेजी से हो रहे एक ऐसे परिवर्तन की भूमिका है जिसमें अतीत का महत्त्व लगातार छीजता जा रहा है।

हरीचरन प्रकाश की कहानी 'चश्मे की वैतरणी' की अम्मा के कई बेटे हैं और सभी नौकरीपेशे वाले। पति की मृत्यु के बाद भी माँ अकेले अपने घर में रहती हैं। बेटों के बार-बार कहने के बावजूद उनके साथ नहीं रहना चाहतीं। जब वह बार-बार बीमार होने लगीं, तभी अपने बेटे के साथ रहने को तैयार हुईं। साथ रहने के दौरान बेटे को यह चिन्ता रहती कि उसकी पत्नी ने कहीं कुछ ऐसा तो नहीं कहा या किया जिससे माँ के दिल को चोट पहुँची हो। नौकरी से लौटने के बाद वे माँ का हालचाल बच्चों से पूछते लेकिन बच्चों के सामने भी यह समस्या थी कि दादी के खाली वक्त को कैसे बाँटा जाए। 'उन्होंने कोशिश की कि दादी से कहानियाँ सुनें। उनके पास तीज-त्योहार की आधी-अधूरी कहानियाँ थीं जो सुनते ही दम तोड़ देती थीं। लिहाजा, वो दादी को टीवी के सामने खींच ले जाते और बुत की तरह बैठा देते।' परिवार के स्वरूप और संरचना में आनेवाले बदलावों के साथ दादी के खालीपन को बाँटने के लिए टीवी की जरूरत के अहसास को विशेष रूप से रेखांकित करना आवश्यक है, क्योंकि आगे हम कुछ ऐसी कहानियों का उल्लेख करेंगे जिसमें आधुनिक परिवार की संरचना से दादी की संगति बैठ नहीं पाती और दादी को अपनी जिन्दगी के बाकी दिन टीवी के सहारे ही बिताने पड़ते हैं। इस कहानी में दादी का अपने पोते-पोतियों के प्रति स्नेह और बच्चों का दादी के प्रति सम्मान भाव बना हुआ है, इसके बावजूद दादी और पोते-पोतियों के बीच वैसा गहरा आत्मीय सम्बन्ध नहीं है जैसा पहले की कहानियों में दिखाई पड़ता है। दादी

इस परिवार का अविभाज्य हिस्सा नहीं है, जैसे उनको ऊपर से लाकर इस परिवार में रख दिया गया हो और उनके लिए जगह बनानी पड़ रही हो।

सूर्यबाला की कहानी 'दादी और रिमोट' की दादी पहले तो गाँव में रहती थीं। लेकिन उम्र और बीमारी के कारण अब उन्हें शहर के घर में लाया गया है। दादी शहर के इस परिवार का आवयविक हिस्सा नहीं हैं। परिवार के सामने समस्या है कि दादी का समय कैसे कटे। यह समस्या हल की जाती है–दादी को टीवी और रिमोट देकर। दादी टीवी से मिली जानकारी अपने पोते-पोतियों को जिस ढंग से बताती हैं, उससे वे हास्य का पात्र बन जाती हैं। बच्चे उन्हें 'टेलीविजन इनफॉर्मेशन ब्यूरो' के नाम से पुकारने लगते हैं। दादी शुरू में टीवी के कार्यक्रमों में दिखाई जाने वाली हिंसा को सच मानकर परेशान हो जाती थीं लेकिन धीरे-धीरे वे इस प्रकार की हिंसा की इस कदर आदी हो गईं कि वास्तव में घटित होने वाली हिंसक घटनाएँ भी टीवी कार्यक्रमों में रोज दिखाई जाने वाली हिंसा की तरह सामान्य घटना बनकर रह गई। पोते-पोतियों को टीवी और यथार्थ का अन्तर मालूम है, इसलिए यथार्थ में घटी हिंसा उन्हें परेशान करती है। लेकिन दादी के लिए टीवी और यथार्थ में कोई अन्तर नहीं है।

नीलाक्षी सिंह की 'ऐसा ही...कुछ भी' कहानी की दादी युवा हो रही पोती को लेकर बहुत सतर्क है क्योंकि वह बिना माँ-बाप की लड़की है और दादी नहीं चाहती कि उसके पाँव गलत रास्ते पर पड़ें। विशेष रूप से पोती को पढ़ाने के लिए आने वाले ट्यूटर को लेकर वह बहुत सजग हैं कि कहीं उसके और पोती के बीच कोई आकर्षण तो नहीं विकसित हो रहा। इसी जद्दोजहद में दादी को अपना जीवन याद आता है। अतीत हो चुकी युवावस्था को दोबारा जीने की चाह पैदा होती है। उन्हें समझ आता है कि उनका जीवन कितना सपाट और एकरस था। पोती के जीवन को वैसा ही सपाट और एकरस बनाने की भूल का अहसास उन्हें होता है। पोती के प्रति अतिरिक्त सजगता की व्यर्थता को समझ, वह भरे-पूरे जीवन के लिए स्वतंत्रता के महत्त्व को स्वीकार करने लगती हैं। अपने ढंग की यह अकेली कहानी है।

कहानियों के सम्पादन का उत्तरदायित्व मुझे सौंपने के लिए शृंखला सम्पादक अखिलेश के प्रति आभार व्यक्त करने की बात लिखते समय मैं सोच में पड़ गया हूँ, क्योंकि मित्रों के बीच इस प्रकार की औपचारिकता की दरकार नहीं होती। जहाँ होती है वहाँ सच्ची मित्रता नहीं होती।

हिन्दी कहानियों में सम्बन्धों को लेकर पुस्तकों की एक शृंखला प्रकाशित करने की योजना को क्रियान्वित करने के लिए मैं राजकमल प्रकाशन के स्वामी श्री अशोक महेश्वरी के प्रति कृतज्ञता ज्ञापित करता हूँ।

–डॉ. राजकुमार

अनुक्रम

ईदगाह

प्रेमचन्द

रमजान के पूरे तीस रोजों के बाद ईद आई है। कितना मनोहर, कितना सुहावना प्रभात है। वृक्षों पर कुछ अजीब हरियाली है, खेतों में कुछ अजीब रौनक है, आसमान पर कुछ अजीब लालिमा है। आज का सूर्य देखो, कितना प्यारा, कितना शीतल है, मानो संसार को ईद की बधाई दे रहा है। गाँव में कितनी हलचल है। ईदगाह जाने की तैयारियाँ हो रही हैं। किसी के कुरते में बटन नहीं हैं, पड़ोस के घर से सुई-तागा लाने को दौड़ा जा रहा है। किसी के जूते कड़े हो गए हैं, उनमें तेल डालने के लिए तेली के घर भागा जाता है। जल्दी-जल्दी बैलों को सानी-पानी दे दें। ईदगाह से लौटते-लौटते दोपहर हो जाएगी। तीन कोस का पैदल रास्ता, फिर सैकड़ों आदमियों से मिलना-भेंटना। दोपहर के पहले लौटना असम्भव है। लड़के सबसे ज्यादा प्रसन्न हैं। किसी ने एक रोजा रखा है, वह भी दोपहर तक, किसी ने वह भी नहीं; लेकिन ईदगाह जाने की खुशी उनके हिस्से की चीज है। रोजे बड़े-बूढ़ों के लिए होंगे। इनके लिए तो ईद है। रोज ईद का नाम रटते थे। आज वह आ गई। अब जल्दी पड़ी है कि लोग ईदगाह क्यों नहीं चलते। इन्हें घर-संसार की चिन्ताओं से क्या मतलब! सेवैयों के लिए दूध और शक्कर घर में है या नहीं, इससे उनको क्या मतलब, ये तो सेवैयाँ खाएँगे। वे क्या जानें कि अब्बाजान क्यों तेजी से चौधरी कायमअली के घर दौड़े जा रहे हैं! उन्हें क्या खबर कि चौधरी आज आँखें बदल लें, तो यह सारी ईद मुहर्रम हो जाए। उनकी अपनी जेबों में तो कुबेर का धन भरा हुआ है। बार-बार जेब से अपना खजाना निकालकर गिनते हैं और खुश होकर फिर रख लेते हैं। महमूद गिनता है, एक-दो, दस-बारह। उसके पास बारह पैसे हैं। मोहसिन के पास एक, दो,

तीन, आठ, नौ–पन्द्रह पैसे हैं। इन्हीं अनगिनती पैसों में अनगिनती चीजें लाएँगे–खिलौने, मिठाइयाँ, बिगुल, गेंद और जाने क्या-क्या! और सबसे ज्यादा प्रसन्न है–हामिद। वह चार-पाँच साल का गरीब सूरत, दुबला-पतला लड़का, जिसका बाप गत वर्ष हैजे की भेंट हो गया और माँ न जाने क्यों पीली होती-होती एक दिन मर गई। किसी को पता न चला, क्या बीमारी है। कहती भी तो कौन सुनने वाला था! दिल पर जो बीतती थी, वह दिल ही में सहती और जब न सहा गया तो संसार से विदा हो गई। अब हामिद अपनी बूढ़ी दादी अमीना की गोद में सोता है और उतना ही प्रसन्न है। उसके अब्बाजान रुपये कमाने गए हैं। बहुत-सी थैलियाँ लेकर आएँगे। अम्मीजान अल्लाह मियाँ के घर से उसके लिए बड़ी अच्छी-अच्छी चीजें लाने गई हैं, इसलिए हामिद प्रसन्न है। आशा तो बड़ी चीज है और फिर बच्चों की आशा! उनकी कल्पना तो छोटी-सी बात को भी बड़ा बना लेती है। हामिद के पाँव में जूते नहीं हैं, सिर पर एक पुरानी-धुरानी टोपी, जिसका गोटा काला पड़ गया है, फिर भी वह प्रसन्न है। जब उसके अब्बाजान थैलियाँ और अम्मीजान तरह-तरह की वस्तुएँ लेकर आएँगी तो वह दिल के अरमान निकाल लेगा। तब देखेगा महमूद, मोहसिन, नूरे और सम्मी कहाँ से उतने पैसे निकालेंगे। अभागिन अमीना अपनी कोठरी में बैठी रो रही है। आज ईद का दिन और उसके घर में दाना नहीं। आज आबिद होता तो क्या इसी तरह ईद आती और चली जाती? इस अन्धकार और निराशा में वह डूबी जा रही है। किसने बुलाया था इस निगोड़ी ईद को? इस घर में उसका काम नहीं, लेकिन हामिद! उसे किसी के मरने-जीने से क्या मतलब? उसके अन्दर प्रकाश है, बाहर आशा। मुसीबत अपना सारा दल-बल लेकर आए, हामिद की आनन्द-भरी चितवन उसका नाश कर देगी।

हामिद भीतर जाकर दादी से कहता है–तुम डरना नहीं अम्मा, मैं सबसे पहले जाऊँगा। बिलकुल न डरना।

अमीना का दिल दुखी हो रहा है। गाँव के बच्चे अपने-अपने बाप के साथ जा रहे हैं। हामिद का बाप अमीना के सिवा और कौन है? उसे कैसे अकेले मेले जाने दे! उस भीड़-भाड़ में बच्चा कहीं खो जाए तो क्या हो! नहीं, अमीना उसे यों न जाने देगी। नन्ही-सी जान, तीन कोस चलेगा कैसे? पैर में छाले पड़ जाएँगे। जूते भी तो नहीं हैं। वह थोड़ी-थोड़ी दूर पर उसे गोद ले लेगी, लेकिन यहाँ सेवैयाँ कौन पकाएगा? पैसे होते तो लौटते-लौटते सब सामान जमा करके चटपट बना लेती। यहाँ तो घंटों चीजें जमा करने में लगेंगे। माँग ही का तो भरोसा ठहरा! उस दिन फहीमन के कपड़े सिए थे। आठ आने पैसे मिले थे। उस अठन्नी को ईमान की तरह बचाती चली आती थी, इस ईद के लिए। लेकिन कल ग्वालन सिर पर सवार हो गई तो क्या करती! हामिद के लिए कुछ नहीं है। तो दो पैसे का दूध तो चाहिए ही। अब

तो कुल दो आने पैसे बच रहे हैं। तीन पैसे हामिद की जेब में, पाँच अमीना के बटुवे में। अल्लाह ही बेड़ा पार लगाएगा। धोबन और नाइन और मेहतरानी और चूड़िहारिन–सभी तो आएँगी। सभी को सेवैयाँ चाहिए और थोड़ा किसी की आँखों नहीं लगता। किस-किस से मुँह चुराएगी! और मुँह क्यों चुराए? साल-भर का त्यौहार है। जिन्दगी सकुशल से रहे, उनका भाग्य भी तो उसी के साथ है। बच्चे को खुदा सकुशल रखे, ये दिन भी कट जाएँगे।

गाँव से मेला चला। और बच्चों के साथ हामिद भी जा रहा था। कभी सब के सब दौड़कर आगे निकल जाते। फिर किसी पेड़ के नीचे खड़े होकर साथ वालों की प्रतीक्षा करते। ये लोग क्यों इतना धीरे चल रहे हैं? हामिद के पैरों में तो जैसे पर लग गए हैं। वह कभी थक सकता है? शहर का अन्तिम सिरा आ गया। सड़क के दोनों ओर अमीरों के बगीचे हैं। पक्की चारदीवारी बनी हुई है। पेड़ों में आम और लीचियाँ लगी हुई हैं। कभी-कभी कोई लड़का कंकड़ी उठाकर आम पर निशाना लगाता है। माली अन्दर से गाली देता हुआ निकलता है। लड़के वहाँ से एक फर्लांग पर हैं। खूब हँस रहे हैं।

माली को कैसा उल्लू बनाया है।

बड़ी-बड़ी इमारतें आने लगीं। यह अदालत है, यह कॉलेज है, यह क्लबघर है। इतने बड़े कॉलेज में कितने लड़के पढ़ते होंगे? सब लड़के नहीं हैं जी। बड़े-बड़े आदमी हैं, सच! उनकी बड़ी-बड़ी मूँछें हैं। इतने बड़े हो गए, अभी तक पढ़ने जाते हैं। न जाने कब तक पढ़ेंगे और क्या करेंगे इतना पढ़कर? हामिद के स्कूल में दो-तीन बड़े-बड़े लड़के हैं, बिलकुल तीन कौड़ी के। रोज मार खाते हैं। काम से जी चुराने वाले। इस जगह भी उसी तरह के लोग होंगे और क्या? क्लबघर में जादू होता है। सुना है, यहाँ मुरदे की खोपड़ियाँ दौड़ती हैं और बड़े-बड़े तमाशे होते हैं, पर किसी को अन्दर नहीं जाने देते। और यहाँ शाम को साहब लोग खेलते हैं। बड़े-बड़े आदमी खेलते हैं, मूँछों-दाढ़ी वाले और मेमें भी खेलती हैं, सच। हमारी अम्मा को वह दे दो, क्या नाम है, बैट तो उसे पकड़ ही नहीं सकें। घुमाते ही लुढ़क न जाएँ।

महमूद ने कहा–हमारी अम्मीजान का तो हाथ काँपने लगे, अल्ला कसम।

मोहसिन बोला–चलो, मनों आटा पीस डालती हैं। जरा-सा बैट पकड़ लेंगी तो हाथ काँपने लगेंगे। सैकड़ों घड़े पानी रोज निकालती हैं। पाँच घड़े तो मेरी भैंस पी जाती है। किसी मेम को एक घड़ा पानी भरना पड़े तो आँखों तले अँधेरा आ जाए।

महमूद–लेकिन दौड़ती तो नहीं, उछल-कूद तो नहीं सकतीं।

मोहसिन–हाँ, उछल-कूद नहीं सकतीं, लेकिन उस दिन मेरी गाय खुल गई थी

और चौधरी के खेत में जा पड़ी थी, तो अम्माँ इतनी तेज दौड़ीं कि मैं उन्हें पा न सका, सच!

आगे चलें। हलवाइयों की दुकानें शुरू हुईं। आज खूब सजी हुई थीं। इतनी मिठाइयाँ कौन खाता है? देखो न, एक-एक दुकान पर मनों होंगी। सुना है, रात को जिन्न आकर खरीद ले जाते हैं। अब्बा कहते हैं कि आधी रात को एक आदमी दुकान पर जाता है और जितना माल बचा होता है, वह तुलवा लेता है और सचमुच के रुपये देता है, बिलकुल ऐसे ही रुपये।

हामिद को विश्वास न हुआ—ऐसे रुपये जिन्नात को कहाँ से मिल जाएँगे?

मोहसिन ने कहा—जिन्नात को रुपये की क्या कमी? जिस खजाने में चाहें, चले जाएँ। लोहे के दरवाजे इन्हें रोक नहीं सकते जनाब, आप हैं किस फेर में! हीरे-जवाहरात तक उनके पास रहते हैं। जिससे खुश हो गए, उसे टोकरों जवाहरात दे दिए। अभी यहीं बैठे हैं, पाँच मिनट में कलकत्ता पहुँच जाएँ।

हामिद ने फिर पूछा—जिन्नात बहुत बड़े-बड़े होते होंगे।

मोहसिन—एक-एक आसमान के बराबर होता है जी। जमीन पर खड़ा हो जाए तो उसका सिर आसमान से जा लगे, मगर चाहे तो एक लोटे में घुस जाए।

हामिद—लोग उन्हें कैसे खुश करते होंगे? कोई मुझे वह मंतर बता दे तो एक जिन्न को खुश कर लूँ।

मोहसिन—अब यह तो मैं नहीं जानता लेकिन चौधरी साहब के काबू में बहुत से जिन्न हैं। कोई चीज चोरी चली जाए, चौधरी साहब उसका पता लगा देंगे और चोर का नाम भी बता देंगे। जुमराती का बछवा उस दिन खो गया था। तीन दिन हैरान हुए, कहीं न मिला। तब झख मारकर चौधरी के पास गए। चौधरी ने तुरन्त बता दिया कि मवेशीखाने में है और वहीं मिला। जिन्नात आकर उन्हें सारे जहान की खबर दे जाते हैं।

अब उसकी समझ में आ गया कि चौधरी के पास क्यों इतना धन है, और क्यों उनका इतना सम्मान है!

आगे चलें! यह पुलिस लाइन है। यहीं सब कानिसटिबिल परेड करते हैं। रैटन! फाम को! रात को बेचारे घूम-घूमकर पहरा देते हैं, नहीं चोरियाँ हो जाएँ।

मोहसिन ने विरोध किया—यह कानिसटिबिल पहरा देते हैं? तभी तुम बहुत जानते हो। अजी हजरत, यही चोरी कराते हैं। शहर के जितने चोर-डाकू हैं, सब इनसे मिलते हैं। रात को ये लोग चोरों से कहते हैं कि चोरी करो और आप दूसरे मुहल्ले में जाकर 'जागते रहो! जागते रहो!' पुकारते हैं। जभी इन लोगों के पास इतने पैसे आते हैं। मेरे मामू एक थाने में कानिसटिबिल हैं। बीस रुपये महीना पाते हैं, लेकिन पचास रुपये घर भेजते हैं। अल्ला कसम, मैंने एक बार पूछा था कि मामू,

आप इतने रुपये कहाँ से पाते हैं? हँसकर कहने लगे–बेटा, अल्लाह देता है। फिर आप ही बोले–हम लोग चाहें तो एक दिन में लाखों मार लाएँ। हम तो इतना ही लेते हैं, जिसमें अपनी बदनामी न हो और नौकरी न चली जाए।

हामिद ने पूछा–ये लोग चोरी करवाते हैं, तो कोई उन्हें पकड़ता नहीं?

मोहसिन उसकी नासमझी पर दया दिखाकर बोला–अरे पागल, इन्हें कौन पकड़ेगा? पकड़ने वाले तो यह लोग खुद हैं। लेकिन अल्लाह इन्हें सजा भी खूब देता है। हराम का माल हराम में जाता है। थोड़े ही दिन बाद मामू के घर आग लग गई। सारी लेई-पूँजी जल गई। एक बरतन तक न बचा। कई दिन पेड़ के नीचे सोए, अल्ला कसम, पेड़ के नीचे। फिर न जाने कहाँ से एक सौ रुपये कर्ज लाए तो बरतन-भाँडे आए।

हामिद–एक सौ तो पचास से ज्यादा होते हैं।

'कहाँ पचास, कहाँ एक सौ। पचास एक थैली भर होता है। सौ तो दो थैलियों में भी न आएँ।'

अब बस्ती घनी होने लगी थी। ईदगाह जाने वालों की टोलियाँ दिखाई देने लगीं। एक से एक भड़कीले वस्त्र पहने हुए, कोई इक्के-ताँगे पर सवार, कोई मोटर पर, सभी इत्र में बसे, सभी के दिलों में उमंग। ग्रामीणों का वह छोटा-सा दल अपनी गरीबी से अपरिचित, सन्तोष और धैर्य में मगन चला जा रहा था। बच्चों के लिए नगर की सभी चीजें अनोखी थीं। जिस चीज की ओर ताकते, ताकते ही रह जाते और पीछे से बार-बार हॉर्न की आवाज होने पर भी न चेतते। हामिद तो मोटर के नीचे जाते-जाते बचा।

सहसा ईदगाह नजर आया। ऊपर इमली के घने वृक्षों की छाया है। नीचे पक्का फर्श है, जिस पर दरी बिछी हुई है और रोजेदारों की पंक्तियाँ एक के पीछे एक न जाने कहाँ तक चली गई हैं, पक्की जगत के नीचे तक, जहाँ जाजिम भी नहीं है। नए आने वाले आकर पीछे की कतार में खड़े हो जाते हैं। आगे जगह नहीं है। यहाँ कोई धन और पद नहीं देखता। इस्लाम की निगाह में सब बराबर हैं। इन ग्रामीणों ने भी वजू किया और पिछली पंक्ति में खड़े हो गए। कितना सुन्दर संचालन है, कितनी सुन्दर व्यवस्था! लाखों सिर एक साथ सिजदे में झुक जाते हैं, फिर सब-के-सब एक साथ खड़े हो जाते हैं। एक साथ झुकते हैं और एक साथ घुटनों के बल बैठ जाते हैं। कई बार यही क्रिया होती है, जैसे बिजली की लाखों बत्तियाँ एक साथ जल रही हों और एक साथ बुझ जाएँ और यही क्रम चलता रहे। कितना अपूर्व दृश्य था, जिसकी एक साथ की गई क्रियाएँ, विस्तार और अनन्तता हृदय को श्रद्धा, गर्व और आनन्द से भर देती थीं मानो भाईचारे का एक सूत्र इन समस्त आत्माओं को एक लड़ी में पिरोए हुए है।

नमाज खत्म हो गई है, लोग आपस में गले मिल रहे हैं। तब मिठाई और खिलौने की दुकान पर धावा होता है। ग्रामीणों का वह दल इस विषय में बालकों से कम उत्साही नहीं है। यह देखो, हिंडोला है। एक पैसा देकर चढ़ जाओ। कभी आसमान पर जाते हुए मालूम होंगे, कभी जमीन पर गिरते हुए। यह चर्खी है, लकड़ी के हाथी, घोड़े, ऊँट छड़ों से लटके हुए हैं। एक पैसा देकर बैठ जाओ और पच्चीस चक्करों का मजा लो। महमूद और मोहसिन, नूरे और सम्मी इन घोड़ों और ऊँटों पर बैठते हैं। हामिद दूर खड़ा है। तीन ही पैसे तो उसके पास हैं। अपने कोष का एक तिहाई, जरा-सा चक्कर खाने के लिए, वह नहीं दे सकता।

सब चर्खियों से उतरे हैं। अब खिलौने लेंगे। इधर दुकानों की कतार लगी हुई है। तरह-तरह के खिलौने हैं। सिपाही और गुजरिया, राजा और वकील, भिश्ती और धोबिन और साधु। वाह! कितने सुन्दर खिलौने हैं। अब बोलना ही चाहते हैं। अहमद सिपाही लेता है, खाकी वर्दी और लाल पगड़ीवाला, कन्धे पर बन्दूक रखे हुए। मालूम होता है, अभी परेड किए चला आ रहा है। मोहसिन को भिश्ती पसन्द आया। कमर झुकी हुई, ऊपर मशक रखे हुए है। मशक का मुँह एक हाथ से पकड़े हुए है। कितना प्रसन्न है। शायद कोई गीत गा रहा है। बस, मशक से पानी उड़ेलना चाहता है। नूरे को वकील से प्रेम है। कैसी योग्यता है उसके मुख पर। काला चोगा, नीचे सफेद अचकन, अचकन के सामने की जेब में घड़ी, सुनहरी जंजीर, एक हाथ में कानून का पोथा लिए हुए है। मालूम होता है, अभी किसी अदालत में वाद-विवाद या बहस किए चले आ रहे हैं। ये सब दो-दो पैसे के खिलौने हैं। हामिद के पास कुल तीन पैसे हैं, इतने महँगे खिलौने वह कैसे ले? खिलौना कहीं हाथ से छूट पड़े, तो चूर-चूर हो जाए। जरा पानी पड़े तो सारा रंग धुल जाए। ऐसे खिलौने लेकर वह क्या करेगा, किस काम के?

मोहसिन कहता है—मेरा भिश्ती रोज पानी दे जाएगा, साँझ-सवेरे।

महमूद—और मेरा सिपाही घर का पहरा देगा। कोई चोर आएगा, तो फौरन बन्दूक से फायर कर देगा।

नूरे—और मेरा वकील खूब मुकद्दमा लड़ेगा।

सम्मी—और मेरी धोबिन रोज कपड़े धोएगी।

हामिद खिलौनों की निन्दा करता है—मिट्टी ही के तो हैं, गिरें तो चकनाचूर हो जाएँ। लेकिन ललचाई हुई आँखों से खिलौनों को देख रहा है और चाहता है कि जरा देर के लिए उन्हें हाथ में ले सकता। उसके हाथ अचानक ही लपकते हैं, लेकिन लड़के इतने त्यागी नहीं होते, विशेषकर जब अभी नया शौक हो। हामिद ललचाता रह जाता है।

खिलौनों के बाद मिठाइयाँ आती हैं। किसी ने रेवड़ियाँ ली हैं, किसी ने गुलाब

जामुन, किसी ने सोहन हलवा। मजे से खा रहे हैं। हामिद बिरादरी से अलग है। अभागे के पास तीन पैसे हैं। क्यों नहीं कुछ लेकर खाता? ललचाई आँखों से सबकी ओर देखता है।

मोहसिन कहता है–हामिद, रेवड़ी ले जा, कितनी खुशबूदार हैं।

हामिद को सन्देह हुआ, यह केवल क्रूर विनोद है। मोहसिन इतना उदार नहीं है लेकिन यह जान कर भी उसके पास जाता है। मोहसिन दोने से एक रेवड़ी निकालकर हामिद की ओर बढ़ाता है। हामिद हाथ फैलाता है। मोहसिन रेवड़ी अपने मुँह में रख लेता है। महमूद नूरे और सम्मी खूब तालियाँ बजा-बजाकर हँसते हैं। हामिद खिसिया जाता है।

मोहसिन–अच्छा, अबकी जरूर देंगे हामिद। अल्ला कसम, ले जा।

हामिद–रखे रहो। क्या मेरे पास पैसे नहीं हैं?

सम्मी–तीन ही पैसे तो हैं। तीन पैसे में क्या-क्या लोगे?

अहमद–हमसे गुलाब जामुन ले जा हामिद। मोहसिन बदमाश है।

हामिद–मिठाई कौन बड़ी चीज है! किताब में इसकी कितनी बुराइयाँ लिखी हैं।

मोहसिन–लेकिन दिल में कह रहे होंगे कि मिले तो खा लें। अपने पैसे क्यों नहीं निकालते?

महमूद–हम समझते हैं इसकी चालाकी। जब हमारे पैसे खर्च हो जाएँगे, तो हमें ललचा-ललचाकर खाएगा।

मिठाइयों के बाद कुछ दुकानें लोहे की चीजों की हैं, कुछ गिलट और कुछ नकली गहनों की। लड़कों के लिए यहाँ कोई आकर्षण न था। वह सब आगे बढ़ जाते हैं। हामिद लोहे की दुकान पर रुक जाता है। कई चिमटे रखे हुए थे। उसे खयाल आया, दादी के पास चिमटा नहीं है। तवे से रोटियाँ उतारती हैं, तो हाथ जल जाता है। अगर वह चिमटा ले जाकर दादी को दे दे, तो वह कितनी प्रसन्न होंगी! फिर उनकी उँगलियाँ कभी न जलेंगी। घर में एक काम की चीज हो जाएगी। खिलौने से क्या लाभ? व्यर्थ में पैसे खराब होते हैं। जरा देर ही तो खुशी होती है, फिर तो खिलौने को कोई आँख उठाकर नहीं देखता। ये तो घर पहुँचते-पहुँचते टूट-फूटकर बराबर हो जाएँगे। चिमटा कितने काम की चीज है। रोटियाँ तवे से उतार लो, चूल्हे में सेंक लो, कोई आग माँगने आए तो चटपट चूल्हे से आग निकालकर उसे दे दो। अम्मा बेचारी को कहाँ फुरसत है कि बाजार आए और इतने पैसे ही कहाँ मिलते हैं? रोज हाथ जला लेती हैं। हामिद के साथी आगे बढ़ गए हैं। प्याऊ पर सबके सब शरबत पी रहे हैं। देखें, सब कितने लालची हैं। इतनी मिठाइयाँ लीं, मुझे किसी ने एक भी न दी। उस पर कहते हैं, मेरे साथ चलो। मेरा यह काम करो। अब अगर किसी ने कोई काम करने को कहा, तो पूछूँगा। खाएँ

मिठाइयाँ, आप मुँह सड़ेगा, फोड़े-फुंसियाँ निकलेंगी, आप ही जबान चटोरी हो जाएगी। अब घर से पैसे चुराएँगे और मार खाएँगे। किताब में झूठी बातें थोड़े ही लिखी हैं। मेरी जबान क्यों खराब होगी? अम्मा चिमटा देखते ही दौड़कर मेरे हाथ से ले लेंगी और कहेंगी–मेरा बच्चा अम्मा के लिए चिमटा लाया है। हजारों दुआएँ देंगी। फिर पड़ोस की औरतों को दिखाएँगी। सारे गाँव में चर्चा होने लगेगी, हामिद चिमटा लाया है। कितना अच्छा लड़का है! इन लोगों के खिलौनों पर कौन इन्हें दुआएँ देगा? बड़ों की दुआएँ सीधे अल्लाह के दरबार में पहुँचती हैं और तुरन्त सुनी जाती हैं। मेरे पास पैसे नहीं हैं। तभी तो मोहसिन और महमूद यों नखरे दिखाते हैं। मैं भी इनसे मिजाज दिखाऊँगा। खेलें खिलौने और खाएँ मिठाइयाँ, मैं नहीं खेलता खिलौने, किसी का मिजाज क्यों सहूँ? मैं गरीब सही, किसी से कुछ माँगने तो नहीं जाता। आखिर अब्बाजान कभी-न-कभी आएँगे। अम्मा भी आएँगी। फिर इन लोगों से पूछूँगा, कितने खिलौने लोगे? एक-एक को टोकरियों खिलौने दूँ और दिखा दूँ कि दोस्तों के साथ इस तरह व्यवहार किया जाता है। यह नहीं कि एक पैसे की रेवड़ियाँ लीं, तो चिढ़ा-चिढ़ाकर खाने लगे। सब-के-सब हँसेंगे कि हामिद ने चिमटा लिया है। हँसें, मेरी बला से। उसने दुकानदार से पूछा–यह चिमटा कितने का है?

दुकानदार ने उसकी ओर देखा और कोई आदमी साथ न देखकर कहा, 'यह तुम्हारे काम का नहीं है जी।'

'बिकाऊ है कि नहीं?'

'बिकाऊ क्यों नहीं है? और यहाँ क्यों लाद लाए हैं?'

'तो बताते क्यों नहीं, कै पैसे का है?'

'छह पैसे लगेंगे।'

हामिद का दिल बैठ गया।

'ठीक-ठीक बताओ।'

'ठीक-ठीक पाँच पैसे लगेंगे। लेना हो लो, नहीं चलते बनो।'

हामिद ने कलेजा मजबूत करके कहा–तीन पैसे लोगे?

यह कहता हुआ वह आगे बढ़ गया कि दुकानदार की घुड़कियाँ न सुने। लेकिन दुकानदार ने घुड़कियाँ नहीं दीं। बुलाकर चिमटा दे दिया। हामिद ने उसे इस तरह कन्धे पर रखा मानो बन्दूक है, और शान से अकड़ता हुआ संगियों के पास आया। जरा सुनें, सब के सब क्या-क्या आलोचनाएँ करते हैं?

मोहसिन ने हँसकर कहा–यह चिमटा क्यों लाया पगले? इससे क्या करेगा?

हामिद ने चिमटे को पटककर कहा–जरा अपना भिश्ती जमीन पर गिरा दो। सारी पसलियाँ चूर-चूर हो जाएँ बच्चा की।

महमूद बोला–यह चिमटा कोई खिलौना है?

हामिद–खिलौना क्यों नहीं है? अभी कन्धे पर रखा, बन्दूक हो गई। हाथ में लिया, फकीरों का चिमटा हो गया। चाहूँ तो इससे मजीरे का काम ले सकता हूँ। एक चिमटा जमा दूँ तो तुम लोगों के सारे खिलौनों की जान निकल जाए। तुम्हारे खिलौने कितना ही जोर लगावें, मेरे चिमटे का बाल भी बाँका नहीं कर सकते। मेरा बहादुर शेर है–चिमटा।

सम्मी ने खंजरी ली थी। प्रभावित होकर बोला–मेरी खंजरी से बदलोगे? दो आने की है।

हामिद ने खंजरी की ओर उपेक्षा से देखा–मेरा चिमटा चाहे तो तुम्हारी खंजरी का पेट फाड़ डाले। बस, एक चमड़े की परत लगा दी, ढब-ढब बोलने लगी। जरा-सा पानी लग जाए तो खतम हो जाए। मेरा बहादुर चिमटा आग में, पानी में, आँधी में, तूफान में बराबर डटा खड़ा रहेगा।

चिमटे ने सभी को मोहित कर लिया, लेकिन अब पैसे किसके पास धरे हैं? फिर मेले से दूर निकल आए हैं, नौ कब के बज गए, धूप तेज हो रही है, घर पहुँचने की जल्दी हो रही है। बाप से जिद भी करें, तो चिमटा नहीं मिल सकता। हामिद है बड़ा चालाक। इसीलिए बदमाश ने अपने पैसे बचा रखे थे।

अब बालकों के दो दल हो गए हैं। मोहसिन, महमूद, सम्मी और नूरे एक तरफ हैं, हामिद अकेला दूसरी तरफ। वाद-विवाद हो रहा है। सम्मी तो धर्म-विरोधी गया। दूसरे पक्ष में जा मिला, लेकिन मोहसिन, महमूद और नूरे भी, हामिद से एक-एक दो-दो साल बड़े होने पर भी हामिद के प्रहारों से भयभीत हो उठे हैं। उसके पास न्याय का बल है और नीति की शक्ति। एक ओर मिट्टी है, दूसरी ओर लोहा जो इस समय अपने को फौलाद कह रहा है, वह अजेय है, घातक है। अगर कोई शेर आ जाए, तो भिश्ती मियाँ के छक्के छूट जाएँ, मियाँ सिपाही मिट्टी की बन्दूक छोड़कर भागें, वकील साहब की नानी मर जाए, चोगे में मुँह छिपाकर जमीन पर लेट जाएँ। मगर यह चिमटा, यह बहादुर रुस्तमे-हिन्द लपककर शेर की गर्दन पर सवार हो जाएगा और उसकी आँखें निकाल लेगा।

मोहसिन ने एड़ी-चोटी का जोर लगाकर कहा–अच्छा, पानी तो नहीं भर सकता।

हामिद ने चिमटे को सीधा खड़ा करके कहा–भिश्ती को एक डाँट लगाएगा तो दौड़ा हुआ पानी लाकर उसके द्वार पर छिड़कने लगेगा।

मोहसिन हार गया पर महमूद ने सहायता पहुँचाई–अगर बच्चा पकड़े जाएँ तो अदालत में बँधे-बँधे फिरेंगे। तब तो वकील साहब के ही पैरों पड़ेंगे।

हामिद इस शक्तिशाली तर्क का जवाब न दे सका। उसने पूछा–हमें पकड़ने कौन आएगा?

नूरे ने अकड़कर कहा—यह सिपाही बन्दूक वाला।

हामिद ने मुँह चिढ़ाकर कहा—यह बेचारे हम बहादुर रुस्तमे-हिन्द को पकड़ेंगे, अच्छा लाओ, अभी जरा कुश्ती हो जाए। इनकी सूरत देखकर दूर से भागेंगे। पकड़ेंगे क्या बेचारे!

मोहसिन को एक नई चोट सूझ गई—तुम्हारे चिमटे का मुँह रोज आग में जलेगा।

उसने समझा था कि हामिद उत्तर न दे सकेगा। लेकिन यह बात न हुई। हामिद ने तुरन्त जवाब दिया—आग में बहादुर ही कूदते हैं, जनाब। तुम्हारे यह वकील, सिपाही और भिश्ती महिलाओं की तरह घर में घुस जाएँगे। आग में कूदना वह काम है, जो रुस्तमे-हिन्द ही कर सकता है।

महमूद ने एक जोर और लगाया—वकील साहब कुरसी-मेज पर बैठेंगे, तुम्हारा चिमटा तो रसोईघर में पड़ा रहेगा।

इस तर्क ने सम्मी और नूरे को भी सजीव कर दिया। कितनी समझदारी की बात की है इसने! चिमटा रसोईघर में पड़े रहने के सिवा और क्या कर सकता है।

हामिद को कोई फड़कता हुआ जवाब न सूझा तो उसने बेईमानी शुरू की—मेरा चिमटा बावर्चीखाने में नहीं रहेगा। वकील साहब कुर्सी पर बैठेंगे, तो जाकर उन्हें जमीन पर पटक देगा और उनका कानून उनके पेट में डाल देगा।

बात कुछ बनी नहीं। खासी गाली-गलौज थी, लेकिन कानून को पेट में डालने वाली बात छा गई। ऐसी छा गई कि तीनों सूरमा मुँह ताकते रह गए। हामिद ने मैदान मार लिया। उसका चिमटा रुस्तमे-हिन्द है। अब इसमें मोहसिन, महमूद, नूरे, सम्मी—किसी को विरोध नहीं हो सकता।

विजेता को हारने वालों से जो सत्कार मिलना स्वाभाविक है, वह हामिद को भी मिला। औरों ने तीन-तीन, चार-चार आने पैसे खर्च किए पर कोई काम की चीज न ले सके। हामिद ने तीन पैसे में रंग जमा लिया। सच ही तो है, खिलौने का क्या भरोसा? टूट-फूट जाएँगे। हामिद का चिमटा बना रहेगा, बरसों।

समझौते के नियम तय होने लगे। मोहसिन ने कहा—जरा अपना चिमटा दो, हम भी देखें। तुम हमारा भिश्ती लेकर देखो।

महमूद और नूरे ने भी अपने-अपने खिलौने पेश किए।

हामिद को इन शर्तों के मानने में कोई आपत्ति न थी। चिमटा बारी-बारी से सबके हाथ में आया और उनके खिलौने बारी-बारी से हामिद के हाथ में आए। कितने खूबसूरत खिलौने हैं।

हामिद ने हारनेवालों के आँसू पोंछे—मैं तुम्हें चिढ़ा रहा था, सच। यह लोहे का चिमटा भला इन खिलौनों की क्या बराबरी करेगा! मालूम होता है, अब बोले, अब बोले।

लेकिन मोहसिन की पार्टी को इस दिलासे से सन्तोष नहीं होता। चिमटे का प्रभाव खूब बैठ गया है। चिपका हुआ टिकट अब पानी से नहीं छूट रहा।

मोहसिन–लेकिन इन खिलौनों के लिए कोई हमें दुआ तो न देगा?

महमूद–दुआ के लिए फिरते हो। उलटे मार न पड़े। अम्मा जरूर कहेंगी कि मेले में यही मिट्टी के खिलौने तुम्हें मिले?

हामिद को स्वीकार करना पड़ा कि खिलौने को देखकर किसी की माँ इतनी खुश न होंगी, जितनी दादी चिमटे को देखकर होंगी। तीन पैसों ही में तो सब कुछ करना था, और उन पैसों के इस उपयोग पर पछतावे की बिलकुल जरूरत न थी। फिर अब तो चिमटा रुस्तमे-हिन्द है, और सभी खिलौनों का बादशाह।

रास्ते में महमूद को भूख लगी। उसके बाप ने केले खाने को दिए। महमूद ने केवल हामिद को साझी बनाया। उसके अन्य मित्र मुँह ताकते रह गए। यह उस चिमटे का प्रसाद था।

ग्यारह बजे सारे गाँव में हलचल मच गई। मेले वाले आ गए। मोहसिन की छोटी बहन ने दौड़कर भिश्ती उसके हाथ से छीन लिया और मारे खुशी के जो उछली, तो मियाँ भिश्ती नीचे आ रहे और सुरलोक सिधारे। इस पर भाई-बहन में मार-पीट हुई। दोनों खूब रोए। उनकी अम्मा यह शोर सुनकर बिगड़ीं और दोनों को ऊपर से दो-दो चाँटे और लगाए।

मियाँ नूरे के वकील का अन्त उसके सम्मान के अनुसार इससे ज्यादा गौरवपूर्ण तरीके से हुआ। वकील जमीन पर या ताक पर तो नहीं बैठ सकता। उसकी मर्यादा का विचार तो करना ही होगा। दीवार में दो खूँटियाँ गाड़ी गईं। उन पर लकड़ी का एक पटरा रखा गया। पटरे पर कागज का कालीन बिछाया गया। वकील साहब राजा भोज की भाँति सिंहासन पर बिराजे। नूरे ने उन्हें पंखा झलना शुरू किया। अदालतों में खस की टट्टियों और बिजली के पंखे रहते हैं। क्या यहाँ मामूली पंखा भी न हो? कानून की गर्मी दिमाग पर चढ़ जाएगी कि नहीं! बाँस का पंखा आया और नूरे हवा करने लगे। मालूम नहीं, पंखे की हवा से या पंखे की चोट से वकील साहब स्वर्ग-लोक से मृत्यु-लोक में आ रहे और उनका माटी का चोला माटी में मिल गया। बड़े जोर-शोर से दुख मनाया गया और वकील साहब की हडिड्याँ घूरे पर डाल दी गईं।

अब रहा महमूद का सिपाही। उसे चटपट गाँव का पहरा देने का चार्ज मिल गया। लेकिन पुलिस का सिपाही कोई साधारण व्यक्ति तो था नहीं, जो अपने पैरों चले। वह पालकी पर चलेगा। एक टोकरी आई, उसमें कुछ लाल रंग के फटे-पुराने चिथड़े बिछाए गए, जिसमें सिपाही साहब आराम से लेटे। नूरे ने यह टोकरी उठाई और अपने द्वार का चक्कर लगाने लगे। उनके दोनों छोटे भाई सिपाही की तरफ से 'छोने वाले, जागते रहो' पुकारते हैं। मगर रात तो अँधेरी होनी चाहिए। महमूद को

ठोकर लग जाती है। टोकरी उसके हाथ से छूटकर गिर पड़ती है और मियाँ सिपाही अपनी बन्दूक लिए जमीन पर आ जाते हैं और उनकी एक टाँग में खराबी आ जाती है। महमूद को आज पता चला कि वह अच्छा डॉक्टर है। उसको ऐसा मरहम मिल गया है, जिससे वह टूटी टाँग को तुरन्त जोड़ सकता है। केवल गूलर का दूध चाहिए। गूलर का दूध आता है। टाँग जोड़ दी जाती है। ऑपरेशन असफल हुआ, तब उसकी दूसरी टाँग भी तोड़ दी जाती है। अब कम-से-कम एक जगह आराम से बैठ तो सकता है। एक टाँग से तो न चल सकता था, न बैठ सकता था। अब वह सिपाही संन्यासी हो गया है। अपनी जगह पर बैठा-बैठा पहरा देता है। कभी-कभी देवता भी बन जाता है। उसके सिर का झालरदार साफा मिटा दिया गया है। अब उसका जितना रूप बदलना चाहो, कर सकते हो। कभी-कभी तो उससे बाट का काम भी लिया जाता है।

अब मियाँ हामिद का हाल सुनिए। अमीना उसकी आवाज सुनते ही दौड़ी और उसे गोद में उठाकर प्यार करने लगी। सहसा उसके हाथ में चिमटा देखकर वह चौंकी।

'यह चिमटा कहाँ था?'

'मैंने मोल लिया है।'

'कै पैसे में?'

'तीन पैसे दिए।'

अमीना ने छाती पीट ली। यह कैसा बेसमझ लड़का है कि दोपहर हुई, कुछ खाया, न पिया। लाया–क्या चिमटा। सारे मेले में तुझे और कोई चीज न मिली जो यह लोहे का चिमटा उठा लाया?

हामिद ने अपराधी-भाव से कहा–तुम्हारी उँगलियाँ तवे से जल जाती थीं, इसलिए मैंने इसे लिया।

बुढ़िया का क्रोध तुरन्त स्नेह में बदल गया और स्नेह भी वह नहीं, जो ज्यादा बोलने वाला होता है और अपनी सारी पीड़ा शब्दों में बिखेर देता है। यह मौन स्नेह था–खूब, ठोस, रस और स्वाद से भरा हुआ। बच्चे में कितना त्याग, कितना सद्भाव और कितनी समझ है! दूसरों को खिलौना लेते और मिठाई खाते देखकर इसका मन कितना ललचाया होगा! इतना नियन्त्रण इससे हुआ कैसे? वहाँ भी इसे अपनी बुढ़िया दादी की याद बनी रही। अमीना का मन गद्गद हो गया।

और अब एक बड़ी विचित्र बात हुई। हामिद के इस चिमटे से भी विचित्र। बच्चे हामिद ने बूढ़े हामिद का पार्ट खेला था। बुढ़िया अमीना बालिका अमीना बन गई। वह रोने लगी। आँचल फैलाकर हामिद को दुआएँ देती जाती थी और आँसू की बड़ी-बड़ी बूँदें गिराती जाती थी। हामिद इसका रहस्य क्या समझता?

राम् की दादी

जैनेन्द्र कुमार

रामू की दादी ने उठकर जो तकिए के नीचे टटोला, तो पाया दो हैं। एक गिन्नी गुम हो गई है। उसकी वृद्धा देह इस पर क्षमता से भर आई। उठ बैठी, बिस्तर खँगाल डाला। यहाँ देखा, वहाँ देखा, पर गिन्नी बिलकुल गायब थी। अब गिन्नी–गिन्नी है। और आज यह गिन्नी होना अपने में किसी तरह कम बात नहीं है। तिस पर चीजों के लापता हो जाने का सिलसिला ही उठकर यों चल पड़ने का नाम ले लेगा तो हद कहाँ मिलेगी। रामू की दादी सोचने लगी, आखिर गिन्नी हो क्या गई होगी!

उससे आदमी के मन में पंख भले ही लग जाएँ पर गिन्नी चीज वजनदार है, इज्जतदार है। आदमी सरीखे जान की वह नहीं बनी, और खोटी नहीं है, सच्चे सोने की वह बनी है, और ठोस है। इससे तकिए के नीचे से वह यदि एकदम अलभ्य बन गई है तो किसी भाँति स्वयं उस पर सन्देह नहीं किया जा सकता, उसके लिए किसी आदमी को पाना होगा।

'ऐसा कौन गिन्नी ले सकता है?' दादी ने सोचा। रधिया चौके और दालान से उठकर इधर आई नहीं। और अभी घंटा भर हुए ही तो मैंने सँभालकर रखी थी। कहीं गिर ही तो नहीं गई? देखूँ।

उसने देखा–

अब बात यह है कि एक नाम भीतर से उठकर ऊपर आना चाह रहा है। पर जैसे उस नाम को इस सम्बन्ध में अपने सामने पाना उसे पातक लगता है। यह किसी तरह सिद्ध हो जाए कि गिन्नी गिर ही पड़ी थी। उसके मन में यह निरन्तर बज रहा है कि 'ऐसा नहीं है, ऐसा नहीं है। गिरी नहीं है और चोरी करने वाली वही एक है।' पर इस बात को अपने निकट अस्वीकृत करने के लिए उसने फिर खोजा और फिर देखा। पर गिन्नी को न मिलना था, न मिली।

रमचन्ना पर अविश्वास करना उसे स्वयं अपने प्रति लाँछन मालूम होता है। पर कितना ही सोच देखे, क्या कोई और है जो इस बीच उसकी कोठरी में आया-गया है, और जिसके लिए तनिक भी सम्भावना है कि गिन्नियों के अस्तित्व को जाने?

रामचरण, अर्थात् रमचन्ना, बारह बरस की उम्र से इनके यहाँ नौकर है। अब उसकी अवस्था तीस पर पहुँचती होगी। यों तो यही उमर है जब गिन्नी की कीमत की आदमी को खूब पहचान हो; पर ठीक यही उमर भी है, जब रामू की दादी को वह अतीव आकर्षक, प्रिय और अनिवार्य लगता है।

रमचन्ना बेहद घर का आदमी है। इस घर के काम या जरूरत के मौके पर वह सदा ऐसे ही काम आता रहा है, जैसे सोने का जेवर। छोटे से यहीं बड़ा हुआ है। उसका ब्याह इसी घर के लोगों ने कराया, और अब विधुर है, तो फिर इस परिवार के लोग झटपट उसका ब्याह करा देने को उत्सुक हैं। और तीन बरस का रामू तो बस इसी का है। उसे जब देखो, तब रमचन्ना। दादी की गोद में से पूरी तरह आँख खोलकर उठा नहीं कि—रमचन्ना। इस रमचन्ना की कमर और कन्धे पाकर इस काठ के उल्लू रामू को यह भी पता नहीं है कि कोई माँ भी होती है, जो उसके नहीं है। और कोई बाप भी होता है जो भी लगभग उसके नहीं है। जबसे इस रामू का बाप इस दुनिया से रामू की माँ को खोकर और महीने भर के इस नन्हे-से रामू को दादी के ऊपर छोड़कर विलायत जाकर रम रहा, तभी से शनैः-शनैः यह रमचन्ना उस दादी के निकट नौकर कम होता गया और बेटा ही ज्यादा-से-ज्यादा होता गया।

'रमचन्ना और घर में ही सेंध लगाए!' दादी अत्यन्त विपन्न भाव से सोचने लगीं, 'उसे क्या नहीं मिला? और वह और क्या चाहता है, जो कहकर नहीं पा सकता? लेकिन यह बहुत खराब बात है, और आज इस तरह दे दूँ, तो कल और कुछ भी हो सकता है। और मैं नहीं चाहती, यह लड़का रमचन्ना चोर बनकर जेल में सड़े।'

दादी ने जोर से आवाज दी, ''रमचन्ना!''

आवाज से पास सोए हुए रामू की नींद को आघात हुआ। उसने चौंककर दोने-सी बड़ी-बड़ी अपनी कोरी आँखें जरा खोलीं और फिर मींचकर करवट ले दादी की छाती से लगकर सो रहा।

दादी ने पुकारा, ''रमचन्ना!''

रामचरण भीतर आया और दादी की खाट के पास खड़ा होकर हँसते हुए बोला, ''हमारे रामजी सो रहे हैं। क्या है, अम्माजी? लाओ, इसे बाजार से रेवड़ी दिला लाऊँ, बहुत सो लिया।''

यह लड़का चोरी करेगा और फिर इस तरह से सामने आकर बनेगा भी। दादी कठिन हो गईं और तुरन्त कुछ बोल नहीं सकीं। रामचरण ने देखा, कहीं कुछ गलत है। उसने हठात कहा, ''उठो रामचन्द्र जी, भोर हो गया।''

और रामू ने झट आँखें खोल लीं, बाँहे फैलाकर कहा, ''लमअन्ना।''

वह बढ़कर रामू को गोद में उठा ही लेना चाहता था कि दादी ने कहा, ''ठहर रे रमचन्ने।''

बच्चा सहमकर रह गया और इस पर दादी का मन भीतर से और भी कठिन हो आया। इस समय उसके मन को बड़ा क्लेश था।

''ठहर रमचन्ने,'' दादी ने कहा, ''पहले बता, तैने यहाँ से गिन्नी ली है?''

''कैसी गिन्नी, अम्माजी?'' रमचन्ना ने हँसकर कहा और झुका कि रामू को गोद में ले ले।

''मैं कहती हूँ, तैने यहाँ से गिन्नी नहीं ली? सच बोल नहीं, ली?''

रामचरण चुप।

दादी ने कहा, ''मैं जानती हूँ, तैने ली है। मैं तो सोचती थी, तुझसे कहूँ कि अगर तुझे जरूरत है, तो मुझसे क्यों नहीं कहता? एक छोड़ क्या दो गिन्नी मैं तुझे नहीं दे सकती? पर, क्यों रे, तू अब ऐसा हो गया है कि पहले तो चोरी करे, फिर उसे कहे नहीं और पूछें तो चुप हो जाए?''

रामचरण चुप रहा। बुढ़िया सोचती थी कि अगर यह 'हाँ' कह दे तो इससे गिन्नी वह वापस नहीं लेगी। इसमें उसे सन्देह न था कि अगर और कुछ नहीं होता तो वह खुलकर यही कह दे कि उसने नहीं ली। तब वह उसे छोड़कर कहेगी, ''अच्छी बात है, नहीं ली। तो जाओ खोजो, वह कहाँ गई?'' वह सबके लिए तैयार हो सकती थी कि इसी में कुछ दिन निकल जाएँ और फिर बात आई-गई हो जाए, लेकिन यह जो रमचन्ना सामने गुम-सुम खड़ा है, पूरी तरह खुलकर बात भी नहीं कर सकता, जैसे उसे मैं खा जाऊँगी, यही उसे बड़ा बुरा लग रहा था। कहा–''अरे, बोल! कुछ मुँह से कहता क्यों नहीं?''

रामू ने दादी का हाथ पकड़कर कहा, ''अम्माजी, अम लेबली खाएँगे।''

हाथ से रामू को अलग झिटककर दादी ने कहा, ''हरामी, राकशस! बोलता क्यो नहीं?''

बिलकुल खोए-से बैठे रामू को देखता हुआ रामचरण चुप हो रहा।

दादी का सारा शरीर काँपकर थर्राने लगा। उन्होंने हिलते हुए हाथ को उठाकर चीखकर कहा, ''नमकहराम! निकल जा मेरे यहाँ से! (और तभी जरा मद्धिम भी वह पड़ गईं।) हम कहते हैं, बोल, बात का जवाब दे, सो उसमें इसकी मौत आती है!''

रामचरण ने कहा, ''अच्छा माँजी, मैं चला जाता हूँ।''

रामू बोला, ''लमअन्ना।''

दादी ने अत्यन्त क्रुद्ध होकर, मुँह बिगाड़कर कहा–''माँजी म्यें चिल्या जाता हूँ। क्यों, एक गिन्नी से तेरा भर गया पूरा पेट जो चला जाता है? चल, मुझे नहीं चाहिए तेरी गिन्नी, अपने पास ही रख और ??????????? बच्चे!''

उसने हाथ जोड़कर कहा, "अच्छा माँजी, तो मैं चला जा रहा हूँ।"

"हाँ, जा, जा, जा!" चिल्लाकर दादी ने कहा, "मेरा दम तोड़ने यहाँ क्यों खड़ा है? जा, टल।"

अत्यन्त उद्धत होकर, मचलने को तैयार, रामू ने कहा, "लमअन्ना, अम लेबली खाएँगे।"

रामचरण मुँह झुका, बाहर निकलता चला आया। रामू को देखा भी नहीं।

रामू सुध-बुध खोया-सा चुप बैठा रहा और रामचरण बिलकुल ओझल हो गया, तो बिना कुछ कहे वह लातों और थप्पड़ों से दादी को मारने लगा।

इस रामू की मार को खाकर दादी में धन्य आनन्द का भाव ही उठा है; पर इस बार दादी ने जोर से दो चपत उसकी कनपटी पर जड़कर कहा, "चुप बैठ, सूअर के बच्चे!" और धक्के से उसे वहीं खाट पर लुढ़काकर बुढ़िया दादी झटके से उठकर चलने लगी।

रामू सिसक-सिसककर रोने लगा।

उसके रोने की आवाज सुनकर फिर लौटी और सिसकते बच्चे की पीठ पर और धौल जमाकर कहा, "रोता है? ले रो।" एक थप्पड़ और रख दिया।

फिर तेजी से चलकर भीतर की कोठरी में घुस गई। वहाँ एक मटके में से गूदड़ निकाला और फिर मुट्ठी रुपये। उन्हें गिना, और फिर एक मुट्ठी और निकाले। पचास से ऊपर भी पाँच रुपये उसके हाथ में रहते थे, वह पूरे पचास चाहती थी। लेकिन गुस्से में अब वह पाँच अतिरिक्त रुपये वापिस मटके में नहीं रख सकी और उसमें जोर-जोर से वही गूदड़ ठूँसकर भर दिया।

लौटकर, चिल्लाई, "रधिया, रधिया! अरी ओ कम्बख्त की बच्ची!, सुनती है?"

रधिया जब गीले हाथों को लेकर सामने आई तो दादी ने कहा, "तू बहरी है, जो इतनी देर से चीख रही हूँ और तू सुनती नहीं है! ले ये रुपये। वह रमचन्ने का बच्चा अभी बाहर ही होगा। अभी जा। ये सब रुपये उसके सिर पै मारकर आ। कहना, मुझे नहीं चाहिए उसकी गिन्नी और गहना! मैं अब उसका मुँह न देखूँ, और जो उसने रामू की तरफ कभी देखा, तो अपनी खैर न समझे। खड़ी क्या देखती है, जाती क्यों नहीं? समझ लिया न, सिर पर देकर मारियो। चल, जा।"

वहीं लौटी तो सोचती थी कि वह रामू बदमाश, ऐसे थोड़े ही हाथ आएगा, बिना पीटे वह ठीक न होगा। लेकिन गई तो देखा, वह सो गया है और आँसू उसके गाल पर से अभी नहीं सूखे हैं। इस बिना माँ-बाप के बेटे को अपनी छाती में भरकर, चूमकर वह रोने लगीं। पहले तो इस आकस्मिक उपद्रव पर चौंककर, और दादी को देखकर बच्चा भी चिल्लाया और फिर आँसू ढारता दादी का मुँह निहारकर वह अपने छोटे-छोटे दोनों हाथों से दादी की ठोढ़ी के साथ खेलने लगा और दादी के आँसू और भी अटूट होकर झरने लगे।

लघुत्तम समापवर्तक

दीपक श्रीवास्तव

'धप्प' की आवाज सामान्य जन के सुनने भर को नहीं थी। बाग में बैठे सदियों से इस ध्वनि के इन्तजार में वहाँ उपस्थित रहते आए हैं। वहाँ उपस्थित चारों विभूतियाँ पलक झपकते ही एक साथ आवाज की दिशा में चल निकलीं। एक साथ कहना थोड़ा असंगत हो सकता है। क्योंकि पंडित कुन्दन शुक्ला उर्फ सोनू उर्फ सोनुआ की इन्द्रिय और मनोबलीय शक्तियों का परीक्षण बहुधा मौकों पर हो चुका था। सोनू के स्टीरियो सिस्टम और 'धप्प' के सूखी पत्तियों की चुरमुराहट की ध्वनि के साथ के मिश्रण ने आभास दिया कि आम या तो चोपहवा का है या मलदहवा का। जाहिर है कि सोनू सबसे आगे थे लेकिन वह जानते थे कि आगे रहने से गिरा आम नहीं मिलता है। उसके लिए जरूरी है—पैनी नजर और हर तरफ देखने की चुस्ती और थोड़ा भाग्य। उनके तेज दौड़ने में बाधक बन रही थी उनकी हाफ-पैंट, जो मानी जाती थी हाफ-पैंट लेकिन उनके घुटने से कुछ नीचे ही थी।

तेरह साल के रविन्दर शुक्ला उर्फ बच्चन, जो सोनू के सबसे बड़का बाबू के सबसे छोटका सुपुत्र और सबसे बड़की माई के पेटपोछना दुलारे हैं। उनकी पुरानी घिसी पैंट उनसे चार साल के छोटे कुल जमा नौ साल के सोनुआ को पहनाते समय रस्सी से उनकी दादी बाँधती जरूर थीं लेकिन पैंट में जमा ईंट-पत्थर के टुकड़ों तथा अन्यान्य सामग्रियों के गुरुत्वाकर्षण बल के कारण वह नीचे की ओर अग्रसर रहती। सोनू दौड़ते समय भी उसको खींचकर ऊपर कर रहे थे।

चोपहवा का पककर गाढ़ा हरा आम पेड़ के ठीक नीचे पत्तियों पर गिरा पड़ा था। सोनू दौड़ते हुए आए, आम उठाया और दौड़ते हुए ही आगे निकल गए। उनका ध्यान पीछे के तीन प्रतिद्वन्द्वियों

से सुरक्षित क्षेत्र में निकल जाने का था। जब वह रुके तब पीछे दौड़ने वाले बच्चन, नन्हकऊ और कैलाश भी रुक गए। ये सभी उनके चचेरे भाई हैं। जिस तरह से वह त्रयी रुकी और उनकी व्यूह रचना जारी रही, सोनू को खतरे की आशंका होने लगी।

सोनू को पता है कि उनके बाबू जिन्दा होते तो इस तरह से एक-एक आम के लिए उन्हें संघर्ष नहीं करना पड़ता। उनके ये चचेरे भाई, जिनमें बच्चन को छोड़कर शेष दोनों मँझले बाबू के सुपुत्र हैं। मँझले बाबू बड़का बाबू के चमचा हैं और उनके दोनों पूत बच्चन के।

जाती जून की गर्म चढ़ती दोपहरी में सब हो रहा था। बड़का बाबू ने बाग के सारे आम बेच दिए थे और खरीदने वाले ने उन्हें तुड़वा लिया था। अब वही आम बचे थे जो बड़े पेड़ों में ऊपर बहुत ऊपर थे और जिन पर समर्थ पुरुषार्थियों की नजरे-इनायत नहीं हुई, या हुई भी तो वे तोड़ने में असफल रहे। आमों की संख्या कम होने से उनके लिए चाहत बढ़ गई।

सोनू बीच में थे। नन्हकऊ और कैलाश उनके अगल-बगल आ चुके थे। बच्चन सामने। आम सोनू की बाईं मुट्ठी में था और दाहिनी मुट्ठी अभी खाली थी। दोनों पक्ष एक-दूसरे को तौल रहे थे। जहाँ वो खड़े थे वहाँ तेज धूप थी। पहल बच्चन ने की।

'आम दे दो।'

'मैंने पहले उठाया है।'

'उससे क्या हुआ? तुम जमीन उठा लोगे तो जमीन तुम्हारी हो जाएगी?' समवेत हँसी के इन्तजार और उसके होने के बाद बच्चन फिर बोले, 'छोटका चाचा ने अपने हिस्से की जमीन बेच दिया, सोनू बच्चा तुम्हारा अब कुछ नहीं है।'

'जमीन ही बेची है न, बाग तो नहीं बेचा है? बाग में हमारा हिस्सा है।'

'तू हिस्सा लोगे? ले हिस्सा।' कहते हुए बच्चन उग्र हो चुके थे। कमजोर के लिए तर्क की व्यर्थता के बारे में वह जानते थे।

उन्होंने सोनू को कॉलर से पकड़ा और दो तमाचे गाल पर लगा दिए। सोनू के लिए यह सब प्रत्याशित था लेकिन हमला इतनी जल्दी हो जाएगा, इसका आकलन वह नहीं कर पाए थे। अब उन्होंने बदली स्थिति का फिर से आकलन किया और आक्रामकता की अपनी नैसर्गिक प्रतिभा के उपयोग को ही उचित समझा। अपने दाहिने हाथ को उन्होंने जेब में डाला और एक ईंट का टुकड़ा निकाला, उसको अपनी मुट्ठी में जमा लिया और बच्चन की तरफ लपके। बच्चन ने जब सोनू को आते देखा तब वह सोनू को कन्धे से पकड़कर उसी पर लद गए। सोनू ने ईंट वाली मुट्ठी से दो-तीन घूँसे पीठ में लगाए जिससे बच्चन बिलबिला गए। बच्चन ने अपनी पूरी ताकत से सोनू को पीछे धकेला, उसके गिरने पर पैर से मारा, फिर पीछे

हट गए। सोनू जब खड़े हुए, बच्चन कुछ दूर निकल गए थे। सोनू ने अपनी मुट्ठी के पत्थर को जोर से बच्चन की ओर फेंका, पत्थर सनसनाता बच्चन के बगल से गुजरा।

दोनों हाँफ चुके थे, लड़ने की बहुत गुंजाइश अब नहीं बची थी।

अब तक नन्हकऊ और कैलाश चश्मदीदी की तरह खड़े थे। उनकी अम्मा ने समझाया था कि रहना बच्चन के साथ, लेकिन दूसरे की मारपीट में नहीं पड़ना।

झगड़ा समाप्त हो रहा था लेकिन रगड़ा हमेशा की तरह बचा हुआ था।

बच्चन बोले, 'यह जो मेरी पैंट पहने हो इसको वापस करो।'

सम्भावित अपमान के दृश्य की कल्पना से तीनों को मजा आ गया।

'तुम्हारी अम्मा ने दिया है, वह कहेंगी तो वापस कर देंगे।' कहकर तर्कशील सोनू चल दिए।

आम अभी भी सोनू की बाईं मुट्ठी में दबा था।

थोड़ा आगे जाने पर सोनू ने मुट्ठी खोली, दबाव पड़ने से आम में दरारें पड़ गई थीं जिससे निकलकर रस हाथ में लिपट गया था। सोनू ने जीभ से पूरी हथेली चाटी। चोपहवा आम की अद्भुत मिठास, चोपी का कसैलापन और धूल की करकराहट–एक साथ जिह्वा की स्वाद ग्रन्थियों से टकराए। उन्होंने पहले सोचा कि आम और हथेली धो लिया जाए। उन्हें यह विचार त्यागना पड़ा क्योंकि कब कौन सी विपत्ति कहाँ से आन पड़े इसलिए उन्होंने सोचा कि पहले आम का स्वाद ले लेना उचित होगा। उन्होंने आम का भरपूर सेवन कर लिया।

आगे गया सिंह की पाही (खेत का घर) पर ट्यूबवेल चल रहा था। वहाँ हाथ-मुँह धुला। मन ललच गया–देखा आसपास कोई नहीं है–बनियान उतारी–रस्सी खोलकर पैंट निकाली और नंगे होकर नहा लिया। नहाने और कपड़े पहनने के बाद अगले पड़ाव का विचार करने लगे।

मेहुड़ा ताल के पास जामुन अभी बची है। लेकिन सोनू वहाँ जाना नहीं चाहते।

वहाँ उनकी अम्मा डूबकर मरी थीं।

अम्मा को जब भी वह याद करना चाहते हैं, उनकी परिधि में कई सारी कहानियाँ गरम गोलों में तैरने लगती हैं। अम्मा का चेहरा उन्हें याद नहीं है। याद कर सकने वाली उनकी उम्र नहीं थी। अम्मा कैसी थीं, वह किसी और से जानना भी नहीं चाहते। वह इतना जानते हैं कि जब वह रात में कोठरी में दादी के पास सो जाते हैं तब अम्मा उनके सिरहाने बैठकर पंखा झलती हैं। अम्मा की साड़ी का कोना पकड़कर वह सोते हैं लेकिन जब भी अम्मा का हाथ पकड़ना चाहते हैं–वह गायब हो जाती हैं।

यह बात सोनू किसी को बताते नहीं। लोग कहेंगे, भूत-प्रेत वाली बात है। उनकी अम्मा भूत-प्रेत कैसे हो सकती हैं। वह डरते वैसे किसी से नहीं हैं। न भूत-

प्रेत से, न चुड़ैल-डाकिनी से, न साँप, बिच्छू, गोजर, विषखोपड़ा, न डाकू, गुंडा, शैतान से और न ही भगवान से। यहाँ तक कि वह बड़का बाबू से भी नहीं डरते हैं। अब अम्मा से डरने की कोई बात हो ही नहीं सकती।

बेशक अम्मा सशरीर उनकी स्मृतियों में नहीं हैं। उनके जिस रात घर से निकलने और सुबह ताल में पाए जाने की गवाही दादी देती हैं, उस रात में वह तीन साल के आसपास थे और बहुत तेज जाड़ा पड़ रहा था। कई सालों में एक बार पड़ने वाला तेज जाड़ा। इस तेज जाड़े की बात हर बताने वाला करता है। बात उनके अम्मा के मरने से शुरू होती है और जाड़े की चर्चा होने लगती है। वह अम्मा की मौत के बारे में जानना चाहते और उनकी जानकारी उस साल के तेज जाड़े के बारे में बढ़ने लगती है। जब भी अम्मा का जिक्र होता तब जिस हालत में सोनू रहते, उसी में ठहरे रहते। खड़े रहते–खड़े रहते, अगर बैठे रहते–बैठे ही रहते।

बाबू के मरने की चर्चा में भी उनकी स्थिति कुछ-कुछ ऐसी ही रहती। हाँ, उस समय दुख थोड़ा बढ़ जाता। वह जानते थे कि बाबू नहीं मरते तो अम्मा भी नहीं मरतीं। बाबू नहीं मरते अगर वह मारे नहीं जाते। वह मारे नहीं जाते अगर वह फौजदारी में नहीं फँसते। फौजदारी उन्हें इसलिए करनी पड़ी क्योंकि वह निकम्मे, आवारा, जुआरी, शराबी, गाँजे के लती थे और छोटे-मोटे झगड़े व चोरियाँ किया करते थे। इसलिए घरवालों या कहें बड़का बाबू से अगर दद्न मिश्रा का झगड़ा घूर की जमीन पाटने के लिए हो और बड़का बाबू के घर में रखा भरा कट्टा बाबू के हाथ में दे दें, तो बाबू कहाँ तक अपनी जिम्मेदारियों से बचते।

फौजदारी में सब जेल गए। बाबू के हिस्से की जमीन बिकी और बड़के तथा मँझले बाबू की जमानत हो गई। बाबू को जमानत नहीं मिली, वह मुख्य अभियुक्त थे। घूर पर बड़का बाबू का कब्जा हो गया। एक दिन जेल में ही बाबू को खून की उल्टी हुई। कहते हैं, अस्पताल जाते-जाते बाबू मर गए।

बाबू की मौत की बात बताने वाले सूचनाकार फिर जेल की रहन की बात बताने लगते। उसी में अस्पताल की चर्चा होने लगी। माफियाओं, नेताओं और कई तरह-तरह के प्रसंग उठते लेकिन बाबू को फिर याद नहीं किया जाता। सोनू वैसे ही खड़े-खड़े या बैठे-बैठे पैर के नाखून से मिट्टी खोदते रहते।

धूप से धरती जल रही थी। सोनू मेहुड़ा ताल के लिए निकले तब उनके पैर जलने लगे। वे दौड़ने लगे। उनकी पैंट दौड़ते समय खिसक रही थी। उनकी नाक भी बह रही थी जिसे उन्हें बीच-बीच में पोंछना पड़ता, लेकिन ये कष्ट पैर में धरती से होने वाली जलन की तुलना में नगण्य थे। जब सोनू ताल तक पहुँचे वो हाँफ चुके थे। सोनू उनके पास जाकर बैठ गए।

'पंडितजी पा-लागी', छेड़ते हुए रहमान चाचा बोले।

सोनू के चेहरे पर मुस्कान खिली, फिर गायब हो गई।

रहमान चाचा उनके बाबू के खास दोस्तों में थे।

'राजा बाबू, कहाँ डोल रहे हो', बोलते हुए चाचा की आँखें बंसी पर ही लगी थीं।

सोनू को दोनों वाक्य, जवाब देने लायक नहीं लगे। इसलिए चुपचाप एकटक पानी के बीच देखते रहे। लोग कहते हैं, अम्मा जब डूबी थीं उनके पेट में बच्चा था।

सोनू के सबसे तकलीफदेह समय की शुरुआत सूचनाकार द्वारा यह सूचना देने से होती। बताने वाला देर-सवेर बड़का बाबू तक पहुँच ही जाता।

रहमान चाचा एक अखबार पर लाई–चना फैला चुके थे। अखबार उन्होंने सोनू के करीब कर दिया और खुद मुट्ठी में भरकर खाने लगे।

अगर अभी अम्मा पानी से निकलें और सोनू से कहें, 'चलो घर चलो' तब तो रहमान, चाचा भौंचक्के हो जाएँगे।

कहीं उधर झाड़ियों के झुरमुट से बाबू भी निकल आएँ और कहें, 'का हो रहमान कैसे हो?' रहमान चाचा का मुँह खुला का खुला रह जाएगा और मुट्ठी की लाई गिर जाएगी।

चाचा के एक दौर का चबैना समाप्त हो गया था। उन्होंने दोबारा मुट्ठी भर ली। सोनू ने खाने का उपक्रम अभी नहीं किया था। जैसे ही उन्हें लगा कि वो टोके जाने वाले हैं, उन्होंने अपनी दोनों छोटी-छोटी मुट्ठियों में लेकर खाना शुरू कर दिया।

रहमान चाचा की गाँजे की चिलम बगल में पड़ी थी। बाबू भी गाँजा पीते थे। सोनू को इस बात का विश्वास था कि अगर समय पर वह बड़े हो जाते और उनके बाबू जिन्दा रहते तो वह अपने पिता के सारे नशे छुड़वा देते। सोनू को नशों से नफ़रत है। उन्हें यकीन था कि उनके बाबू के मरने में नशे का ही योगदान है। दादी भी यही कहती हैं।

बाबू के बारे में दादी अच्छी बात कभी नहीं करतीं। घर का कोई भी सदस्य जब उपस्थित हो, बुराई शुरू कर देती हैं। अम्मा की चर्चा वो भूले से भी नहीं करतीं। दादी सबके सामने सोनू को दुलारतीं नहीं, दुलराने के अवसर-मन:स्थिति नहीं ही रहते। रात में सहन वाली कोठरी में साथ सुलाती हैं। वहीं दादी-पोते का खाना भी बनता है। बड़का बाबू से दादी की कोई बातचीत नहीं होती–हालाँकि दादी बड़का बाबू या उनके आश्रितजनों के खिलाफ कभी नहीं बोलतीं। खिलाफ वह सिर्फ सोनू के रहतीं। सोनू को अँधेरा होने के बाद कहीं बाहर नहीं जाने देतीं। सोनू का किसी से झगड़ा होने पर बिना कोई सुनवाई किए सोनू को पटापट मारने लगतीं। सोनू को उनकी मार से खास फर्क नहीं पड़ता क्योंकि दादी का असशक्त शरीर किसी को शारीरिक चोट पहुँचाने लायक नहीं और वो मारने का अभिनय ही करतीं या कर पातीं–मारतीं नहीं। साथ ही, धाराप्रवाह श्रापित किस्म की गालियाँ चलती रहतीं।

बड़का बाबू खास तरह से मारते।

उन्हें सोनू को सुधारने की इच्छा जब-जब उठ जाती, विशेषकर जिस दिन शाम को बाजार से लौटने के बाद उनके मुँह से देशी दारू से भभके उठते। ऐसे खास मौकों पर सोनू के बिगड़ने की किसी खबर से वो विचलित हो जाते और सोनू को सुधारने का अपना अमल पूरा करने लगते। इस प्रक्रिया को संचालित करने के लिए वो पतली डंडी खोजते या तोड़ते। तोड़ने-खोजने में कभी-कभी वो लदफदाकर गिर जाते। सोनू को हँसी आती लेकिन इस हँसी को वो बाद के लिए जोड़कर रखते। मार खाते समय सोनू दाँत पर दाँत जमा लेते। इससे चोट के दर्द में कोई राहत नहीं मिलती। हाँ, रुलाई रोकने में आसानी रहती। केन के प्रहार से चोट अन्दर और बाहर बराबर लगती। उसको भी, सोनू बाद के लिए जोड़कर रखते।

इस कार्यक्रम का समापन दादी के आने से होता। जब दादी भी एक-दो सोंटा पा जातीं, तब लड़खड़ाते बड़के बाबू चारों दिशाओं को गालियों से गुंजायमान करते और ऐसे हरामी-नालायक की जिम्मेदारी की प्रवंचना करते अपने कमरे में चले जाते।

रहमान चाचा को अभी मछलियाँ कम ही मिली थीं—तीन सौरी और एक छोटी माँगुर। प्लास्टिक के डब्बे में पानी भरकर रखी मछलियों से सोनू खेलते रहे। फिर एक सींक लेकर पेड़ के नीचे बिलों के बड़े चींटों को लड़ाने लगे। चींटे पहले इधर-उधर भागते लेकिन सींक से एक-दूसरे पर धकेले जाने पर अपनी सूँड़ों से जमकर लड़ने लगते। यह उनका पसंदीदा खेल है। थोड़ी देर बाद उन्हें इससे भी ऊब होने लगी। उन्होंने रहमान चाचा की तरफ देखा। दोपहर का उतरना हो रहा था—वो समेटने के अन्दाज में लग रहे थे।

इस पूरे दरम्यान रहमान चाचा पाँच-छह बीड़ी पी गए। वो आज कुछ चुप थे। कभी बंसी को देखते, कभी ताल में निहारने लगते, कभी सोनू को। फिर खाली खेत में उठती गर्म गुबार को खाली उसाँसों से देखने लगते। सोनू को लगा कि वो सोनू से कुछ कहना चाहते हैं।

सोनू के आसपास दो तरह के लोग हैं। बहुत कम लोग, जो सोनू को देखकर स्नेह से कुछ कहना चाहते हैं और बहुत सारे लोग, जिन्हें सोनू को देखकर उनके बाबू की बदकारियों का या अम्मा की कहानियों का खयाल आ जाता है और बेहद अश्लीलता से वो जिकर करने लगते, अपवाद स्वरूप कभी-कभी नहीं करते। जब नहीं करते तब भी करते हुए-से लगते।

सोनू उठे और बोले, 'चच्चा, हम जा रहे हैं।'

जब तक रहमान बोले, 'तुम्हें चच्ची ने बुलाया है।' तब तक सोनू दौड़ना शुरू

कर थोड़ा दूर निकल चुके थे और यह कहने के लिए रहमान को अपनी आवाज ऊँची करनी पड़ी।

'हाँ, आऊँगा।' बिना विराम लिए सोनू ने कहा। उन्हें देर हो रही थी।

स्कूल के पास के मैदान में क्रिकेट शुरू होने वाला होगा। दौड़ते ही वह वहाँ पहुँचे लेकिन खेल स्थगित था। रबड़ की गेंद, जिससे खेल होता है वह फट गई थी। किशोर से युवतर लड़कों की पूरी गोल सरस्वती चन्द्र को घेरकर खड़ी थी। सरस्वती चन्द्र मरकहवा मास्टर और उनकी पत्नी के युगल सम्भोग दृश्य का भावपूर्ण शारीरिक-शाब्दिक अभिनय कर रहे थे।

सोनू थोड़ी दूर जाकर झंडे वाले चबूतरे पर बैठ गए। ठहाकों, जुगुप्सा भरी चीत्कारों के बावजूद सरस्वती चन्द्र जल्दी ही ऊब गए। वह झुंड से बाहर आए तो उन्हें भीड़ से अलग अकेले बैठे सोनू दिखे। उनकी मिमिक्री कला और अभिनय क्षमता के लिए यह उनको अपमान सरीखा लगा। सरस्वती चन्द्र सोनू से मात्रात्मक बड़े थे, नागवार गुजरने का यह भी कारण था।

'का बे, अच्छा नहीं लगा?' उनके स्वर में तैश था।

सोनू को अश्लील बातें पसन्द नहीं हैं, वह कुछ नहीं बोले। इससे सरस्वती चन्द्र को उनका अपमान और भी बढ़ा लगा।

'तुम्हारी अम्मा और बड़का बाबू का शो दिखाऊँ?' अब वह अपमान को भाषा का रूप देने लगे।

'नहीं, अपने बाबू रामचन्दर और माई मिथुनी देवी का दिखाओ।' सोनू की आवाज में लरजता आक्रोश था।

हिंसा की सम्भावना बढ़ गई। कुछ नया दिलचस्प होने की उम्मीद में आसपास उत्सुक लड़के जमा होने लगे, जो पूर्ववर्ती कार्यक्रम के समाप्त होने से खाली हो गए थे। दोनों पक्ष एक-दूसरे को तौल रहे थे। दोनों की आँखें एक-दूसरे पर जमी थीं। पता नहीं क्यों सोनू का एकटक देखना था या कोई और डर, सरस्वती चन्द्र गाली देते, बड़बड़ाते गाँव की ओर चल दिए।

आतंक की उपादेयता से सोनू अच्छी तरह से वाकिफ है। सोनू से अभी कोई डरता नहीं है। हालाँकि आतंक बनाए रखने के सारे उपक्रम वो करते हैं। इसके लिए उनको कुर्बानियाँ देनी पड़ती हैं। वो जानते हैं कि डर एक दिन में जन्म नहीं लेगा। वह धीरे-धीरे विकसित होगा। इस मामले में बच्चा भैया की कहानियाँ उनकी आदर्श हैं।

बच्चा भैया को उन्होंने एक बार ही देखा है और उनसे बहुत प्रभावित हो गए। बच्चा भैया सोनू के पट्टीदार खानदान के हैं और रिंकू सिंह गिरोह के खास शूटर हैं। उनकी उम्र बीस-बाइस साल ही है लेकिन उनके आंतक के गौरव से पूरा खानदान

आलोकित रहता है। घर छोड़े उन्हें चार साल हो गए। पुलिस उनके लिए बीच-बीच में आती है। बच्चा भैया देर रात कभी एकाध घंटे के लिए घर आते हैं। ऐसे ही एक रात का अवसर सोनू को मिल गया।

किसी बुजुर्ग ने उन्हें बच्चा भैया का पैर छूने को कहा। कुल के अधिकांश सम्भ्रान्त वहाँ उपस्थित थे। कम सम्भ्रान्त किस्म के लोग खींसे निपोरे खड़े थे और अधिक सम्भ्रान्त किस्म के लोग बैठे स्थानीय विवादों व राजनीति पर बच्चा भैया से राय कर रहे थे। लोगों में उनके प्रति आदर भाव, माहौल पर उनके नियन्त्रण और महंगे फोटो वाले मोबाइल से कहीं बात करते बच्चा भैया के शान्त व्यक्तित्व के ठंडेपन को सोनू ने आत्मसात कर लिया।

सोनू देर शाम जब घर पहुँचे, दोपहर के बाग की घटना की छाप वातावरण में पूरी-पूरी दिख रही थी।

बड़की अम्मा मुँह फुलाए मड़हा में चटाई पर बैठी थीं, बगल में दीन-हीन बने बच्चन बैठे थे। बड़का बाबू तख्त पर और उनके सामने कुर्सी पर बाभन टोली के सबसे खुराफाती समझे जानेवाले आघा मिश्र थे। दादी छोटी चारपाई पर बैठी साग की पत्तियाँ तोड़ रही थीं। सोनू को देख उनके चेहरे पर आई दीनता से यह बराबर लग रहा था कि इस प्रकरण को लेकर वह कई बार डाँट खा चुकी हैं। सोनू ने जब दृश्य में प्रवेश किया तब उनकी पहली समस्या अपने खड़े होने के लिए सुरक्षित जगह के निर्धारण को लेकर थी। लेकिन उतना समय उनको नहीं दिया गया।

उनके स्थिर होने के पहले ही दादी ने पूछा, 'तुमने बच्चन को ईंट मारा?'

सोनू मौन रहे।

उनके मौन में छिपे उत्तर को समझते हुए अपने क्रोध और नफरत को भरसक छिपाते-उजागर करतीं बड़की अम्मा बोलीं, 'अगर ईंट लग जाता तो आँख जा सकती थी। कुछ भी हो सकता था। ऐसा दुलार किस काम का?'

दरअसल आघा मिश्र की उपस्थिति से सभी असहज थे। कूटनीतिक भाव से बड़की अम्मा यह दर्शाने की कोशिश कर रही थीं कि बड़का बाबू सोनू को दुलार करते हैं। आघा मिश्र अपनी घनी, मोटी मूँछों के नीचे मुस्कुराने लगे।

बड़का बाबू कई परेशानियों से एक ही समय में गुजर रहे थे। वो आघा मिश्र जैसे प्रपंची व खतरनाक आदमी के सामने कोई सुनवाई नहीं करना चाहते थे। इससे बड़ी समस्या यह थी कि कल रात से उन्हें दस्त हो रही थी और उस पर आज दिन भर वह एकादशी का व्रत रखे थे। पूरे दिन उनका शरीर दुखता रहा और वायु-पीड़ा की समस्या से ग्रस्त रहा। कमजोरी इस कदर कि वो ढंग से नाराज तक नहीं हो पा रहे थे। यहाँ तक कि उनकी बोलने की भी इच्छा नहीं हो रही थी।

व्रत के दिन वह शाम को पराँठा और मीठी दही खाते हैं। इस पूरे घटनाक्रम के

पहले वो आँख मूँदकर लेटे, मिलने वाले स्वाद का काल्पनिक परीक्षण कर रहे थे। बच्चन की अम्मा अधीरता से बच्चे पर हुए हमले की प्रतिक्रिया चाहती थीं। इसी इन्तजार में बैठी थीं। उन्होंने पराँठे का आटा अभी नहीं गूँथा था। इससे बड़का बाबू को खाने में विलम्ब की प्रत्याशा हो रही थी। खाली पेट गुड़गुड़ाकर अलग परेशान किए जा रहा था। इस सबके अलावा आघा मिश्र सामने बैठे थे।

बड़का बाबू भरसक संयत होकर मिश्र को सम्बोधित हो बोले, 'मेरे लिए जैसे बच्चन वैसे सोनू–अब अनाथ बच्चे की परवरिश कैसे मैं करता हूँ, मैं ही जानता हूँ।'

कुछ कमजोरी और कुछ स्थिति की फौरी निराशा से भहराकर वह तख्त पर लेट गए।

रात में जब सोनू खाना खाकर उठे, उनकी दादी ने छिपाकर रखे दो आम दिए। सोनू ने उनको सुबह के लिए रख दिया और जमीन पर बिछे बिस्तर पर आकर लेट गए।

गरमी में भी दादी उनको बाहर सोने नहीं देतीं। फिर भी यह समय उनके पूरे दिन का सबसे अच्छा समय होता है। इसी समय में उन्हें किसी से और किसी से उनको परेशानी नहीं होती। दादी से बात करते हुए वो सो जाते हैं।

थोड़ी देर में दादी आकर लेट गईं।

बहुत दिनों से सोनू अपने मन की बात दादी से कहना चाहते हैं। उनका दोस्त रजमन पिछले दो महीनों से जीप पर खलासी का काम कर रहा है। रजमन से उनकी बात हुई थी। उसने सोनू के लिए भी वहीं काम दिलाने की हामी दी थी। अपनी उमर और ऐसे काम करने को लेकर सोनू को स्वयं संशय था और वह यह भी जानते थे कि दादी उनको अनुमति नहीं देंगी। सोनू तय नहीं कर पा रहे थे कि दादी से अपनी बात कैसे करें। करे भी या न करें। वह सरककर दादी के पास सिमट गए।

दादी ने उनके पैर अपने हाथों में ले लिए, पैर धूल से भरे थे। उन्होंने अपने आँचल से पैरों को पोंछा और रुक-रुककर सोनू के पैर दबाने लगीं।

प्रत्यक्षतः बोलीं, 'दिन भर कहाँ-कहाँ मँडराते हो?'

पैर के दबवाने से मिलते आराम से सोनू और सरककर दादी से सट गए। उनकी ठोढ़ी दादी के स्तन से सट गई। दो दिन पहले उन्होंने कमलेश भैया की पत्नी को अपने बच्चे को दूध पिलाते देखा था। उनके सामने उन्होंने ब्लाउज हटा दूध बच्चे के मुँह में लगा दिया।

अपनी तरफ सोनू को एकटक देखता देख वह मजाक में बोलीं, 'चाहिए का पंडित जी?'

सोनू शरमाकर भाग गए।

दादी अब सिर में उँगलियों से कंघी करते-दबाते बोलीं, 'बच्चन से झगड़ा मत किया करो।'

बाहर झींगुर तेज आवाज में बोल रहे थे–या तो एक साथ अगर एक साथ नहीं तो इतने सारे कि वो एक साथ का भ्रम पैदा कर सकें। उजाले पक्ष की रात को भी कमरे में दादी और सोनू एक–दूसरे को स्पष्टत: देख नहीं पा रहे थे। प्रकाश आने के लिए बनी खिड़की कोने में थी।

सोनू पीठ के बल हुए और बोले, 'अम्मा हमको दूध पिलाती थीं?'

'हाँ', कहकर दादी चुप हो गईं।

सोनू पूछना चाहते थे, 'कैसे' लेकिन सवाल की निरर्थकता से अवगत थे इसलिए रुक गए।

थोड़ी देर के मौन के बाद सोनू ने पूछा, 'अम्मा हमको मानती थीं?'

'हाँ, बहुत मानती थीं।' दादी बेमन से नहीं बोली।

'और बाबू?'

'वो तुम्हें गोद में लेकर गाँव भर घुमाता रहता था।'

इस बार जो मौन बिखरा, उसमें दोनों की अपनी–अपनी स्मृतियाँ पसर गईं।

थोड़ी देर बाद सोनू ही बोले, 'दादी, तुम कब मरोगी?'

'हम अमर होकर आए हैं।' दादी शायद हँसी थीं।

'नहीं, तुम बताओ कि तुम कब मरोगी?'

'ये तो भगवान बताएँगे।'

'नहीं, तुम बताओ।' सोनू जिद पर थे।

'जब मौत आएगी।'

दादी इसके बाद चुप रहीं।

इस बार का मौन कम देर का था और सोनू किसी समझौते के निर्णय पर पहुँच रहे थे।

'दादी, तुम चार–पाँच साल अभी नहीं मरना।' कहते हुए सोनू उठकर बैठ गए और फिर बिलकुल बच्चों की तरफ फफक–फफककर रोने लगे।

बाबा की उधन्नी

शिवशंकर मिश्र

बारात आई भी और चली भी गई। सारा तामझाम हुआ। सारी रस्में पूरी की गईं। खूब झाँय-झाँय हुआ। खूब झिकझिक हुई। आखिर में बैन करके रोती सियादुलारी भी विदा हो गई, लेकिन बाबा की चारपाई जहाँ थी, वहीं रही—पूरब के दालान में ऐन भंडारघर के सामने। पता नहीं कब से बिछी है यह चारपाई यहाँ...। बाबा के इकलौते पुत्र हीरालाल जी तिवारी कभी-कभी हिसाब करते हैं, तो पाते हैं कि पिछले तीस बरस से बिछी है यह चारपाई यहाँ। इसी पर लेटे रहते हैं बाबा। उठ-बैठ नहीं पाते। शौच आदि के लिए परिवारीजनों पर निर्भर रहते हैं। इन तीन वर्षों में बहुत कुछ बदला। पूरी दुनिया ही बदल गई। बाबा की अपनी दुनिया थी। अपना परिवार...। अपने खेत...। यह दुनिया भी बदली। दुआर पर बैल कम हो गए। ट्रैक्टर आ गया और यह परिवार ऊपर से अमीर और भीतर से गरीब हो गया। घर में कई बच्चे पैदा हुए और बड़े हो गए। कई बारातें आईं और गईं। बाबा की चारपाई अपनी जगह ही रही। यहीं से लेटे-लेटे वे सब कुछ देखते-सम्हालते रहे...। कल रात भी वे लेटे-लेटे देखते रहे, जितना देख सकते थे। सुनते रहे, जितना सुन सकते थे; बोलते रहे, जितना बोल सकते थे—हमेशा की तरह। बाजे-गाजे के बीच उनकी आवाज सुनाई नहीं पड़ रही थी। बीच-बीच में सन्तोख बाबा के पास आता। उनके कान के पास मुँह ले जाकर कुछ कहता और बाबा काँपते हाथ से भंडारघर की चाबियों का गुच्छा उसे थमा देते। जो भी मेहमान आए और गए, सब बाबा के पास आए। नाम बताकर पैलगी की। बाबा ने सबको काँपते हाथों से छुआ। विह्वल हुए। आशीर्वाद दिया और दो-एक मार्मिक बातें कीं, जो बड़ी मुश्किल से लोगों की समझ में आईं।

कल साँझ से आज सवेरे तक कितनी गहमागहमी थी यहाँ, और अब आधी रात जैसा

सन्नाटा पसरा है भरी दोपहर में। लू चल रही है। दुआर पर शामियाना फड़फड़ा रहा है। लाल फाइबर की कुर्सियाँ बेतरतीब पड़ी हैं। दालान में परिवार के मर्द और घराती मेहमान सोए हैं। उनके खर्राटे सुनाई पड़ रहे हैं और हवा की साँय-साँय। औरतें भीतर हैं, लकड़ी के इस मेहराबदार फाटक के भीतर। मेहराब और किवाड़ पर मांगलिक अल्पनाएँ और बारीक बेल-बूटे खुदे हैं। मेहराब, साह चौखठ, किवाड़ और खम्भे अलकतरे ही रँगे हैं। चूने से पुती सफेद दीवार पर फाटक के दोनों ओर औरतों ने पिसे चावल, हल्दी और सिन्दूर के घोल से हथेलियों की छाप मार दी है। बीच-बीच में औरतों के रोने-झगड़ने की आवाजें किवाड़ के पास आ जाती हैं। अभी भोर तक वे गीत गा रही थीं। सारी रात गाती रहीं वे। पंडित मन्त्र पढ़ते रहे। औरतें बेटी के गवन के गीत गाती रहीं:

...ऊसर मिट्टी को गोंड़-गोंड़कर हमने ककड़ी के बीज बो दिए...। पता नहीं मीठी होंगी ककड़ियाँ या कड़वी...। पूरे नगर में घूम-घूमकर पिता ने वर खोजा है तेरे लिए। नहीं मालूम क्या लिखा है तेरी तकदीर में...।

गहरा अवसाद जगाने वाली धुनें। न ढोल न मजीरा। बारात खाना खाने बैठी थी, तो औरतों ने गारी के गीत गाए थे। उन गीतों में बजा था ढोल-मजीरा। फिर नहीं बजा। सारी रात कर्मकांड होता रहा। औरतें गीत गाती रहीं...। अब लड़-झगड़ रही हैं दोपहर में। बच्चों का एक बड़ा झुंड नीम तले तिकोनी बैलगाड़ी पर खेल रहा है। सब इसी परिवार के बच्चे हैं। सब पाँच साल के भीतर। वे कभी तिकोनी बैलगाड़ी के अगले छोर पर चढ़ जाते हैं, तो पिछला उठ जाता है। पिछले पर चढ़ते हैं, तो अगला उठ जाता है। यह उन्हें जादू जैसा लग रहा है। ज्यादा छोटे बच्चे बैलगाड़ी पर नहीं चढ़ पा रहे हैं। वे हाथ उठाकर बड़े बच्चों से गाड़ी पर चढ़ा लेने की शब्दहीन प्रार्थनाएँ कर रहे हैं। रो भी रहे हैं। बड़े बच्चे अपने में मस्त हैं। लू चल रही है। नंग-धड़ंग बच्चे लू से बेअसर हैं। वे खेल रहे हैं और शोर मचा रहे हैं। रामलली सबसे अलग खेल रही है। पहले वह मन्दिर के पिछवाड़े सुबकती रही बड़ी देर तक, फिर आम के बाग की ओर चली गई थी। कच्चे आम तोड़ने का विफल प्रयास करके लौटी है और अब बैलगाड़ी के पास खड़े ट्रैक्टर पर बैठकर ट्रैक्टर चलाने का खेल खेल रही है। थोड़ी ही देर में वह ऊबने लगी। आज हर खेल थोड़ी ही देर में बेकार लगने लगता है। दिमाग में झंइयम-झंइयम हो रहा है। फिर सियई दीदी का बैन..।...काहे भेज दिया गया दीदी को, जब वे इतना रो रही थीं...? डकार आई। डकार में केवड़े की गन्ध...। अच्छी नहीं लगी गन्ध। दो दिन से केवड़े के फूल डाले गए हैं कुएँ में। कल अच्छी लगी थी पानी में केवड़े की गन्ध। आज अजीब-अजीब हो रहा है मन उसी गन्ध से।

अचानक उसे लगा कि बाबा पुकार रहे हैं।...सियई दीदी तो गईं।...अब किसे पुकारेंगे बाबा?...अब कौन सुनेगा छिन-छिन पर बाबा का अढ़ौना? वह दौड़कर

दालान की ओर गई। सब सोए हैं। लोगों के मुँह खुले हैं। मक्खियाँ भिनभिना रही हैं। किसी के मुँह में मक्खी घुस गई तो...? रामलली चिन्तित हुई। वनस्पति तेलों की गन्ध के भभके उठ रहे हैं दालान में। रामलली को उबकाई महसूस हुई। बाबा जाग रहे हैं। लगातार पुकार रहे हैं।

"छबललियाऽ छबललियाऽऽ अरे का नाम? का नाम? छबललियाऽ।"

—कफ से जूझती खरखराहट भरी आवाज। हाथ काँप रहे हैं। पैर काँपते भी नहीं तीस साल से।

"नाम काहे बिगाड़ते हो बाबा? रामलली कहो रामलली। छबलली कहोगे तो नहीं बोलूँगी हाँ।"—रामलली ने बाबा के मुँह पर बैठी मक्खियों को उड़ाते हुए कहा।

"हाँऽ हाँऽ का नाम का नाम उघन्नी। हाँ उघन्नीऽऽ। उघन्नी खोजो बिटियाऽऽ।"

ऐसे ही बोलेते हैं बाबा। एक बात को बीस बार। सबका नाम भूल जाते हैं और भूले हुए नाम वाली खाली जगह में कोई दूसरा नाम इस तरह बैठ जाता है कि हट ही नहीं पाता बाबा के दिमाग से। चारपाई के नीचे से सुतली में बँधी चाबियों का एक बड़ा गुच्छा रामलली ने उठाया और बाबा को थमा दिया। काँपते हाथ से बाबा ने चाबियों का गुच्छा थामा। आँखों के पास हाथ ले जाकर चाबियों का निरीक्षण करना चाहा। आँखें साथ नहीं दे पाईं पूरी तरह। उँगलियों से टटोलकर चाबियों की पहचान की बाबा ने। माथे की सिकुड़नें कम हुईं। वनस्पति तेलों की गन्ध के भभके उठ रहे हैं। मक्खियाँ भिनभिना रही हैं। बाबा के मुँह पर अब नहीं बैठ पा रही हैं मक्खियाँ। रामलली उड़ा रही है उन्हें। बाबा ने चाबियों का गुच्छा मुट्ठी में कसकर पकड़ रखा है। धुँधली आँखें पता नहीं क्या देख रही हैं। नीम तले बच्चे शोर मचा रहे हैं। बीच-बीच में औरतों के रोने-झगड़ने की आवाजें और हवा की साँय-साँय सुनाई पड़ जाती है। बाबा ये आवाजें नहीं सुन पाते। रामलली सुन रही है हर आवाज। उसे कुछ लेना-देना नहीं इन आवाजों से। दीदी के जाने से आज उसका महत्त्व बढ़ गया। अभी थोड़ी देर पहले वह दीदी के वियोग में सब कुछ भूल गई थी। अब दीदी के जाने से बढ़े हुए महत्त्व के एहसास में मगन है।...अब बाबा दीदी को नहीं बुलाएँगे। अब तो रामलली ही बची है बाबा की टहल के लिए। वह एकटक बाबा का चेहरा देख रही है और मक्खियाँ उड़ा रही है। बाबा के माथे की सिकुड़नें फिर बढ़ने लगीं।

"का है बाबा?"

"का नाम का नाम..."

"रामलली रामलली।"—बाबा का वाक्य पूरा नहीं हुआ था कि रामलली बोल पड़ी।

"वो नहींऽ वो नहींऽ। लेखाऽ लेखाऽ लेखा दो। जाओ बुला लाओ का नाम सन्तोख सन्तोख को।"—हाथ काँप रहे हैं। कफ से जूझती आवाज मुश्किल से निकल रही है।

'...लेखा?...लेखा कहाँ मिलेगा?' रामलली सोच में पड़ गई।...सन्तोख कक्कू कहाँ गए?...दालान में तो नहीं हैं।...उत्तर की अटारी पर तो नहीं हैं? पूरे घर में मिठाइयों और बासी पकवानों के टुकड़े गिरे हैं। हर जगह मक्खियाँ भिनभिना रही हैं। हर कमरे में लोग उल्टे-सीधे लेटे हैं। सब सो रहे हैं। छोटकी काकी आँगन से सटे अपने कमरे में कराह रही हैं। माई आँगन में खड़ी है। काकी और माई में कुछ कहा-सुनी चल रही है।

"इस घर में कोई मरे चाहे जरे, किसी को क्या मतलब? सबको अपनी-अपनी पड़ी है।"—अपने कमरे में कराहती हुई काकी बोल रही थीं।

"ए नचकऊ बहू, घर को दोख न लगाओ हाँ! दुआर पर चार आदमी बैठे हैं, तो लीला दिखा रही हो। जब भगवान ने मेहारारू का तन दे ही दिया, तो यह सब तो लगा ही रहेगा।"—चिचियाती हुई माई का चेहरा बहुत खराब लगा रामलली को। कुछ देर वह खड़ी रही आँगन में। अचानक बाबा की बात का ध्यान आया। दौड़ते हुए वह उत्तर की अटारी की सीढ़ियाँ चढ़ने लगी। लेकिन आखिरी सीढ़ी पर पहुँचकर अटक गई।...क्या माँगा है बाबा ने? उसने खूब कोशिश की, लेकिन नहीं याद आया।...क्या कहेगी कक्कू से कि बाबा ने क्या माँगा है?...कह देगी बाबा ने बुलाया है।

"काकी हो! काकी हो! किवाड़ खोलो। कक्कू को बाबा बुला रहे हैं।"—वह किवाड़ पीट रही थी और चिल्ला रही थी।

"भाग जा नहीं तो उखाड़ लूँगी झोंटा। बड़ी आई बाबा की दूती बनकर! माँग रहे होंगे, जो माँग रहे होंगे। इतनी बड़ी पलटन पड़ी है घर में। और कोई नहीं है? अभी तो जाकर सोए हैं किसी तरह।"—दरवाजा खोलते ही काकी झपट पड़ीं। उनका आखिरी वाक्य पूरा होते-होते वह नीचे की आखिरी सीढ़ी उतर रही थी। फिर अटक गई वह।...क्या कहेगी बाबा से? बड़ी देर तक वहीं खड़ी रही मुँह लटकाए। छोटकी काकी कराह रही हैं। माई से उनकी कहा-सुनी चल रही है। रामलली को डकार आई। केवड़े की गन्ध...। पेट से निकलकर मुँह में समा गई गन्ध। गहरी उदासी भर गई मन में...। सब भूलकर वह मकान के पिछवाड़े उल्टी लँगड़ी का खेल खेलने चली गई। जूठी पत्तलों और कुल्हड़ों का ढेर लगा था वहाँ। वनस्पति तेलों और बासी पकवानों की महक हवा में उड़ रही थी। कुत्ते पत्तलें चाट रहे थे। वे गुर्रा रहे थे और पत्तलें भी चाटे जा रहे थे। रामलली उल्टी लँगड़ी का खेल खेल रही थी। अचानक एक कुत्ता दूसरे पर टूट पड़ा। रामलली थोड़ी ही देर खेल पाई थी कि कुत्तों ने एक-दूसरे को काट खाया। वह डर गई। भीतर चली गई वह डरकर। काकी और माई की कहा-सुनी जारी है। आए दिन इस बड़े परिवार की औरतों में झगड़े होते रहते हैं। ज्यादातर झगड़े खाना बनाने के लिए। एक चूल्हे पर इतने लोगों का खाना...। कौन धिके उपलों और लकड़ी की आँच में...? लेकिन खाना तो बनाना ही पड़ेगा...। बिना खाना खाए कोई कैसे जिएगा...? बात ज्यादा बढ़ने पर कभी

फैसला कर दिया था हीरालाल जी ने। आज भी चलता है वही फैसला। पन्द्रह-पन्द्रह दिन के लिए दो-दो औरतों की पारी बाँध दी थी उन्होंने। इस समय नचकऊ बहू की पारी चल रही है खाना बनाने की, लेकिन वह बीमार है। माई समझती है कि वह नखरा दिखा रही है। रामलली पल भर खड़ी रही आँगन में। उसे लड़ते हुए कुत्तों के चेहरे याद आए। वह दालान की ओर भाग चली।...क्या माँगा है बाबा ने? कदम फिर रुक गए...।

साँझ हो गई है। शामियाना उखड़ गया है। औरतें मकान के पिछवाड़े पोखरे के घाट पर चौथी छुटा रही हैं। बीच-बीच में उनके गीतों के बोल सुनाई पड़ते हैं—

"बोए न होतिउँ सरसइया त का दइ पेरउतिउँ होऽ।
जनमी न होति बिटीवा त का दइ पुजतिउँ होऽ...।
...सरसों न बोयी होती, तो क्या देकर तेल पेरातीं?
...बेटी का जनम न हुआ होता, तो क्या देकर पूजा करतीं...?"

वे पोखरे की पूजा कर रही हैं...। ज्यादातर रिश्तेदार चले गए हैं। जो रुके हैं, उनकी चारपाइयाँ दुआर पर बिछी हैं, जहाँ अभी कुछ समय पहले शामियाना तना था। बाबा की चारपाई अपनी जगह। ऐन भंडारघर के सामने। सन्तोख लेखा दे रहा है। बाबा के मुँह की ओर बैठा है वह मोढ़े पर। लालटेन जल रही है दालान में। बिजली नहीं है।

"बिजली काहे नहीं आ रही है हो?"—दुआर पर बैठे रिश्तेदारों के प्रश्न।

"बिजली नहीं आएगी महराज। चोर तार काट ले गए हैं। तीन किलोमीटर तक। तबसे अँधियर घुप्प। हाँ! पूरा ऐक्ट-पैकट अँधियर घुप्प।"

हीरालाल जी रिश्तेदारों की खातिर तवज्जो में लगे हैं, दुआर पर नीम तले। हवा में अब भी जलन है। यहाँ रोशनी का कोई इन्तजाम नहीं है। लोग अँधेरे में बैठे हैं। दालान में लालटेन जल रही है बाबा की चारपाई के पास। बाबा लेखा ले रहे हैं। हाथ काँप रहे हैं। होंठ काँप रहे हैं। आवाज बड़ी मुश्किल से निकल रही है। बातें मुश्किल से समझ में आ रही हैं। सन्तोख की मुसीबत है आज। हर बात कान में बतानी पड़ रही है। बार-बार उठा-बैठक। एक-एक चीज का लेखा ले रहे हैं बाबा। सन्तोख का दिमाग चकरा रहा है। एक तरफ कर्ज का बोझ, दूसरी तरफ बाबा का लेखा...। "सोनहुलाऽ सोनहुलाऽ सोनहुलाऽ कितने थान? कितने थान?"—बाबा जानना चाह रहे हैं कि सोने के कुल कितने गहने बने। सन्तोख का दिमाग चकरा रहा है। वह निर्णय नहीं ले पाता कि क्या कहे, तब तक बाबा गिनाने लगते हैं अपने समय के गहनों के नाम। ऐरन, बाजू, बैरक्खी, हँसुली, हवेल, झुमकी, माथबेंदी और भी पता नहीं क्या-क्या? सन्तोख के मुँह से कभी हाँ निकल जाता है कभी ना। फिर कौन-सी चीज कितने भर। यानी कौन चीज कितने तोला कितने माशा। अब सोने का रेट।...क्या बता दे सन्तोख?

उसने तीस साल पहले की सोने की कीमत का अनुमान किया...। रिश्तेदार चौंक गए। सन्तोख ने सोने की जो कीमत बताई, वह प्रचलित कीमत से इतना कम थी कि रिश्तेदार विश्वास नहीं कर सके। अब चाँदी। फिर गहनों के नाम। करधन, छागल, पाँवपैजनिया, लच्छा-पटरी। इसी तरह और भी बहुत कुछ। अब फटफटिया। फटफटिया...? मोटर साइकिल। हर चीज का दाम तीस साल पहले की कीमत का अनुमान करके बताया जा रहा है। दहाई सैकड़ों में। घी, चीनी, कपड़ा, पतरी-दोना, करई-कसोरा। कुछ भी छोड़ नहीं रहे हैं बाबा। बहुत दिमाग लगाना पड़ रहा है सन्तोख को। हजार की चीज सैकड़ों में। सैकड़ा की दहाई में। दहाई की इकाई में। बाबा की आवाज बड़ी मुश्किल से निकलती है। सन्तोख को तेज बोलना पड़ता है। नीम तले चारपाइयों पर बैठे रिश्तेदार अब आपस में बातें नहीं कर रहे हैं। वे बाबा और सन्तोख की बातें सुन रहे हैं चकित होकर। तीस साल पहले की कीमतें रिश्तेदारों के दिमाग में अँट नहीं पा रही थीं। बाबा के दिमाग में आज की कीमतें नहीं अँट सकतीं। बेटी का ब्याह अब लाख के नीचे हो ही नहीं सकता और बाबा लाख का लेखा सुन नहीं सकते।

"अब जोड़ोऽ। जोड़ो अब। सामलाट लेखाऽ। सामलाट लेखाऽ।"—सब चीजों का ब्योरा मिल जाने पर बोले बाबा।

...जोड़ हजार में होना चाहिए। लाख की गिनती आई कि बाबा की मौत हो सकती है। बाबा की मौत...। काँप उठा सन्तोख इस कल्पना से...। बाबा के बिना यह घर नहीं चल सकता, यह सामूहिक विश्वास उस परिवार में प्रचलित था। इस विश्वास का अपना आधार था। बाबा इस परिवार के आधार पुरुष हैं। बाबा के इकलौते पुत्र हीरालाल जी। हीरालाल जी के सात पुत्र और तीन पुत्रियाँ। हीरालाल जी के हर पुत्र के चार-चार, पाँच-पाँच पुत्र। पुत्रियाँ अलग। इस तरह इस विशाल संयुक्त परिवार के मूल पुरुष बाबा ही हैं। बाबा ने ही खरीदे हैं इतने सारे खेत। कैसे खरीदे, यह हीरालाल जी जानते हैं। कभी-कभी हीरालाल जी बाबा के त्याग के किस्से सुनाते हैं। किस तरह बाबा एक धोती खरीदकर उसके दो टुकड़े करवाते और उसी से साल भर काम चलाते थे। किस तरह बाबा ने अब तक केवल एक मिर्जई, पाँच सादी और एक रुइहा बंडी पर एक सौ दस साल का जीवन काट दिया। पूरे एक सौ दस साल गिनकर बताते हैं हीरालाल जी बाबा की उम्र। हाँ ब्याह-बारात के लिए दो कलीकाट कुर्तों और दो जोड़ी चमौधा जूतों की भी जरूरत पड़ी। विवादित खेतों पर कब्जा करने के लिए लाठी चलानी पड़ी। चलाई लाठी बाबा ने। ऐसी चलाई कि नामी लठैत हो गए। उसी बीते पराक्रम के प्रतीक रूप में मोटी लाठी सिरहाने रखी जाती है, जिसे अब बाबा उठा भी नहीं पाते। जिन दिनों बाबा की नई उम्र थी, कुछ लोग आजादी की लड़ाई लड़ रहे थे। बाबा की समझ में यह सब ठीक नहीं था।

हाकिम-हुक्काम से बैर करने पर नुकसान ही होगा...। वे जमीन खरीदने में लगे रहे। मिडिल पास करते ही हीरालाल जी को सरकारी नौकरी मिल गई थी। वे दूर-दूर तक साइकिल से जाते। नौकरी करते। बाबा की ही तरह एक धोती के दो टुकड़े करवाते। उसी से साल भर काम चलाने की कोशिश करते और हर महीने पूरी तनख्वाह बाबा के हाथों में रख देते। बाबा की आँखें छलछला आतीं...। इसी किफायतशारी के चलते इतना बड़ा मकान बनवाया है बाबा ने कचौड़ीदार। भीतर की दीवारें मिट्टी की और बाहर की ईंट की। बड़ा-सा लकड़ी का मेहराबदार फाटक, खम्भेदार दालान। दालान के उत्तर में भंडारघर। इसी के सामने रहती है बाबा की चारपाई। भंडारघर की चाबियों का गुच्छा बाबा खुद अपने पास रखते हैं। तब भी रखते थे, जब दादी जीवित थीं और बाबा दूर-दूर तक जाकर खेत खरीदते थे और अब भी, जबकि बाबा उठ-बैठ भी नहीं पाते। यों इस गुच्छे की हर चाबी नकली है, लेकिन सिहराने रखी लाठी और चाबियों के इस गुच्छे के बल पर ही बाबा की सम्प्रभुता टिकी है। दालान में ठीक भंडारघर के सामने चारपाई पर पड़े रहते हैं वे। ऋतुएँ आती हैं, जाती हैं, बाबा की चारपाई यहीं रहती है। इसी पर होती हैं उनकी सभी क्रियाएँ। हाथ काँपते हैं। पैर काँपते भी नहीं। आँखें कम देखती हैं। कान कम सुनते हैं, फिर भी बाबा इस घर को चला रहे हैं। पिछले तीस सालों से चला रहे हैं इसी तरह। बिस्तर पर पड़े-पड़े वे किस खेत में क्या बोया गया और किस काम में कितना खर्च हुआ, इन सब बातों का ब्योरा और लेखा लेते आ रहे हैं।

"समालाट लेखाऽ सामलाट लेखाऽ बोलो।"—बाबा का प्रश्न सुनकर सन्तोख चौंक गया। वह भी शामिलात लेखा यानी कुल खर्च जोड़ रहा था। तीन लाख के अल्ले-पल्ले जा रहा था कुल खर्च। उसका दिमाग बुरी तरह चकरा रहा था। लाख तो लाख, बाबा दस हजार का खर्च सुनते ही असहाय हो जाते हैं। फिजूलखर्ची के चलते परिवार के सत्यानाश की आशंका से मूर्च्छित होने लगते हैं वे। इसीलिए भंडारघर की चाबियों का गुच्छा अपने पास रखते हैं। शादी-ब्याह का खर्च अब लाख से कम नहीं होता और बाबा को लाख के खर्च की सूचना देना प्राणघातक है।...ब्याह-काज तो रोका नहीं जा सकता!...लेकिन बाबा के बिना घर भी तो नहीं चल सकता! इसी कशमकश में कभी तीस साल पहले सन्तोख ने हीरालाल जी की सहमति से भंडारघर का ताला बदल दिया था। अचानक एक दिन असली चाबियाँ बेकार हो गईं। नकली चाबियाँ काम आने लगीं। हर रोज सन्तोष बाबा से चाबी माँगने का नाटक करता है। आज महँगा पड़ रहा है नाटक। बारात विदा होते ही वह खुद जोड़ने लगा था पूरा खर्च और कर्ज।...औरतों के गहने गिरौं हैं।...किसान क्रेडिट कार्ड से सारा पैसा निकाला जा चुका है।...एक लाख के लगभग दुकानदारों का हो गया। बेचने के लिए केवल गेहूँ बचा है और गेहूँ अभी बहुत सस्ता है।...गेहूँ

बेचकर भी क्या पूरा कर्ज अदा हो सकता है? भूमि विकास बैंक और सहकारी समिति वाले अलग चक्कर लगा रहे हैं। सन्तोख के दिमाग में सब एक साथ चक्कर लगा रहे हैं। रोती-झगड़ती औरतें...। लेखा माँगते बाबा...। नमस्कार करते दुकानदार...। चोरों की तरह किसानों को खोजते बैंक वाले...। तहसील वाले...। दुआर पर लेटे बड़के समधी...। सब सन्तोख के दिमाग में नाच रहे हैं...। लालटेन का शीशा गन्दा हो रहा है। लौ तेज जल रही है।

"नहीं जोड़ पाए? नहीं जोड़ पाए? आँय?"—बाबा को लगा कि लेखा न जोड़ पाने के कारण चुप है सन्तोख। उसने सिर उठाया। मोढ़े से उठा। बाबा के कान तक पहुँचते-पहुँचते उसके मुँह से निकला—"सात हजार...।"

नीम तले बैठे रिश्तेदार नए सिरे से चौंककर उठ बैठे। सन्तोख फिर बैठ गया मोढ़े पर सिर झुकाए। तीन दिन दौड़-धूप में बीते हैं। तीन रातें जागती बीती हैं। सुबह बारात विदा हुई, तभी से कर्ज की चिन्ता खाए जा रही है। दोपहर में नींद नहीं आ रही थी। मेहरारू ने ठंडे तेल की मालिश की थी। और भी पता नहीं क्या-क्या उद्यम किए थे, तब जाकर झपकी लगी थी। उसी समय रामलली आ गई थी बाबा का बुलावा लेकर।

"चलो एक बोझ उतर गया, हाँ बोझ। उतर गया बोझ। आगे से इसी तरह काम करो हाथ बाँधकर। हाँ! समझे! हाथ बाँधकर। असाढ़ असाढ़ सिर पर है। समझे? असाढ़। खेती में भी तो लागत लगेगी। खेती में। हाथ बाँधकर करो काम, नहीं तो बिक जाओगे हाँ।"—बाबा के होंठों पर बारीक मुस्कान तैर रही है। लालटेन का शीशा गन्दा हो जा रहा है। लौ बढ़ती जा रही है। सन्तोख मोढ़े से उठा तो उसे चक्कर-सा महसूस हुआ। दीवार का सहारा लेते हुए वह उत्तर की अटारी की ओर चला गया। हीरालाल जी रिश्तेदारों के संग बैठे हैं नीम तले अँधेरे में। हवा के झोंके अब भी चल रहे हैं। नीम की पत्तियाँ अँधेरे में सिहर रही होंगी। कोई पक्षी बीच-बीच में पंख फड़फड़ाता है। बेटी का ब्याह किफायत से हो गया, इस खुशी में बाबा मुस्कुराते रहे कुछ देर। अचानक धुँधली आँखों ने बाहर का अँधेरा देख लिया।

"छबललियाऽ छबललियाऽ! सन्तोख सन्तोख! अरे का नाम का नाम उघन्नी। उघन्नीऽ उघन्नीऽ उघन्नीऽ।"—बाबा लगातार पुकार रहे हैं। एक ही नाम कई-कई बार। रामलली सो गई थी शायद। सन्तोख उत्तर की अटारी की ओर चला गया था। हीरालाल जी के बाकी छह बेटे और उनके बेटों के बेटे थककर सो गए थे। हीरालाल जी लाठी के सहारे उठे। दस साल हो गए उन्हें सरकारी मुलाजमत से रिटायर हुए। जिस दिन रिटायर हुए, उसी दिन से गठिया के मरीज हो गए। उठ गए तो बैठ नहीं पाते; बैठ गए, तो उठ नहीं पाते। जैसे ही पैरों ने इजाजत दी, वे दौड़ पड़े। बाबा हीरालाल जी को देखकर जीते हैं और हीरालाल जी बाबा के जीने के लिए जीते हैं, यह मान्यता थी।

"का है बाबू?"–बाबा के कान के पास मुँह ले जाकर हीरालाल जी ने पूछा।

"दादूऽ दादूऽ उघन्नीऽ। उघन्नीऽ खोजो। उघन्नीऽ।"–बाबा घबराए से लगे। हाथ काँप रहे हैं। नथुने फड़क रहे हैं। हीरालाल जी ने बाबा के सिरहाने की चाबियों का गुच्छा उठाया और उनके काँपते हाथ में थमा दिया। सुतली से बँधा भंडारघर की असली चाबियों का गुच्छा, जो असली होने के कारण बेकार हो गया है। बाबा के दिमाग के भीतरी हिस्से में एक अलग दुनिया है...। वहाँ ट्रैक्टर की कीमत तीन हजार है और इस खिलौने के लिए यह भी ज्यादा है। खेतों की सारी उपज ट्रैक्टर की किस्त अदा करने में चली जाती है। जमाना बदल चुका है और नौकरी के अवसर कम हो गए हैं, ये खबरें नहीं पहुँची हैं अभी इस दुनिया में। घर के कई लड़कों ने बी.ए., बी.एस-सी. कर लिया है, लेकिन बाबा की दुनिया में कोई मिडिल नहीं पास है। मिडिल किया होता, तो मुलाजमत न मिल जाती अपने हीरालाल की तरह...। इस दुनिया में चलती हैं ये चाबियाँ। और कहीं नहीं है इनका काम। बेकार की चीज हो गई हैं ये।

लेकिन बाबा के लिए बड़े काम की है इस गुच्छे की हर उघन्नी–हर चाबी। हुआ यह कि यौवन के पराक्रमी बाबा अब, जबकि वे जीवन के एक सौ दस शरद पार कर चुके हैं, तीन चीजों से डरने लगे हैं–अलगौझी से, भूतों से और मौत से। अलगौझी की समस्या को बाबा लाठी और उघन्नी के सहारे हल करते हैं। हीरालाल जी के सात पुत्रों और उनके पुत्रों के बीच आए दिन छोटी-छोटी बातों पर कहा-सुनी होने लगती है। झगड़े होते हैं और हर झगड़े का समाधान अलगौझी के प्रस्ताव के साथ होता है। यों तो बाबा कम सुनते हैं, लेकिन कभी-कभी उनके कानों तक अलगौझी की उत्तेजना भरी बातें आ ही जाती हैं। ऐसे अवसरों पर विचलित हो जाते हैं बाबा। वे मूर्च्छित न हो जाएँ, इससे बचने के लिए हीरालाल जी के दो पुत्र बाबा को सहारा देकर बैठाते हैं। तीसरा लाठी थमाता है। अलगौझी का नाम लेने वाले को खुद ही चलकर बाबा के पास आना पड़ता है। बाबा काँपते हाथों से लाठी पकड़ते हैं। तीसरा लाठी उठाता है। अलगौझी का नाम लेने वाले की पीठ पर लाठी छुआई जाती है। सारे अन्तर्विरोध मुल्तवी हो जाते हैं थोड़ी देर के लिए। सबकी चिन्ता एक, कहीं मूर्च्छित न हो जाएँ बाबा। इस दौरान बुरी तरह काँपते रहते हैं बाबा के हाथ, होंठ और नथुने। बड़बड़ाते रहते हैं वे बड़ी देर तक–"भीख, भीख, भीख माँगोगे। भीख। हाँ। भीख भी नहीं मिलेगी। नहीं मिलेगी। कोई दरवाजे पर खड़ा नहीं होने देगा। हाँऽ।"

इस तरह लाठी और उघन्नी के सहारे बाबा अलगौझी की समस्या का समाधान करते आ रहे हैं। लेकिन इधर एक नई समस्या खड़ी हो गई है। अँधेरा होते ही भूत दिखने लगते हैं बाबा को। उनके सारे दोस्त और दुश्मन मर गए हैं। अँधेरे में उनकी छवियाँ तैरती हैं। इसीलिए दिन ढलते ही बाबा कसकर पकड़ लेते हैं उघन्नी। सुतली से बँधी लोहे की पुरानी चाबियों के उस गुच्छे की छुअन से भूत पास नहीं आएँगे,

बाबा का विश्वास। अँधेरा गहरा हो गया था। अब उघन्नी मुट्ठी में आ जाने से भूतों का भय जाता रहा। थोड़ी ही देर में बाबा के खर्राटे सुनाई पड़ने लगे। नीम तले बैठे रिश्तेदार बड़ी देर तक कौतुकपूर्वक बाबा को देखते रहे। अब वे मौसम और जमाने की बातें कर रहे हैं और यह कि किसने कितना दहेज लिया या दिया। कौन कितना कुलीन ब्राह्मण है या किसके खेत में गेहूँ की उपज ज्यादा हुई। औरतों के रोने-झगड़ने की आवाजें फिर बाहर आने लगीं। इन आवाजों पर आमतौर पर ध्यान नहीं दिया जाता। घर-घर की बातें हैं ये। बच्चे सो गए हैं। हीरालाल जी के सातों बेटे और उनके बेटों के बेटे इधर-उधर सोए हैं अँधेरे में। कुछ रिश्तेदार भी सो गए हैं। जगाने वाले रिश्तेदारों की खातिर-तवज्जो में हीरालाल जी लगे हैं।

गाँव से बाहर होने के कारण इस घर में रात का खाना देर से खाने का रिवाज है। रिश्तेदारों को भूख महसूस हो रही है। वे बात करने के लिए बातें कर रहे हैं। कुछ नहा-धोकर हनुमान चालीसा का पाठ कर रहे हैं। हनुमान चालीसा खत्म हो जाने पर भी जब भोजन का बुलावा नहीं आया, तो वे सुन्दरकांड का पाठ करने लगे। कहीं थ्रेशर चल रहा है। भूसे के बारीक कण हवा के साथ आ रहे हैं। वनस्पति तेलों की गन्ध के भभके अब भी उठ रहे हैं। अचानक किसी औरत के कराहने की आवाज बाहर तक सुनाई पड़ने लगी। फिर सब शान्त...। रिश्तेदार बातें कर रहे हैं। पूरा परिवार इधर-उधर सोया है नीम तले। सन्तोख छत पर है। रात में वह छत पर सोता है बन्दूक लेकर। आज वह बन्दूक लोड करता है बार-बार...। फिर कारतूस निकाल लेता है...। बड़ी बिटिया के ससुर दुआर पर लेटे हैं। सवेरे विदा कराने पर अड़े हैं। बिटिया के भी गहने गिरौं रखने पड़े हैं।...कहाँ मुँह दिखाएँगे? उसे डर लगने लगा अपने आप से...।

नीम तले रिश्तेदार बातें कर रहे हैं। वे ऊँघते हुए इस बड़े संयुक्त परिवार की मिलौझी और साहुत की तारीफ कर रहे हैं। हीरालाल जी बार-बार शिव मन्दिर की ओर हाथ उठाकर कहते हैं—''सब इन्हीं की कृपा है।'' या कभी दालान में लेटे बाबा की ओर इशारा करके कहते हैं—''सब इन्हीं का पुन्य-प्रताप है।'' बीच-बीच में थ्रेशर की आवाज बन्द हो जाती है, तो रींवा बोलते हैं—रींऽ रींऽ रींऽ। कहीं दूर से बीन और ढोल की आवाजें आ रही हैं। सुन्दरकांड का पाठ करनेवाले रिश्तेदर थक गए हैं या शायद सुन्दरकांड ही समाप्त हो गया है। अचानक कई औरतों के रोने की आवाजें बाहर आने लगीं। जो सोए थे, वे जाग गए। जो जाग रहे थे, वे चौंक गए। हीरालाल जी, उनके सातों बेटे और सभी नाती-पोते, जो जहाँ थे, वहीं से आँगन की ओर दौड़े।

''का बात है? काहे हाहोबीपो मचा रखा है? आँय?''

''नचकऊ बहू नहीं रहीं!...अरे मोर करेजाऽ!''—पल भर के लिए एक महिला विलाप बन्द करके घूँघट निकालते हुए बोली और फिर विलाप में शामिल हो गई।

‘‘कैसे?’’–हीरालाल जी और उनके सभी बेटे एक साथ बोल पड़े।

‘‘अब कैसे मुँह फोर के बताएँ...? खून जारी था एक महीना से।’’–हीरालाल जी की पत्नी ने उन्हें एक कोने में ले जाकर कहा।

‘‘तो दवा-दारू काहे नहीं हुई? डॉक्टर-बैद को काहे नहीं दिखाया गया?’’

‘‘महीना भर से तो सब बियाह-काज में दौड़ रहे हैं। किसी को मरने भर की मोहलत तो है नहीं। किससे कहें और का कहें? इतने भारी परिवार में किसी का दुख-दुरापद जानने में ही एक महीना लग जाता है।’’

‘‘देखो, अब जो होना था, हो गया। धीरज से काम लो सब लोग। बात अभी फैलने न पाए, नहीं तो नात-मेहमान खाना नहीं खाएँगे। मिट्टी पिछवाड़े रखवा दी जाए। भोर में किरिया-करम होगा। पहले मेहमानों को खाना खिलाओ।’’ –हीरालाल जी ने फुसफुसाते हुए कहा। औरतें बैन करके रो रही थीं।

‘‘हाय मोर बहुरियाऽ!’’

‘‘हाय मोर करेजा!’’

‘‘ए, चोप्प! अब कोई नहीं रोएगा। खबरदार!’’

रिश्तेदारों ने खाना खा लिया है। अब वे सो रहे हैं नीम तले। बाबा दालान में सो रहे हैं। हवा के झोंके अब भी गर्म हैं। नीम पर कोई पक्षी बेचैन होता है बार-बार। लाश पिछवाड़े रख दी गई है। कुछ औरतें लाश को घेरकर बैठी हैं।...लाश को अकेले नहीं छोड़ना चाहिए। कुछ उपले सुलगा दिए गए हैं।...लाश के पास आग जलनी चाहिए। एक दीया जला दिया गया है।...लाश के पास रोशनी होनी चाहिए। रह-रहकर औरतें सुबक उठती हैं।

अचानक बाबा गिगियाने लगे–‘‘गीं ऽ ऽ गीं ऽ ऽ गीं ऽ ऽ!’’ बकार नहीं फूट रहा था। शब्द नहीं निकल पा रहे थे। सोए हुए लोग चौंककर जाग गए। जो जाग रहे थे, वे चौंककर बाबा के पास पहुँच गए। हीरालाल जी लाठी लिए पिछवाड़े खड़े थे। वे जितना दौड़ सकते थे, दौड़कर बाबा के पास पहुँचे लाठी के सहारे! बाबा रो रहे थे शायद। सब चकित हुए। जो बाबा दादी के मरने पर भी नहीं रोए थे, आज इस तरह क्यों रो रहे हैं...? हीरालाल जी को लगा कि नचकऊ बहू वाली खबर किसी ने दे दी बाबू को...।

‘‘गीं ऽ ऽ गीं ऽ ऽ गीं ऽ ऽ!’’–गिंगिया रहे हैं बाबा।

‘‘बाबूऽ बाबूऽ!’’–हीरालाल जी ने बाबा के कान के पास मुँह लेकर जाकर कहा।

‘‘दादू ऽऽ दादू ऽऽ दादू ऽऽ!’’ अब फूटा बकार। निकलने लगे कफ से जूझते

शब्द। इस बीच किसी ने लालटेन का शीशा साफ कर दिया था। हाथ, होंठ और नथुने बुरी तरह काँप रहे थे। बहुत डरे हुए लग रहे थे बाबा।

"दादू ऽऽ दादू ऽऽ जल्दी करो। बत्तिस आना। बत्तिस आना ले आओ। हाकिम ऽ हाकिम आए हैं। जमपुरी के हाकिम। टिकस काट रहे हैं टिकस। अरे जल्दी करो। बत्तिस आना। हाँ बत्तिस आना...।"

रिश्तेदार एक-दूसरे का मुँह देखने लगे। हीरालाल जी ने जल्दी से बंडी की जेब से एक नोट निकाला, लालटेन के उजाले में देखा और बाबा के काँपते हाथ में थमा दिया।

"दोहाई परगना हाकिम की। दोहाई सरकार की। बड़ी कच्ची गिरस्ती। बड़ी कच्ची सरकार।" आँखें मुँदी थीं। पैर छोड़कर पूरा शरीर काँप रहा था। "पाँच साल की मोहलत सरकार। बस पाँच साल। बहुत गरीब असामी सरकार, बड़ी कच्ची गिरस्ती। हाँ सरकार, बस पाँच साल...।"–बुरी तरह गिड़गिड़ा रहे थे बाबा। रिश्तेदार कभी बाबा का मुँह देखते, कभी आपस में एक-दूसरे का। सब चुप थे। बड़ी देर तक सहज हो पाए बाबा। रिश्तेदार एक-एक कर चारपाइयों की ओर चले गए। अकेले हीरालाल जी खड़े थे बाबा के पास लाठी के सहारे। लालटेन की रोशनी में वे बाबा का चेहरा देख रहे थे, लगातार। अब सहज थे बाबा। चेहरे पर चिन्ता की कोई रेखा नहीं। दाहिने हाथ की मुट्ठी ढीली पड़ गई थी। दो रुपये का नोट नीचे गिर गया था। बाबा के खर्राटे सुनाई पड़ रहे थे। हीरालाल जी लाठी के सहारे पिछवाड़े गए। दूर से ही उन्होंने खाँसना शुरू कर दिया कि औरतें पर्दा कर लें। पिछवाड़े रखी लाश को घेरकर बैठी औरतें रोते-रोते सो गई थीं। दीया बुझ गया था। अँधेरे में उपलों के अंगारे चमक रहे थे एक कोने में। बाकी सब धूसर-सा दिख रहा था। लाश, लाश को घेरकर साथी औरतें, पोखरा, पीपल का पेड़, खेत, जंगल–सब धूसर अँधेरे में डूबे थे। यह क्या चमक रहा है...? अरे...! किसी जानवर की आँखें हैं...। कई जानवरों की आँखें हैं...। ये तो दूर तक फैली हैं। मरी मिट्टी की गन्ध इन्हें इतनी जल्दी मिल जाती है...! अँधेरे में आँखें दिख रही हैं, शरीर नहीं...। आँखें आगे बढ़ रही हैं...। धीरे-धीरे एक साथ...। औरतें सोई थीं। अँधेरे में चमकती आँखों की घेराबन्दी नजदीक आती जा रही थी। हीरालाल जी को डर महसूस हुआ।

"हियाँ सब सो रही हैं और जंगली जानवर घेरे जा रहे हैं। उठो सब लोग! सोना हो तो भीतर जाओ।" हीरालाल जी ने डाँट लगाई। वे कुकुरनिंदिया सो रही थीं। सब जाग गईं। जागते ही लाश को देखा उन्होंने और नए सिरे से रोना शुरू कर दिया।

"हाय मोर बहुरिया!"

"हाय मोर करेजा!"

एक औरत ने बुझे दीपक को फिर से जला दिया।

"हाय ऽ हमें कटारी मार गई रे ऽ!"

"हायऽ हमें लैसंसी मार गई रेऽ!"

बैन करने की होड़ मच गई। हीरालाल जी औरतों से थोड़ी दूरी बनाकर खड़े थे। खड़े-खड़े सोच रहे थे। सवेरे हरे बाँस कटवाने होंगे...। सुहागिन का कफन लाल साड़ी का होना चाहिए...। उन्हें अपनी माँ की याद आ गई। लाल साड़ी में लाश बँधी थी माई की...। हरे बाँस की टिकठी...। वे छोटे थे। अँधेरे में आँसू बह चले उनकी आँखों से। थोड़ी ही देर में वे किरिया-करम के खर्च का अनुमान करने लगे और आँसू कहीं सूख गए।

गुमसुम पक्षी दक्खिन की ओर उड़े जा रहे हैं। साँयऽ साँयऽ...! हीरालाल जी ने आकाश की ओर देखा और सन्तोख को पुकारा। उनकी तेज आवाज पोखरे और मकान से होकर लौट आई। सन्तोख भी आ गया। पिता-पुत्र बिना कुछ बोले बाबा के पास गए। सन्तोख एक बाल्टी पानी ले आया कुएँ से। हीरालाल जी ने देखा, बाबा जाग रहे हैं। दोनों ने मिलकर उनके पैताने का बिस्तर लपेटा। मूँज की चारपाई में बाध को काटकर एक वृत्ताकार जगह बना दी गई थी बाबा की कमर से थोड़ा नीचे। उन्होंने पहले बाबा की, फिर चारपाई की वृत्ताकार जगह की सफाई की। इस बीच न सन्तोख कुछ बोला, न हीरालाल जी। सन्तोख को थोड़ी राहत मिली।...अब तेरह दिन विदाई तो होगी नहीं...। इस बीच वह बड़ी बिटिया के लिए कलई-मुलम्मा वाले गहनों का इन्तजाम कर सकेगा। दूसरी तरफ तेरही-बरखी का खर्च। हीरालाल जी सोच रहे हैं, अभी बाबा को नचकऊ बहू वाली बात न बताई जाए...। बाबा न सिर्फ मरने से डरते हैं, बल्कि मौत की खबरों से भी उतना ही डरते हैं और इस मृत्युलोक में कोई-न-कोई मरता ही रहता है...। दूसरों के मरने की खबर से जब इतना परेशान होते हैं, तो यह तो घर की ही औरत थी...। जब नचकऊ बहू की पारी होती खाना बनाने की, बाबा उड़द की दाल जरूर बनवाते थे। बाबा को सबसे ज्यादा प्रिय रसाज-बगजा तो नचकऊ बहू के सिवा कोई बना ही नहीं सकता था। जब तक बाबा का मुँह वगैरह धुलाकर उन्हें फिर से लेटाया गया, उजास इतना फैल चुकी थी कि लालटेने की रोशनी बेवजह लगने लगी थी। पेट साफ होते ही रात का प्रसंग याद आया बाबा को। बाप रे बाप...! जमपुरी के परगना हाकिम...! लाल-लाल आँखें...। बड़ी-बड़ी मूँछें...। एक क्षण के लिए फिर डर गए बाबा। थोड़ी ही देर में उन्हें पछतावा होने लगा।...मति मारी गई थी। बत्तिस आना और दे देते।...दस साल की मोहलत मिल जाती...।

झालाफाली होते-होते हरे बाँस काट लिए गए थे। बाजार से लाल साड़ी, लाल चूड़ियाँ और शृंगार के दूसरे सामान आ गए थे। खुद नचकऊ गया था बाजार। फिर गया नचकऊ...। अब कहाँ...? थोड़ी ही देर में आ गया वह अँजुरी में फूल लेकर।

कुछ फूल गमछे में भी थे। हर फूल महक रहा था। अभी दिन नहीं निकला था, लेकिन चीजें साफ-साफ दिखने लगी थीं। दुआर पर एक जगह गोबर से लीप दी गई थी। हरे बाँस की टिकठी वहीं रख दी गई। लाल साड़ी में लिपटी लाश। नचकउना पगला गया है। दौड़कर जाता है। अँजुरी में महकते फूल ले आता है और लाश पर डाल देता है। महीने भर से उसकी मेहरारू डॉक्टर को दिखाने के लिए कह रही थी। उसने सोचा था कि ब्याह-काज निबट जाए और खेत-खलिहान का काम हो जाए, तो ले जाएगा डॉक्टर के पास...। फिर रुपया तो चाहिए। रुपया सन्तोख भैया के पास रहता है...। क्या कह के माँगता रुपया...? इसी हाय-बिस्स में समय निकल गया।

लोग मृतककर्म के जरूरी सामान सहेजने में लगे हैं। औरतों ने नचकऊ के मन की दशा को भाँप लिया। अचानक औरतों की रुलाई को ऐसा आवेग उमड़ा कि आसपास के पेड़ों पर चहचहाते पंछी पल भर के लिए चुप हो गए। बाबा के कानों तक पहुँच गई रुलाई। अब क्या करें...? हीरालाल जी चिन्तित। अर्थी उठने के बाद के पहले जैकारे से पहले ही हीरालाल जी ने बाबा को नचकऊ बहू के मरने की खबर दे दी डरते-डरते। बाबा विचलित। काँपने लगा पूरा शरीर पैरों को छोड़कर। हीरालाल जी बहुत डर गए। कुछ हो न जाए बाबू को...।

"जब ऐसी हारी-बीमारी थी, तो हमें काहे नहीं बताया? आँय? काहे नहीं बताया?"—बाबा की बात से हीरालाल जी चकित। क्या कर लेते बाबू...? मौत को टाल सकते थे क्या...?

"बेकार गया। बेकार गया बत्तिस आना। हाँ। अब हम जी कर का करेंगे? का करेंगे जी कर? नचकउना नचकउना नचकउना की गिरस्ती बिगड़ गई है...हाँ...।" —नए सिरे से पछता रहे हैं बाबा।

"उघन्नीऽ उघन्नीऽ दादूऽ उघन्नीऽ कहाँ है उघन्नीऽ?"—वे डरे हुए लग रहे थे। हीरालाल जी ने बाबा के सिरहाने रखा लोहे की चाबियों का गुच्छा उन्हें थमा दिया। बाबा ने कसकर पकड़ लिया गुच्छे को।

"अब दस दिन तक सूदक रहेगा। हाँ हाँ दस दिन। भूत-प्रेत नाचेंगे भूत-प्रेत। दिन-दुपहरिया, हाँ।"—बाबा ने फिर एक बार चाबियों के गुच्छे पर पकड़ मजबूत की।

"अब दिन में भी उघन्नी मुट्ठी में पकड़कर रखनी पड़ेगी।"—मन में कहा बाबा ने।

"जाओ जाओ। सहूर से सहूर से हाँ सहूर से किरिया-करम करो। बहुत फैरबक्सी नहीं। हाँ फैरबक्सी नहीं।"

टिकठी जा चुकी थी। कुछ फूल दालान में गिरे थे, कुछ दुआर पर। वनस्पति तेलों की गन्ध के भभके अब भी उठ रहे थे। मक्खियाँ उजाला होते ही भिनभिनाने

लगी थीं। बाबा के पूरे शरीर पर बैठी थीं मक्खियाँ। रामलली बाबा के सिरहाने खड़ी थी, लेकिन उसका ध्यान बाबा के मुँह पर बैठी मक्खियों की ओर नहीं था। पता नहीं क्या देख रही थीं उसकी सूजी हुई आँखें। बाबा की भी आँखें खुली थीं।

उघन्नी को मुट्ठी में जकड़े बाबा तेरही-बरसी के खर्च का अनुमान कर रहे थे। बच्चे अन्यमनस्क खड़े थे, जहाँ अभी टिकठी पड़ी थी। वे धरती पर बिखरे फूलों, अधजली अगरबत्तियों और आटे की गोलियों को सहमे-सहमे देख रहे थे।

ऐसा ही...कुछ भी

नीलाक्षी सिंह

लड़की गहरी साँवली थी। एक दिन अपने साँवलेपन से आजिज आकर वह तीन हफ्ते में गोरेपन का दावा करने वाली एक फेयरनेस क्रीम बाजार से ले आई। हालाँकि वह तीस हफ्ते तक इन्तजार कर सकने के धैर्य से उसे लेकर आई थी, पर हुआ यह कि पहले हफ्ते के आखिर में ही उसकी त्वचा कुछ निखर गई। बात यहीं से शुरू होती है। उसे लगने लगा कि जिन्दगी को अब वह उसके पूरे चटक के साथ जी सकती है। उसकी झूठ की रफ्तार में दुगुनी उछाल आ गई। पहले जहाँ उसकी दस में से चार बातें झूठ हुआ करती थीं, अब मात्र एक या दो सही हुआ करतीं। मसलन, अगले दिन फिजिक्स का एक्जाम होता तो वह इजा को और अपने ऊँचे-ऊँचे कन्धे वाले ट्यूटर को बताती कि परीक्षा अंग्रेजी की है। वह पढ़कर भी अंग्रेजी ही जाती अपने ट्यूटर से और हिसाब चुकता करने के लिए अंग्रेजी वाले दिन फिजिक्स पढ़ लेती। नम्बर जाहिर है, राम भरोसे आते और वह ट्यूटर और इजा के सामने अगली दफे खूब मेहनत करने के अनकहे वादे वाला गम्भीर चेहरा बनाती, जिसका कि असर एक उसके सिवा बाकी सब पर होता।

इवा कार्णिक की त्वचा तैलीय थी। सब जगह। खाली होंठों के ऊपर और नीचे के हिस्से को छोड़कर। गैर तैलीय हिस्सा हवा के जरा-सा ससरने भर से अकड़ जाता था। तो ऐसे में इवा कार्णिक को दौड़-दौड़कर आईना देखना पड़ता, इस शुबहा से भरकर कि मूँछें तो नहीं उग आईं। एक बार फिर। मूँछें अलग से उगती तो नहीं थीं पर होंठ के ऊपर के नीले-नीले बाल, जो अमूमन अपनी महीनता में अदृश्य रहते, उन दिनों अपने को अकड़ाकर और एक-दूसरे से चिपककर एक पतली नीली लकीर खींच देते, होंठों के ठीक

ऊपर। और आगे ये कि ये होंठ हिलाना, बोलना, मुस्कुराना, ठहाके मारना–सब छनछनाहट भरा। चिपचिपा घरेलू लेप प्रलेप ताबड़तोड़ लगाकर उस जगह को वापस से मुलायम बनाने में दो–तीन दिन का वक्त लग जाता और इवा कार्णिक फिर से लड़की बन जाती।

इसी लड़की छाप दिनों की खाली शाम कही जा सकने वाली शाम। इवा कार्णिक, कक्षा दस, जिसकी कि दाईं चोटी थोड़ी ज्यादा नीचे तक झूलती रहती थी, जल्दी–जल्दी पेन्सिल की नोंक को महीन करने में जुटी थी, जबकि ऊँचे कन्धे वाला आदमी कमरे में घुसा। इवा कार्णिक को रटे–रटाए स्वर में उठकर खड़े हो जाना था और फिर दूसरे पल बिना किसी की इजाजत लिए वापस बैठ भी जाना था।

वह उसका ट्यूटर था। मास्टर वगैरह शब्द प्रचलन में नहीं तो सीधे सर, जो प्रतिमाह दो हजार रुपये, लिफाफे में डाले हुए पाया करता था, बतौर पारिश्रमिक। और इवा कार्णिक इस लिफाफा सुपुर्दगी के सम्भावित वक्त अपने को कमरे से अनुपस्थित कर लिया करती थी। वह एक सख्त ट्यूटर था। कुछ चीजें उसे हद तक नापसन्द थीं, जो इवा कार्णिक को मुँहजबानी याद थीं। उन दो घंटों में उसे अकड़ी हुई गरदन को उठाकर अकड़ भगाने तक की सहूलियत नहीं मिलती। जिन सवालों के जवाब उसे पक्का मालूम होते, उन्हें वह फुसफुसाकर बोलती। जिन जगहों का ठिकाना पक्का होता उन पर बस पेन्सिल टिकाकर काम चला लेती। यानी कि गैर तैलीय त्वचा पर अगर हल्की मूँछों का मौसम हो तो, एक बार भी छनछनाहट नहीं होती। क्योंकि न हिलाना, न बोलना, न मुस्कुराना। ठहाके मारने का तो सवाल ही क्या!

आखिर के पन्द्रह मिनट संरक्षित थे उसके हिस्से के। उसके सवाल पूछने का वक्त। उस दिन के पढ़ाए पाठ से। इवा कार्णिक के लिए यह दिन के सबसे मुश्किल पन्द्रह मिनट होते। उसकी हालत एक ऐसे आदमी की हो जाती, जिसके कि हाथों में स्टेज की कठपुतलियों की सारी डोरियाँ थमा दी गई हों, अचानक से कुछ देर के लिए और उतनी ही देर में उसे अपनी योग्यता साबित भी करनी हो, जबकि अन्दर की बात कि कौन सी डोर के खिंच जाने से कौन सी चीज कितनी लचक जाएगी, उसे यह तक न पता हो। दिमाग का पिछला हिस्सा इसी समय चमत्कार कर जाता और उसे तीन–चार दिन पहले का पढ़ाया कुछ याद आ जाता। यही वजह कि भूगोल पढ़ा चुकने के बाद के मुकर्रर वक्त में वह अकसर रसायन का कोई उलझा–सा सवाल पूछती। यह उलझी चीज एक बात तो एकदम साफ कर देती कि पढ़ाए जाने वक्त भले उसे ऐसा लगता हो कि वह कुछ भी नहीं सुन पा रही, पर वह सुन सब लेती थी। वरना क्या सम्भव है कि तीन–चार दिन देर से ही सही, बिना सुन रखा कुछ इतनी शिद्दत के साथ उपस्थित हो जाए प्रश्नवाचक चिद्द को अपने पीछे

टाँगे-टाँगे! सब कुछ ऐसा रटा-रटाया सा कि बिना हैरत भाव, भूगोल की कक्षा के बाद उसे रसायन का खोया हुआ जवाब बदले में मिल भी जाता था, बगल वाले से।

जवाब को सुनते हुए वह अपने पूछे गए सवाल को समझने की कोशिश करती होती कि एक सुखद समाचार की तरह घड़ी की सबसे पतली सूई हाँफती हुई उसे अपने पन्द्रह चक्कर लगा चुकने की सूचना दे देती और वह उठ खड़ी होती। यह वक्त होता जब उसके बगल का सख्त आदमी ड्राइंगरूम में की पार्टिशन के उस पार सोफे वाले इलाके की ओर चला जाता और वह पलटकर भीतर सुरंग की तरफ चली आती।

इजा कहलाने वाली स्त्री सफेद रंग के शिकंजे में पूरी तरह से कैद कही जा सकती थी। उसकी उम्र, उसके बाल, उसके कपड़े, उसकी हरकतें। वह बगैर इस्तरी और कलफ की साड़ियों को हाथ तक नहीं लगाती थी। उसका ज्यादा वक्त सोफा कवर को पीछे की तरफ खींचने, टीवी कवर की चेन बन्द करने, फूलदान की पीली पत्तियों को कतरने और किसी हड़बड़िया पाँव के धक्के से मुड़ गई कालीन को वापस फैलाने में बीतता था। उसके घर की बाइयों में टिकाऊपने का अभाव रहता। हफ्ता-दो दिन के आगे कोई भी चल नहीं पाती। फर्श के कोने-कोने से धब्बों को बीन-बीनकर रगड़वाना, लोहे के बरतनों को अपनी निगरानी में चमकवाना इसके मूल में था। खैर, फिक्र क्या! एक बाई के विदा लेने और दूसरे के आने के बीच के दिनों में भी घर को कमी महसूस नहीं होने पाती कुछ भी, क्योंकि हर प्रकार के काम की मुस्तैद कमान वह अपने हाथ में सँभाल लेती।

हालाँकि उसने दुनिया देखने की शुरुआत अपने पति की देखरेख में एक ग्लोब पर भारत के नक्शे के ऊपर उँगली टिका देने से की थी, पर अब वह इस दुनियादेखी में इतना आगे निकल चुकी थी कि सामने वाले, बगल वाले और पीछे वाले शामिलद्ध को चुटकी भर में परखकर दूध से पानी को अलगा देती।

पाँच रुपये के पत्तर वाली काली हेयर पिन और चार रुपये के गुच्छे वाला सेफ्टीपिन उसके सबसे खास औजार थे। नहाने-धुलने के बाद से साड़ी का पल्लू तहाकर जो सेफ्टीपिन के तार खाँचे में फिट होते, फिर अगले दिन नहाने के पहले ही अलग हो पाते। यही स्वामिभक्ति हेयरपिन की भी। यहाँ तक कि रात को उसके सो चुकने पर भी वे दोनों अपनी ड्यूटी निभाते जाते।

उसकी आँखों का रंग भूरा था और उसी से मेल खाता गार्नियर के चार नम्बर का ब्राउन शेड अपने बालों पर लगाकर वह सफेदी के ऊपर सुनहरे भूरे रंग की जिल्द चढ़ाए रखती थी। उसकी चौकसी को देखकर कहा जा सकता था कि उसे किसी महत्त्वपूर्ण चीज के होने का इन्तजार था और उसे अहसास था कि किसी भी पल उसके अपने दरवाजे पर दस्तक हो सकती थी। पर चूँकि उसने नियति की

दस्तक सुनी नहीं थी, वह केवल कल्पना कर सकती थी कि उसके वैसा होने की, जैसी कि वह सच में होती। आँखें मूँदकर आरामकुर्सी पर बैठे रहने पर भी बाकी की दस्तक को सुनकर वह पहचान कर सकती थी कि किस बार दरवाजा खोलने पर सामने कौन दिखेगा! कौन-सी थाप दूधवाले की, कौन अखबारवाले की, कौन नाई की, कौन इवा कार्णिक की, कौन ऊँचे कन्धे वाले आदमी की। और यह, सच कहें तो उसका दिलचस्प मनबहलाव भी था। हर बार हाथ की थाप पर पहचान करना और दरवाजा खोलकर अपने को सही साबित होते देखना और फिर से दूसरी थाप का इन्तजार करना। वजह यही कि आज तक उसके घर के दरवाजे के बाएँ या दाएँ–कहीं भी कॉलबैल को जगह नहीं मिल पाई थी।

ऊँचे कन्धे वाले आदमी का दुनियावी नाम विक्रम आहूजा था। उस घर में आते-जाते उसका माथा घर के दरवाजे के ऊपरी हिस्से से छू जाता था। एक, दरवाजों की ऊँचाई कम थी और दूसरे, हर दरवाजे के नीचे टखनों की ऊँचाई के चौखट बने थे। और इन सबसे ऊपर उसका आसमानी कद। वह हमेशा दौड़ने के वक्त पहने जाने वाले सफेद जूते पहनता। उसके चलने, बोलने और साँस लेने में एक खास किस्म की जिद थी।

उसके अतीत पर दो प्रेमिकाओं की छाप थी। पहला प्रेम शुरुआती गुनगुनाहट जितना था–गौरी करमाकर। एक कॉलेज, एक क्लास, एक विषय, एक रास्ता घर का–वाले किस्म का। उसमें एक दूसरे प्रायद्वीप पर उतरने का रोमांच था। वह मटर की फलियों को विलगाने जैसा था–बहुत मीठे श्रम की अपेक्षा वाला। वाकया पंखुड़ी के खिलने जैसा था, जिसका खिलना कोई देख न पाए। ठीक वैसे ही उसका मुरझाना भी फूल के मुरझाने जैसा, जिसके मुरझाने का कोई हवाला नहीं दिया जा सके। बस, एकबारगी दुनिया को खबर मिले कि फूल मुरझा चुका, या कि खबर न भी मिले।

दूसरे कुछ बरस की करवटों के बाद। एक दिन गहरे शाम के वक्त, जब दफ्तर लगभग खाली हो चुका था, एक बेतरह उजली चमड़ी की लड़की लाल-लाल सी हुई उसके पास आई। उसके कम्प्यूटर की सारी सूचनाएँ करप्ट हो चुकी थीं और बैकअप भी मौजूद नहीं था। दफ्तर में किसी प्रोजेक्ट के सिलसिले में दो लड़कियाँ आई थीं। एक की चमड़ी देसी थी, दूसरी ये–विदेशी मूल वाली। विक्रम आहूजा के साथ किस्मत थी उस शाम। पच्चीस मिनट तक की अन्धाधुन्ध माथापच्ची के बाद उसने वह कर दिखाया जिसकी उम्मीद उसे भी नहीं थी। लड़की की चमड़ी वापस खूब उजली हो चुकी और लाल रंग छँट गया था।

उस शाम के बाद से उनकी पहली दो मुलाकातें विशुद्धत: लड़की की पहल पर हुईं। एक उसके ठीक अगले दिन जब वह इत्मीनान से उसका शुक्रिया अदा करने

आई और दूसरी काम पूरा करके लौटने की पूर्व सन्ध्या पर, जब वह अपना काम दिखाने और औपचारिक इजाजत लेने आई। उसके बाद की मुलाकातों में कुछ राज खुले। लड़की आयरिश थी और होंठों को घुमा-घुमाकर हिन्दी बोलती थी। जब वह बेलौस बोलती तो शब्द छितराकर निकलते और जब सचेत होकर बोलती तो शब्द एक-दूसरे के ऊपर चढ़ने लगते। उसे अपने समाज की जर्जर रहस्यमयी लोककथाएँ याद थीं। हालाँकि उसके वाक्‌दोष पर ध्यान दिया जाए तो कथाओं में रहस्य की जगह हास्य झाँकता मिलता पर उसकी हल्के रंग की पलकों वाली आँखों की गोलाई को ही दुनिया का आखिरी सच मानकर चले कोई तो रहस्य और रोमांस बस! बाकी सब झूठ।

चर्च में जलती कैंडिल को आधार पर टिकाते हुए वह अपनी भाषा में सरपट बुदबुदाती कुछ, बाद में जिसका मतलब पूछे जाने पर वह गालों में गड्ढे धँसाकर मुस्कुरा देती, बस। जिन्दगी को बिना छुए हुए ही वह हलचल मचाने का ढब जानती थी। उछलकर मन्दिर की घंटियाँ बजाते हुए, पानीपूरी के तीखेपन के बीच लाल गाल से सिसकारियाँ लेते हुए, बरसात में सड़क किनारे जमा हुए पानी में जान-बूझकर सैंडिल छपकाते हुए तरंग पैदा करने की उसकी क्षमता को महसूसा जा सकता था। वह सुनते हुए कभी ऊबती नहीं थी। उसे दूसरों को माफ करने का भयानक चस्का था। वह हर काम मुस्कुराकर करती थी, चाहे वह पहली शाम मदद माँगने की बात हो या कि आखिरी शाम अपना प्रोजेक्ट पूरी तरह खत्म हो चुकने पर अपने देश वापस लौटने की बात हो। जवाब में विक्रम आहूजा भी मुस्कुराया। उसे लगा कि बादल के एक गुच्छे को कुछ समय के लिए ही सही, उसने छू लिया था।

इवा कार्णिक को अपने बालों से बड़ी शिकायत थी। कन्धे तक सीधे चलकर वे नीचे छल्लों में उलझ गए थे। शायद इसकी वजह ये कि स्कूल में उसे गूँथ-गूँथकर दो चोटियाँ बनानी होतीं तो जो स्कूल जाने की हड़बड़ी में अकसर टेढ़ी-मेढ़ी बनतीं। घर लौटते ही सबसे पहले वह उन्हें खोल देती और आजाद बालों के साथ शाम के वक्त पढ़ने जाती। पर होता यह कि जैसे ही वह किताब पर आगे की तरफ झुककर सामने का खेल शुरू करती, बाल धड़धड़ाकर आगे झूल जाते। वह उन्हें समेट-समेटकर कान पर टिकाती पर उसके हाथ अभी वापसी के रास्ते में ही होते कि बाल ढुलक जाते, दुबारा से। बालों की सबसे लम्बी लट लड़खड़ाते हुए किताब के उस छोर दूर वाले दूसरे पन्ने पर लहराने लगती। ऊँचे कन्धे वाला आदमी अपनी गरदन उठाता उसकी तरफ और इवा कार्णिक का इधर-उधर डोलता दिल उछलकर अपनी जगह पर आ जाता, एक पुरजोर डाँट की आशंका में। विक्रम आहूजा होंठ अलगाने के तुरन्त बाद अपना निर्णय बदल लेता और लड़की को बिना डाँट खाए रह जाना पड़ता।

ट्यूटर समझता था कि उसके बगल की लड़की खाली ढोंग करती है समझने का और जबकि उसे उसके इस ढोंग से भयानक विरक्ति होती थी। वह समझ नहीं पाता कि वह क्यों नहीं डाँट पाता उसे? वह अगर बीच में कोई सवाल कर देता तो लड़की भौहें तिरछी करके अं अं करके कुछ याद करने की कोशिश करने लगती। वह पढ़ाते वक्त रोज तय करता कि आज पार्टिशन के उस तरफ जाने के बाद वह वसुन्धरा कार्णिक से लड़की की शिकायत कर देगा और अगले दिन से न आ पाने की माफी माँग लेगा। वह भूमिका भी डालता इस बात की, पर चुस्त-दुरुस्त वसुन्धरा कार्णिक बतौर दादी इतनी असुरक्षित थी कि शिकायत तो वह शायद कर भी देता पर आगे न आने की बात नहीं कह पाता। और जब न आने की बात ही नहीं हो पाती तो शिकायत का फायदा क्या!

उसे शक था कि लड़की उसके इस द्वन्द्व को समझती थी। इसी वजह से उसने अपने आप को भरपूर इतराने की छूट दे रखी थी। पढ़ाते-पढ़ाते अचानक से ऊँचे कन्धे वाले आदमी का ध्यान बगल वाली की तरफ जाता तो वह उस वक्त उसे ध्यान से सुन रही दिखती पर लड़की के हाथों पर नजर जाते ही भ्रम की झिल्ली गिर जाती और उसका एक छोटे कागज को चिन्दी-चिन्दी फाड़ने में ध्यानरत होना प्रकाश में आ जाता। ट्यूटर की नजर पड़ते ही वह फाड़ रहे अपने हाथों को जहाँ का तहाँ रोक देती।

आधे फटे हुए, पूरे फटे हुए कागज के छोटे-छोटे टुकड़े सोफे पर अपनी बगल में रखे जाते, समान भाव से। उसका मन तेज-तेज दौड़ रहा होता पर बाकी के अपने पूरे शरीर पर उसका कड़ा नियन्त्रण था और वे मन के विपरीत अपने को स्थिर रख पाते थे। चूँकि दाहिना तलवा इस 'पूरे शरीर' की सीमा में नहीं आता था, इसीलिए पूरा शरीर अपने को किताब के पन्ने पर केन्द्रित कर देता और दाहिना तलवा मन की गति से हिलता जाता था थरथराने की लय में। बीच-बीच में अर्धविराम की हैसियत से सोफे पर इवा कार्णिक के बगल की एक चिन्दी उड़ने लगती, हवा के झोंके में और तब अपने पूरे शरीर से लड़की का नियन्त्रण हट जाता और वह चिन्दी के उड़ियाने से लेकर एक कोने में जा दुबकने का पूरा खेल पलकें फड़फड़ाकर देख लेती। विक्रम आहूजा सोचता था कि अगर वह लड़की दो-तीन साल और छोटी होती तो वह उसे पाँच भरपूर उँगलियों वाला एक तमाचा मार सकता था, इस फ्रस्टेशन के बाद।

स्कूल में प्री-बोर्ड के नतीजों के बाद की गार्जियन मीट। लड़की का अभिभावक बनकर उसे उपस्थित होना था, ये बात एक शाम पहले उद्‌घाटित की गई थी। वसुन्धरा कार्णिक ने एक प्रस्ताव रखा था, जो उत्तरार्ध में याचना की तरलता से फैल

गया। वह हाँ या ना कुछ भी करने में अपने को असमर्थ पा रहा था। उसके पास एक ही घिसी-पिटी दलील थी–अभिभावकों के समूह में उसकी क्या जगह! वसुन्धरा कार्णिक जैसी कि एक चुस्त-दुरुस्त महिला थी, विद्यालय से पहले ही अपनी अस्वस्थता के कारण अपनी जगह उसे भेजने की इजाजत ले चुकी थी। उससे अब और बैठा नहीं गया।

वह अनुमति लेकर घर के दरवाजे पर झुका जूते पहन रहा था कि धरती पर गिरी बूँद की तेजी से इवा कार्णिक हाजिर हो गई हाँफने के अन्दाज में, अगले दिन उसे पहुँचने के समय की सूचना देती हुई। उसने जूते के फीते बाँधते हुए सिर झुकाए सुना। उठते ही उसकी आँखों के ठीक सामने उसकी आँखों के आकार की एक जोड़ी आँखें आ गईं। इवा कार्णिक ने फुसफुसाकर कहा–'ब्लू शर्ट और ब्लैक जींस पहनकर आइएगा'–बगैर पलक झपकाए। ऊँचे कन्धे वाले आदमी की पलकें झपकी थीं। लड़की जा चुकी थी।

स्कूल के फाटक के भीतर घुसना पहली नजर में अपने अतीत में दाखिल होने सरीखा था। कतार में लगी साइकिलें, एक कन्धे पर बेपरवाही से टंगे बैग्स, चेक के ग्रे स्कर्ट्स और ग्रे फुलपैंटों में बँटी दुनिया। हर हरकत का घंटियों का मुहताज होकर रह जाना, वही परीक्षाओं की तलवार, वही पनिश्मेंट्स की बहार। एक पीढ़ी बदल गई और स्कूल के फाटक के भीतर कल-कल बहते जीवन के बीच भी वक्त वहीं रुका रह गया कहीं। उसका मन हुआ कि वह एक हाथ बढ़ाकर छू ले किसी बस्ते का कोर ही या किसी ग्रे फुलपैंट की दाहिनी जेब में उँगलियाँ ही सरका दे। पर एक गुनगुनाहट भर दूरी थी।

उनकी हँसी की खनखनाहट में एक कोड वर्ड छिपा था। उनकी बोली के हिज्जे में किसी को अपने घेरे के भीतर न घुसने देने की जिद छिपी थी। उनकी उँगली नचाकर बोलने की अदा दरअसल एक निशान खींच दे रही थी, अपने को दूसरों से अलगाने के लिए। विक्रम आहूजा को बहुत तेज अहसास हुआ कि वक्त रुका भले रह गया हो पर उसकी शक्ल बदल चुकी थी।

अन्दर तीन टुकड़ों में बँटी कुर्सियाँ थीं। सामने की सबसे विरल, अध्यापकों के लिए थीं। सामने का दो घेरा। एक में बच्चे। एक पेरेंट्स का कुनबा, जो सबसे घना था। कमरे में उजाले का बँटवारा ऐसा था कि एक खास जगह के हिस्से में तेज रोशनी का घेरा आया था, जिसके कि दायरे में एक-एक कर हर बच्चे को अपनी बारी आने पर खड़ा होना था। सामने विरल घेरा उसके हासिल किए गए अंकों और पढ़ाई-लिखाई के उसके प्रदर्शन पर टिप्पणी आरम्भ कर देता और घने कुनबे के तीन-चार सदस्यों से, जो बच्चे के माता-पिता या भाई-बहन कुछ भी हो सकते थे, मुखातिब हो जाता।

इवा कार्णिक अपनी बारी आने पर कुर्सी से उठी और अलसाए चूहे की रफ्तार से घेरे तक पहुँची। घेरे के बीचोबीच पहुँचकर पहली हरकत जो उसके मन में हुई, वह दरअसल शुबहा थी। अंदेशा। बल्कि उसे ऐसा पक्का लगा कि उसका दाहिना मोजा सरक चुका था नीचे की तरफ जूते के बिलकुल पास सिमटा हुआ। यह एक निहायत ही ट्रैजिक कल्पना थी। रोशनी से चुंधियाने वाले की न सिर्फ दोनों चोटियाँ टेढ़ी-मेढ़ी थीं, बल्कि एक मोजा भी एकदम नीचे तक सरका हुआ था। उसकी पनियाई-सी मुट्ठी खुली। कमरा बहुत ठंडा था। इतना कि जिस घुटने का मोजा नीचे सरक चुका था, उसके मोजे के भीतर से तुरन्त-तुरन्त उघड़े दाएँ पैर के रोएँ खड़े हो गए। उसकी आँखों के आगे से उजाला धुल गया। उसकी पुतलियों ने एक बार सारी ताकत बटोरकर नीले रंग को तलाशने की चेष्टा की, पर उजाले की अनुपस्थिति में नीला रंग काले रंग में घुलकर दम तोड़ चुका था।

गोरेपन की क्रीम लगाते हुए यह तीसरा हफ्ता चढ़ा था। या कि उसका या घेरे का कमाल कि लड़की बहुत सफेद दिख रही थी। हालाँकि उसमें भय की मात्रा नहीं थी। उसने जो हासिल किया था, उसका अंकों में अनुवाद किया जाए तो अर्जित बहुत कम बचता था। अलग-अलग विषयों के अंक उछलकर एक-दूसरे के खाने में चले गए थे। गणित का अंक समाजशास्त्र में, केमेस्ट्री के नम्बर इकॉनामिक्स में। पर सबका जमा यह कि एक-दूसरे के खाने में पड़े भले, पर अंक सारे कमजोर थे। टीचरों की सुनें तो उन्हें पूरा यकीन था कि थोड़ी सी तत्परता अगर वह दिखाए तो वह अच्छा कर सकती है।

यह एक ऐसा अटूट विश्वास था जो कि पिछले कई वर्षों से टीचर्स उस पर दिखाती आई थीं। एकतरफा और जिसमें कि खुद लड़की की कोई भागीदारी नहीं थी। उसके शरीर में कोई हरकत नहीं हुई सिवाय साँसों की दो एक लम्बी आवाजों के, जो चार उँगली की दूरी पर फिट किए हुए माइक से, जिससे कि बच्चों को मैं पूरी कोशिश करूँगी/करूँगा कि अपने टीचरों की उम्मीद पर खरा उतर सकूँ या कि मैं अपनी कमियों को दूर करने का प्रयास करूँगा/करूँगी बोलना था, रिसकर आई थीं। उसने बेआवाज गरदन में हल्की-सी तरंग पैदा कर अपनी पारी के बोले जाने की रस्म निभा दी।

अब बोलने की बारी ऊँचे कन्धे वाले आदमी की थी, जिसे रीति के मुताबिक बोलने की आड़ में सिर्फ देना था—सफाई, विश्वास आदि। पर उसने रीति को तोड़कर बात को एक विराम दिया। उसके पास बोलने के लिए था ही क्या! क्योंकि चोटियों में कसकर जकड़ी इस लड़की से उसकी पहचान ही क्या! वह उस जंगली उड़ान भरते बालों वाली लड़की की अंटशंट आदतों के खिलाफ या कि उसकी बड़ी-बड़ी कमियों के पक्ष में बोल सकता था, पर सामने जो लड़की खड़ी थी, उसकी सफेदी

के बारे में कोई बयान कैसे दिया जा सकता था! उसने दो घड़ी पहले अपनी पूरी क्षमता से नाचकर शान्त पड़ चुकी पुतलियों के सम्मान में बात को विराम दिया।

उस विराम का इवा कार्णिक पर ऐसा असर हुआ कि अपनी बारी के इस तरह खत्म हो चुकने के बाद भी वह उस जगह से हिली नहीं। जब दूसरे का नाम पुकारा गया और जब नाम पुकारा जाने वाला आ चुका तब भी वह सूत बराबर तक नहीं टसकी। उस दूसरे बच्चे को उसे छूकर संज्ञान की अवस्था तक पहुँचाना पड़ा, जहाँ से उसके वापस जाने का रास्ता शुरू होता था। लौटने के लिए मुड़ते वक्त ही उसे मैरून शर्ट दिख गई, जिसकी शक्ल कुछ-कुछ नीले रंग से मिलती-जुलती थी। और शाम उसके घर के कमरे की रोशनी में वह यकीनन नीला ही दिखता।

इवा कार्णिक ने स्कूल से लौटने के बाद की दुपहरिया में आईने में अपना चेहरा देखा और उसे लगा कि उसे जितने गोरेपन की जरूरत थी, उसे वह पा चुकी है और अब क्रीम की जरूरत उसके चेहरे को नहीं रह गई थी। उसने अपने हाथ और गरदन पर क्रीम को लपेस लिया और जाकर इजा की बगल में लेट गई। उसने इजा को बतलाया कि उसे इस बार बहुत कम नम्बर मिले। वसुन्धरा कार्णिक, जो कि पालने से उसके झूठ बोलने के अन्दाज से वाकिफ थी, हर वक्त खाली मजाक करती है, लड़की वाली अदा से हँस दी।

ऐसे वक्त ही इवा कार्णिक की आस्था झूठ बोलने में और पुख्ता हो जाती और उसकी यह मान्यता एक बार फिर सही साबित होती कि झूठ और सच केवल बातें होती हैं और यह कि बोलने वाले की काबिलियत और सुनने वाले की परख किसी बात को सच या झूठ का जामा पहनाते हैं। उसने, उफ ऐसा सच जैसा दिखने वाला झूठ बोला फिर भी इजा ने पकड़ लिया—वाली लज्जा से कहा—''इतिहास की टीचर बड़ी तारीफ कर रही थीं।'' वसुन्धरा कार्णिक गद्‌गद हो गई। उसने अपने तलवे से उसके पाँव को सहलाते हुए पूछा—''अरे, तेरे अपने ट्यूटर ने क्या कहा!''

''ओ ये! अब कहते क्या? विनम्रता से पलकें झुकाए रहे।'' दोनों अपने-अपने कौशल से सच और झूठ को उनका जामा पहनाकर खामोश पड़ गईं।

शाम के एक खास वक्त, जबकि वसुन्धरा कार्णिक को एक अलग थाप पर यह पहचानते हुए उठकर दरवाजा खोल देना था कि ऊँचे कन्धे वाला आदमी आ चुका है, दरवाजे पर दस्तक पड़ी। वह अपने बँधे-बँधाए विश्वास के साथ दरवाजा खोलकर वापस मुड़ गई, पर उसे हलका-सा आभास हुआ कि दरवाजे पर कोई नहीं था। उसने पलटकर परखा। वाकई कोई नहीं। उसे वापस आकर बैठे दो मिनट भी नहीं गुजरे थे कि फिर से वही दस्तक। बैठ चुकने के बाद तुरन्त उठने में उसे तकलीफ होती थी। दरवाजा फिर खाली था एक बार। इस बार अपनी कुर्सी तक वापस लौटकर वह तत्काल नहीं बैठी, खड़ी रह गई। तिबारे की थाप की आस में।

बाद में हालाँकि उसे बैठना पड़ा, इस सोच के साथ कि कहीं ऐसा तो नहीं कि उसके कान निश्चित समय पर एक खास दस्तक सुन लेते हों रोज जबकि दस्तक कोई दरअसल होती नहीं हो और जब वह दरवाजा खोलती हो तो ऊँचे कन्धे वाले आदमी की वहाँ उपस्थिति एक संयोग हो और आज ऐसा होने पर दरवाजे पर उसकी अनुपस्थिति ही सच्चाई की सबसे करीबी चीज हो!

शाम तेजी से गहरा रही थी और इवा कार्णिक बालों को खोलकर लगातार दरवाजा तकते-तकते ऊब चुकी थी। किसी का न आना तय था यह जानते हुए भी। वह दरवाजे के बीचोबीच कुर्सी लगाकर आगे-पीछे हिलते हुए इन्तजार कर सकती थी।

यह तीसरा दिन था। और लगभग उसी वक्त जब शाम की पाली की दस्तक हुआ करती थी, फोन पुरानी धुन में खड़खड़ाया। इस तरफ वसुन्धरा कार्णिक थी, उस पार ऊँचे कन्धे वाला आदमी। इस पार से उसके दो दिन से न आने और कोई खबर तक न देने और आगे कब आने की बातें थीं, उस पार से पहले एक चुप्पी, फिर दूसरी चुप्पी, फिर तीसरी चुप्पी के पहले—आगे से न आ पाने की सूचना थी। आगे इस तरफ से तीसरी खामोशी को चीरती बदहवासी थी। क्यों, क्या मतलब, क्यों नहीं आ पाओगे जैसी। उस तरफ से 'बस मैं' ये दो शब्द थे अलग-अलग हटे हुए। फिर इस तरफ से 'ऐसे कैसे'। बदले में उधर से 'मैं अच्छा पढ़ा नहीं सका!' इस तरफ से फिर 'ऐसा कैसे'। उस तरफ से पहले मौन फिर रिसीवर के रखे जाने की शान्ति।

उस घर तक पहुँचने के लिए पैंसठ मुड़ी हुई सीढ़ियाँ चढ़नी होती थीं। फिर दो पल सुस्ताने के बाद कॉलबेल बजाना होता था। कुछ पल दरवाजे के और बन्द रहने पर दुबारे से बेल बजाना होता था। फिर भी न खुलने पर झुँझलाकर एक बार दस्तक देनी होती थी। फिर झाँक-ताँक कर दरवाजे पर किसी सूराख की तलाश करनी होती थी, जिससे कि उस पार से देर होने की वजह की शिनाख्त की जा सके। फिर एक बार दरवाजा पीटकर हाथ को वापस अपनी जगह आने के क्रम में ही एक ताले से टकराना होता था, जो कि उस दरवाजे पर लगा हो। फिर चौंककर यह समझना होता था कि घर अभी बन्द था बाहर से, भले वह खुला हुआ हो भीतर से। फिर ताले को छूकर वापस पैंसठ सीढ़ियाँ उतरनी होती थीं।

वह तीसरे दिन के बाद का दूसरा दिन था। अभी साढ़े पाँच बजे थे जिसका मतलब कि उसे अगले दिन इजा से एक और एक्स्ट्रा क्लास का बहाना बनाकर वापस से पैंसठ सीढ़ियाँ चढ़नी थीं, यह मनाते हुए कि छह बजे के पहले तक घर के ताले में चाभी घुसाकर उसे उल्टी दिशा में उमेठकर सांकल खोल दी गई हो! एक

ही बार में झटके से सब हो गया होता तो बात आई गई हो चुकी होती पर एक असफल साढ़े पाँच बजने के बाद से दूसरे छह बजने तक की प्रतीक्षा भारी थी। इस प्रतीक्षा में असमंजस का भी घालमेल था। कहीं उसके जाने से किसी के लौटकर आने की रही-सही सम्भावना भी चली गई तो! आज के साढ़े पाँच बजे के असफल होने के पीछे कहीं ऊपर वाले का यही इशारा तो नहीं! पर जैसा कि जीभ के एक बार जल चुकने के बाद भी गरम चीजों को मुँह लगाना छोड़ देने की बात लड़की बचपन से सीख नहीं पाई थी, वह अगली शाम भी टपाटप सीढ़ियाँ चढ़ गई।

दरवाजा दो फाँक खुला हुआ था। कॉलबेल बजाकर दरवाजे के खुलने का इन्तजार करने के बीच के वक्त में अपने आपको सन्तुलित कर लेने की जो सहूलियत होती है, उसका यहाँ अभाव था। उजास हल्की जो बाहर से जा रही थी, उतनी भर। घर के पास अपनी कोई रोशनी नहीं थी। किसी खुले हुए दरवाजे को फिर से खुलवाने के लिए क्या करना चाहिए, लड़की में उस शऊर की कमी थी। वह ठिठक-ठिठककर भीतर उस रेखा तक पहुँच गई जहाँ बाहर के उजाले की आखिरी सरहद खिंची थी। वहाँ तक पहुँचकर उसे कुछ पुकारना था, जिसके लिए कंठ तैयार नहीं था क्योंकि उसे पता था कि 'सर' जैसी कोई आवाज वहाँ से बहुत भद्दी और बेसुरी निकलती। उसे यह भी लगा कि पता नहीं जिस घर में वह घुस चुकी है, वह सही घर है भी या नहीं! हालाँकि ये उसे बहुत थोड़ा-थोड़ा लगा था। ज्यादा-ज्यादा क्या कहकर पुकारा जाए यह असमंजस ही था, जो उसे वापस घर के दरवाजे तक लौटा लाया। वहाँ पहुँचकर उसने कॉलबेल टीप दिया।

घुटने तक लम्बे शॉर्ट्स और टी-शर्ट पहने अन्दर से जो आदमी तौलिए से हाथ पोंछता बाहर तक आ गया, वह दरवाजे के मेहमान को देखकर उसे वहीं से फुटा देने को कृतसंकल्प हो गया।

"कहाँ?"

मेहमान ने जवाब में भौंहें उचकाकर वही सवाल दोहरा दिया।

"यहाँ कहाँ?"

"आपके यहाँ।"

मेजबान की एक धारणा फिर से पुख्ता हो गई कि लड़की गजब की मूर्ख थी। वह उसके पीछे कौन है कोई है—यह झाँकने लगा। वह भी गरदन मोड़कर अपने पीछे क्या कोई है! ऐसा झाँकने लगी। फिर वह मुड़ी और उसने कहा—"इज़ा नहीं है।"

"इतनी देर तक स्कूल में क्या कर रही थी?" उसने ऊपर से नीचे लड़की के स्कूलिया मेकअप को परखा।

"इधर-उधर थी। कल साढ़े पाँच बजे आप नहीं मिले तो छह बजा रही थी।"

"भीतर आओ।"

''एक बार आई थी।''

''ओफ! क्या था?''

''अँधेरा था।''

''काम क्या था?''

''घर के अन्दर रोशनी नहीं किया!''

''नहीं। काम क्या था?''

''इजा ने कहा है आने को। उनका मन नहीं लगता।''

''मन लगाने जाना है?''

''पढ़ाने के लिए।''

''किसे!'' वह चौंका, ऐसा लड़की को लगा।

''मुझे।''

''ओ! तुम्हें! पर तुम्हें तो सब आता है।''

''मैं बहुत मन लगाकर पढ़ूँगी।''

''अभी तक क्यों नहीं पढ़ रही थी मन लगाकर?''

''आप रोज आ रहे थे इसीलिए।''

''अच्छा! तो मेरा रोज-रोज आना छुड़वाने के लिए तुमने मन लगाकर पढ़ना छोड़ दिया!''

''छोड़ा कहाँ?''

''ओ हाँ-हाँ, छोड़ा कहाँ! मतलब शुरू से ही नहीं पढ़ा न!''

''हाँ।''

''इजा से कहना दूसरा ट्यूटर खोजें।''

वह अभी-अभी तो अच्छा-भला था, अचानक-से कठोर हो गया, ऐसा लड़की को लगा।

''मैं दूसरे ट्यूटर से कैसे पढ़ पाऊँगी!''

''मतलब?''

''इजा ने नहीं मैंने कहा है आने को। मतलब, इजा ने भी कहा है। कहा नहीं है पर कहती मैं बहुत मन लगाकर...'' आगे आवाज दरक गई।

''घर में भी झूठ बोलकर आई होगी। घर जाओ!''

''आप कल आएँगे न!''

''तुम जाओ।''

''आप झूठ नहीं बोलते। आइएगा न? अभी ही चलिए न। मुझे बहुत सारा होमवर्क भी मिला है।''

ऊँचे कन्धे वाले आदमी के सारे शब्द पुराने पड़ गए।

"आप अपने घर में रोशनी जलाकर और अच्छे कपड़े पहनकर आइए थोड़ी देर में।"

उसने जाने के लिए सामान उठाना शुरू किया तब ऊँचे कन्धे वाला आदमी देख सका कि स्कूल बैग, लंच, पानी की बॉटल–सब फर्श पर टिकाकर वह खड़ी थी तभी से।

विक्रम आहूजा ने उसे आवाज देकर पीछे पलटा दिया।

"इजा से कहना तुम्हारे लिए नए मोजे खरीदे।"

इवा कार्णिक ने बस्ता, पानी लंच–सबको वापस जमीन पर रखकर बाएँ मोजे को दाएँ मोजे जितना खींचा, ऊपर और फिर पलटकर चली गईं।

किताब भौतिकी की थी। उसकी बाइंडिंग ढीली हो गई थी और हवा की हल्की ससर पन्ने पलट दे रही थी। कमरे में एकदम शान्ति थी। इवा कार्णिक को एक न्यूमेरिकल हल करने को मिला था। दोनों जानते थे कि उससे नहीं हो पाएगा पर दिखावे में कोई इसे मानने के लिए तैयार नहीं था। दरअसल, इवा कार्णिक जिन्दगी में पहली बार इतनी गम्भीरता से प्रयासरत थी, सच की गम्भीरता से। ऊँचे कन्धे वाले आदमी के दिमाग में उसकी इस गम्भीरता के बरअक्स एक हल्का खयाल जागा। तय रहा कि वह आम इमली, जो भी बनाकर दिखलाएगी, विक्रम आहूजा उसके सही होने की घोषणा कर देगा।

इवा कार्णिक ने जो आगे बढ़ाया, वह तीन लाइन के बाद फॉर्मूले से विचलित हो गया था। उस तीसरी लाइन के आगे ही विक्रम आहूजा ने पेन्सिल से निशान लगा दिया, सही का। लड़की के चेहरे से सिकुड़न चली गई और उसका हर एक अंग अपने अधिकतम फैलाव में खुल गया। उसने उसके हाथों से कॉपी छीन ली और जल्दी-जल्दी पन्ना देखकर कहा–"सही है!"

"बनाया गलत था क्या!"

उसने सिर को तेज दाएँ-बाएँ डुलाकर कॉपी को वापस अपने ट्यूटर की ओर बढ़ा दिया।

"दुबारे से देखूँगा तो हो सके यह गलत निकल जाए!"

लड़की ने बहुत गति से अपने हाथ वापस खींचे और कॉपी को कलेजे में घुसेड़ लिया। उसकी हँसी की तुतलाहट में ऊँचे कन्धे वाले आदमी के आलिंद और निलय में खून ले जाने ले जाने वाली शिराएँ और धमनियाँ अचानक से अपना काम भूल गईं। उसका चेहरा जर्द हो गया और उसे अपने धोखे से डर लगा।

इवा कार्णिक को ऐसा लगा कि उसकी कॉपी को छुपा लेने की हरकत ने सामने वाले के चेहरे पर ठीक उस काम के विपरीत कोई असर किया है, जो उसके खुद

के चेहरे पर फेयरनेस क्रीम ने किया था। उसने अपने हाथ बढ़ा दिए। कॉपी सहित। विक्रम आहूजा को इतना लग गया कि अब आगे वह उससे आँखें नहीं मिला सकेगा। इस खयाल ने उसके भीतर इतनी बेचैनी ठूँस दी आधे पल में कि उसने आखिरी झलक कैद कर लेने में होश में पलकें उठाईं, वहाँ, जहाँ अपने सही साबित हो चुकने की पुलक में तैरती पुतलियाँ थीं। विक्रम आहूजा वहाँ से अपने लिए नमक पर सुकून चुराकर भाग सकता था, पर उसके लौटने के सारे रास्ते किसी ने बन्द कर दिए थे। लिहाजा, उसे वहीं रुक लड़की की आँखों में देखना पड़ा, जहाँ कॉपी पर तीसरी पंक्ति के बाद फिसल गया फॉर्मूला दुबका था, जो पहेली को उसकी मंजिल तक पहुँचाने का दमखम रखता था।

लड़की सब कुछ उसी रोज पढ़ लेने के उत्साह में थी। उसने तीन सवाल पूछ डाले, जिन सबका ताल्लुक भौतिकी से ही था, कहीं न कहीं और सबके सब जवाब की पात्रता भी रखते थे। विक्रम आहूजा के माथे पर पसीना छलक आया, जवाब की जगह घेरकर। उसने आवाज पर पूरा नियन्त्रण साधकर जवाब देना शुरू किया पर आवाज धागा निकल चुकी सूई की तरह टुकुड़-टुकड़ ाकती रही। उस दिन के कोटे की पढ़ाई के खत्म हो चुकने पर विक्रम आहूजा उठकर खड़ा हो गया और अगले ही पल वह बैठ भी गया। उसने मेज पर उस दिन के खाते का अपना रोल निभाकर औंधे मुँह पड़ी नोटबुक को उठाया। बिना किसी पूर्व सूचना या पूर्व अभ्यास के हुई इस कार्यवाही के प्रति उत्तर में नोटबुक हड़बड़ाकर उठी और इस क्रम में उसके पन्ने अपने आपको तेजी से पलटने लगे और वो पन्ना तक खुल गया, जिसे वाकई में ऊँचे कन्धे वाला आदमी खोलना चाह रहा था।

विक्रम आहूजा ने बगैर लड़की के अचकचायेपन को देखे, उस न्यूमेरिकल के आगे क्रॉस का निशान लगा दिया और तीसरी लाइन के आगे से बहक गए फॉर्मूले को जहाँ का तहाँ पकड़कर मंजिल तक पहुँचा दिया। इवा कार्णिक के गलत जवाब के समानान्तर एक सही हल लिखा जा चुका था। इवा कार्णिक को जिन्दगी में पहली बार गम्भीर दुख हुआ और उसकी आँखों की कोर में एक बिना दाँत वाला आँसू आकर ठिठक गया था।

आईने के आगे बात मलिन थी। क्रीम का इस्तेमाल स्थगित करते ही त्वचा का साँवला स्वभाव उग्र हो गया था। इवा कार्णिक के आँसू अब चूँकि एक-दूसरे को हाथ पकड़कर बहने लगे थे, इसलिए आईने में दिखलाई पड़ती हुई साँवली तस्वीर को देखकर इवा कार्णिक चाहे तो कल्पना कर सकती थी कि वह शाम के धुँधलके में नदी में अपनी हिलती-डुलती परछाईं देख रही है। उसके आँसू क्यों थे! उसके जवाब का सही प्रमाणित होकर भी गलत साबित हो जाना इसकी वजह क्या! या कि कारण कोई दूसरा, जो आईने के सामने और गहरा गया था!

यह अपने पिछड़ जाने का अहसास था। कितनी मुश्किल बात थी कि एक ऐसी दौड़ जिसमें अकेली वह दौड़ रही थी, और वह पिछड़ भी रही थी। इस आईने वाली अतिरिक्त समस्या के लिए जो आग में घी की हैसियत से मौजूद हो गई थी, उसके पास एक बढ़िया विकल्प यह भी था कि वह इजा की रसोई में आलू का छिलका उतारने वाला औजार ले आए और उसकी सहायता से चेहरे की ऊपरी परत हटा दे। पर चूँकि मारे हताशा के उसका एक कदम भी चलने का मन नहीं हो रहा था, उसने वहीं खड़े-खड़े कर सकने वाले काम को चुना और अधपिचकी ट्यूब से तीन दिन के कोटे की क्रीम निकालकर चेहरे पर लपेस लिया।

ऊँचे कन्धे वाला आदमी अपने फ्लैट की घुमावदार सीढ़ियाँ न चढ़कर नीचे के चबूतरे पर बैठ गया, जिस पर गर्मी की शाम और जाड़े की दोपहर में फ्लैट भर की औरतें बैठा करती थीं। उसने अपनी मुट्ठी खोली, जो भीतर से गीली थी और जिसके भीतरी गीलेपन में वह किसी के आँसू चुरा लाया था। उसने चुराने का मन बना ही लिया था तो वह इवा कार्णिक की उस हँसी को चुरा सकता था, जो उसके खेल के बाद लड़की के चेहरे पर उभरी थी, क्योंकि थी तो वह भी विरल ही। पर उसने अपने साथ लाने के लिए उस आखिरी आँसू को चुना जो अब तक के उसके अनुभव से इवा कार्णिक जैसी लड़की की आँखों के लिए नहीं बना था। उसे लग गया था कि पिछली हँसी को लड़की भले सँभाल ले, पर इस आँसू को सँभालना उसके बूते का नहीं था, इसीलिए उसकी पसीजी हथेली गीली चीज को अपने साथ ले आई।

वह दिन में चार की औसत से उन सीढ़ियों पर से चढ़ता-उतरता था, पर पहली बार उसके भीतर उन्हें गिनने की इच्छा जगी। उसे ठीक-ठीक मालूम था कि चाभी के गुच्छे में से कौन सी चाभी उसके घर का ताला खोला करती थी, पर उसे बारी-बारी से हर चाभी को घुसाकर ताला खोलने की असफल कोशिश करने का मन हुआ। अँधेरे घर के अन्दर प्रवेश करने के बाद बत्ती जलाई जाती है, इस विकल्प का आविष्कार हुआ ही न हो जैसे, ऐसा। उसने सोफे पर बैठकर अपना जूता अलगाया और मोजे को बजाय नीचे की तरफ खींचने के उसके हाथों ने उसे घुटने की ओर कसकर खींचा।

उसे लगा, जैसे भीतर के कमरे में किसी के लगातार कुछ रटने की आवाजें आ रही हों! उसके हाथों से पैर फिसल गया। दोनों के अपने-अपने विस्मय थे। वजह कि किसी ने भी इवा कार्णिक को किसी भी चीज को कभी मुँह से रटते नहीं सुना था। वह आँखों से ही रटती आई थी आज तक। वह उठकर खड़ा हो गया। कानों का धोखा या कानों को ही धोखा हुआ था। घर शान्त था। पर चीजें घर की लगातर कुछ रटे जा रही थीं। सिंक का नल खोलने पर पानी की रटी-रटाई धार।

स्विच ऑन करने पर पंखे के डैनों का वही रटा-रटाया घेरा। उसने गौर किया कि हर रटने-रटाने में शोर था सिवाय आँखों से रटते जाने के।

वसुन्धरा कार्णिक दरवाजे के पीछे से अँधेरे में अपने आपको घुलाती हुई घंटों झाँकते रहने का अभ्यास साध रही थी। वह सन्देह को फूँक-फूँककर उड़ा रही थी, दूर-दूर। वह जानती थी कि पन्द्रहवाँ-सोलहवाँ-सत्रहवाँ साल निकल जाए चैन से तो फिर पहरेदारी की जरूरत नहीं होती उम्र भर। उसके अपने माँ-बाप ने उसकी उमर के खतरे के निशान को छूने के पहले ही उसे अगले ठौर के हवाले कर दिया था। लक्ष्मण रेखा सिन्दूर की थी तो क्या, सातों महासागरों के पानी को मिलाकर पीने का नशा इन्हीं तीन सीढ़ियों पर तो चखा था उसने।

सत्रहवें साल की आखिरी हिचकी तक वह माँ बन गई थी। उसके आगे की स्क्रिप्ट में जो कुछ भी लिखा था, जैसा भी लिखा था, उसे बिना सवाल किए वही दृश्य वही संवाद अपनाने पड़े। पहले एक बच्चा बिछड़ा, फिर पति, फिर दूसरा बच्चा। अब जबकि उसके चेहरे से मंच के बीचोबीच की रोशनी का गोला सरक चुका था, उसने नेपथ्य से डोरियों को खींचने, ढील देने का काम सँभाल लिया था मुस्तैदी से और यह भाँप चुकने पर कि इवा कार्णिक फिसलने के जुनून में है, उसकी डोर को खींचे रखना उसका सबसे खास दायित्व।

इस पूरे प्रकरण में ऊँचे कन्धे वाले आदमी पर अविश्वास की कोई सूरत नहीं बनती थी। बस सन्देह का पत्ता वहीं खड़खड़ाता था, जहाँ एक बार ट्यूशन छोड़ चुकने का फैसला ले लेने के बाद ट्यूटर दुबारा चला आने लगा था पहले की तरह। अगर कि इवा कार्णिक सच में उसे मनाने गई थी तो भी पढ़ने-लिखने में तीन कौड़ी की एक लड़की की बात को मान ही लेने की उसकी क्या मजबूरी थी! इस बेहद अफसोसजनक वाकये की नींव पर ही उसने ताक-झाँक की पूरी बुनियाद खड़ी की थी। यह बात और कि उन दोनों का एकान्त में मिला पाने का व्यूह भी अकसर उसके ही हाथों रचा जाता। कह सकते हैं कि वह जाल बिछाकर और उस तक इवा कार्णिक को ले जाकर यह परखना चाहती थी कि वह फँस पाती है कि नहीं!

उसका चश्मा ढीला था और नाक के रास्ते फिसलने लगता था। इस फिसलन के आगे बाधा साबित होते हुए वसुन्धरा कार्णिक को लगातार नजर रखनी थी उनके हावभाव पर। और अगर कि वह हावभाव वाकई किसी लफड़े के अंश थे तो वसुन्धरा कार्णिक यह स्वीकार करने में मिनट भर भी नहीं खरचती कि उसका जाल पुरानी किस्म का था जरूर, पर दम था उसमें। खम भी। यह सब ताका-झाँकी तब तक चलती जब तक घड़ी की सूइयाँ साढ़े आठ की मुद्रा में आकर बैठ न जातीं और

ऊँचे कन्धे वाला आदमी उठ खड़ा न होता, सरपट। और यहीं उस दिन के कोटे के खत्म होने का परदा वसुन्धरा कार्णिक को खींचना होता।

परदा सटते ही वह डोर को फेंक-फाँककर उसमें उलझते अपने पैरों की परवाह छोड़ गिरते-पड़ते ड्राइंग रूम में पार्टिशन के उस तरफ पहुँचना चाहती, जहाँ उसे रास्ता छेंककर खड़े हो जाना था, दरवाजे के बीचोबीच तांकि विक्रम आहूजा बाहर कदम न धर सके। वह रुक जाता। वसुन्धरा कार्णिक बात को जिधर भी मोड़ती, वह बिलकुल छोटा-सा जवाब देता। उसकी उपस्थिति पूरे वार्तालाप में उतनी ही थी, जितनी लम्बे-लम्बे वाक्यों में 'है' या 'था' की हुआ करती है। छह रोज पहले सुना चुके एक वाकये को दुहराते-दुहराते आँख की कोर से उसे पार्टिशन के पास एक जिन्दा-सी परछाईं डोलती-सी दिखती। तो क्या इवा कार्णिक परदे के उस तरफ थी! वह तुरन्त तेज लगाम खींचकर कह उठती-"मैंने तुम्हें आज भी बड़ी देर करा दी न! बातों की सुध में मुझे वक्त का खयाल ही न रहा। अच्छा?"

'अच्छा' शब्द के खत्म होते वह उठ खड़ा होता और हाथ जोड़कर बाहर निकल जाता उनकी दुनिया से।

वसुन्धरा कार्णिक पलटकर घर के भीतर की ओर बढ़ने लगी। वह चौखट पर चौखट फाँदती जाती, पर कोई दिखता नहीं। इवा कार्णिक अपने बिस्तर पर इतनी सारी किताबों से दबी मिलती कि कोई नहीं मानेगा कि वह इतनी सारी किताबों के बीच से अपने को निकालकर परदे की ओट तक गई और वापस वहाँ से लौटकर अपने को उन्हीं किताबों से दबा लिया ऐसी सफाई और फुर्ती से। तो क्या वाकई पार्टिशन के पीछे वह नहीं थी?

वसुन्धरा कार्णिक का माथा गरम था। उसकी पलकें झुरमुट-झुरमुट खुलती थीं। फिर बन्द हो जाती थीं। इवा कार्णिक ने कढ़ाई में तेल के कड़क चुकने पर मुट्ठी-मुट्ठी, दो मुट्ठी भिंडियाँ कटी-कटी डाल दीं उसमें। तेल कुछ तेज ही कड़क गया था। वजह यही कि भिंडी का एक बीज उछलकर उसकी नाक के सबसे नुकीले सिरे से टकराया। भिंडी को ढँककर भूनना था कि खुली कड़ाही में! तेज आँच पर कि सिम चूल्हे पर! और सबसे बड़ा सवाल था कि थोड़ी भुन चुकी भिंडी में वापस फोरन कैसे डाला जाए मिर्च का! जम चुकी दही में वापस जोरन कैसे डाला जाए! ओहो हो!

ऊँचे कन्धे वाले आदमी के आया होने पर दरवाजा खोलने पर छुलनी हाथ में लिये गई, जिसके सिरे पर हल्दी से गली भिंडी चिपकी थी।

"इजा को बुखार है। कल आइएगा पढ़ाने।" उसने आधा दरवाजा छेंककर कहा।

"आज देखने तो आ सकता हूँ!"

"ज्यादा बीमार नहीं है।"

उसने एक पल अपने ट्यूटर की आँखों में देखा और हटकर रास्ता दे दिया। पूरा।

वसुन्धरा कार्णिक ने चंचल बीमार की भूमिका में आते हुए अपने बीमार धड़ को उठाकर पूछा–"कैसे हो?"

ऊँचे कन्धे वाले आदमी ने–'आप लेटी रहें' की तरह हाथ बढ़ाकर कहा–"अच्छा हूँ।"

वसुन्धरा कार्णिक ने अभिनयाधिक्य से कहा–"चाय पीओगे?"

"कौन बनाएगा?"

"तुम।"

"आप पीएँगी?"

"नहीं तो।"

इवा कार्णिक मेजपोश ठीक करने के बहाने उनकी बातचीत में सेंध मारने आई थी। पर उनके बीच के टॉपिक को आधा सूँघकर वह पिछले पाँव खिसक गई। वह कुछ भी कर सकती थी, पर चाय बनाने का विकल्प उसे खौलाता था आंतक से। उसने सतर्क नजरों से कड़ाही में भिंडियों को फैला दिया और चुटकी से एक-एक के ऊपर नमक छींटकर दम साधकर भिंडियों को उलटने-पुलटने लगी। उसकी सतर्क नजरों के घेरे में एक ऊँचा आदमी आ गया। वह हड़बड़ाकर पलटी और उसने कहा–"मुझे चाय बनाना नहीं आता।"

"सामने जो है वह भी जल रहा है।"

उसने गैस की नॉब बन्द करके पूछा–"चाय सचमुच बनानी होगी क्या!"

"तुम्हारी इजा बता रही थी तुम्हें रोटियाँ बनानी नहीं आतीं। आज का तुम्हारा ट्यूशन यही।"

"मैं बेल सकती हूँ सेंक भी सकती हूँ।"

"तो फिर क्या नहीं कर सकती?"

"उसे खा नहीं सकती।"

विक्रम आहूजा पहली बार सिर्फ उसके लिए मुस्कुराया। हालाँकि वह जान नहीं सकी क्यों मुस्कुराया, पर लड़की को इस बात का अहसास हुआ कि दरवाजे से ही उसे लौटा देकर वह कितनी बड़ी भूल करते-करते रह गई थी। उसने पलटकर आटे के डिब्बे का ढक्कन खोल दिया और दूसरे पल दरवाजे से जरा-सी बची रह गई जगह से अपनी देह को निकालते हुए इजा के कमरे तक भाग आकर उनके पैर दबाने लगी। उसकी तलहथी में तेज पसीना था, यह बात इजा के पैर को छूकर ही पता चली।

इजा ने अपने पैरे ऊपर सरका लिए–"किचन में जा!"

किचन में जाने का रास्ता बहुत आसान था। नाक की सीध में सोलह-सत्रह कदम चलकर दाहिने मुड़कर सात कदम, बस। पर उसने अपने मार्ग में विचलन लाते हुए अपने को विपरीत दिशा में मोड़ लिया। भाग-भागकर वह अपने कमरे तक गई, आईने में देख-देखकर चेहरे पर क्रीम लपेसा और किचन के दरवाजे पर खड़े-खड़े भीतर देखने लगी। ऊँचे कन्धे वाले आदमी ने आटे के बीच एक गड्ढा बनाया और उसे पानी से भर दिया। फिर उस पानी को अगल-बगल के आटे से भर दिया। उसने बाएँ हाथ से पानी डालकर आटा गूँथ लिया और लोइयाँ बनानी शुरू कर दीं। उसने बगैर पलटे, पीछे खड़ी परछाईं से पूछा–"कितनी रोटियाँ खाओगी तुम?"

लड़की सकपका गई। उसने शब्दों को आधे-आधे हिस्सों में बाँटकर कहा–"दो।"

"और इजा?"

"दो।"

"और मैं?"

"आपके हिस्से की भिंडी तो मैंने नहीं बनाई।"

वह बेलन समेट पलटा।

"आपको कैसे पता चला कि मैं पीछे खड़ी हूँ?"

"पाउडर या क्रीम की खुशबू कमरे में फैली उससे"–"तुमने कैसे जाना कि मुझे भिंडी नहीं पसन्द!"

इवा कार्णिक के होंठ अलग गए। हलकी सी रोशनी में वह आगे बढ़ा। इवा कार्णिक पीछे बढ़ सकती थी, पर वह हिली नहीं बिन्दु भर भी। अधिक से अधिक वह जितने करीब आ सकता था, उतने वह करीब वह आ चुका था। सीने पर हाथ रखकर जिस जगह पर वह ठीक-ठीक दिल के होने की पड़ताल कर सकती थी, उसके ठीक नीचे से एक बवण्डर उठा जो, उसकी मानें तो उसके शरीर को ढक्कन की मानिन्द उड़ा सकता था फक्क की आवाज के साथ।

उसे लगा कि उसके कानों से कुछ रिसने लगा था, एकदम तरल और शर्तिया गीला। नहाते वक्त दाहिने कान में घुस गया पानी शायद, जिसे उसने स्कूल में भी दाहिनी बगल झुकते हुए कूद-कूदकर निकालने की कोशिश की थी। पर जो निकला था नहीं खाली ढब-ढब बजा भर था भीतर। और जो अब रिस रहा था सुसुम-सुसुम। वह स्कूल में नजर मिलाने वाले खेल में हमेशा सबसे जल्दी आउट होने वालों में थी, पर यहाँ सामने वाले के आगे अकड़ेपन की स्थिति में भी उसकी एक पलक तक विद्रोह नहीं कर रही थी पल भर झपकने के लिए। ऊँचे कन्धे वाले आदमी का चेहरा उसके ठीक ऊपर झुक गया था और इवा कार्णिक को भान हो चुका था कि अगली

साँस जो वह छोड़ेगी, वह सामने वाले से टकराकर ही आगे बढ़ेगी। इस आशंका से कि साँसों का टकराना कमरे की खामोशी को चिनगा न जाए, उसने अपनी साँसें अन्दर ही रोक लीं। ऊँचे कन्धे वाले आदमी की आँख जरा सिकुड़ी और उसने कहा– "तुमने जो लगाया है सफेद–सफेद, वह माथे पर ठीक से पसरा नहीं है।"

वह बेलन समेत पलटा। इवा कार्णिक भी बिना वक्त गँवाए पलटी। उसने अपने ललाट पर तीन बार रगड़–रगड़कर हाथ सरसराया और किवाड़ की आड़ में छिपकर खड़ी हो गई। आईना रोशनी समेत उसकी तलाश में घर भर में पैदल–पैदल घूम रहा था और उसे किसी भी कीमत पर अपने आप को उसकी नजरों से बचा ही लेना था।

गरम माथे वाली स्त्री के पलंग से अब तक के शुबहा के यकीन में बदल जाने के बाद की भारी साँसों वाली हुँकारी निकली। पलंग जोर मोर से चड़मड़ाया और उसने लेटे–लेटे ही अपने जाल को खींचकर समेट लेने की कोशिश की क्योंकि शिकार बगैर जाल की मदद के भी, फँस जाने को अपने आप उत्सुक दिखता था ऐसा ही कुछ भी।

लंच ब्रेक में अब इवा कार्णिक अपने दोस्तों के साथ नहीं दिखती थी। वह प्ले ग्राउंड को घुटने तक घेरने वाली बाउंड्री वॉल पर एक किसी पेड़ों के नीचे उसकी गिरती पत्तियों को गिनती हुई बैठी रहती। वह सन्नाटे को छूने के लिए शरारत से दूर भागने लगी। वह टीचर के लेक्चर को घूँट–घूँटकर सुन लेने के इरादे से हर क्लास की शुरुआत करती ताकि शाम में किसी को अपने किताबी ज्ञान से चौंकाया जा सके, पर होता यह कि बात जैसे ही तीन चौथाई आगे बढ़ती, उसका शरीर झपकने लगता। वह जाँघ की चमड़ी को स्कर्ट समेट चुटकियों में दबाकर अपने शरीर को जगाने का जुगाड़ करने लगती और इसी खींचातानी में 'सुन लेने का इरादा' पीछे ढकेला जाता।

उसे तीखी धूप से अब डर नहीं लगता न सामने वाले के उजले रंग से, जिनकी उपस्थिति उसके रंग को और गहराने का खतरा उत्पन्न करती थी। वह खिड़कियों से देखकर शाम के होने का और दरवाजे की झिर्रियों से देखकर गहरे शाम के होने का, जबकि ट्यूटर के आने का वक्त होता, इन्तजार कर सकती थी, पर जैसे ही वसुन्धरा कार्णिक ऊँचे कन्धे वाले आदमी के नाम का दरवाजा खोल देती और वह घर के भीतर दाखिल हो जाता, उसका दिल उलट जाता और वह अँधेरे कमरे में अकेले–अकेले सुलगने लगती–उन्हें कोई काम–धाम नहीं है क्या रोज–रोज चले आते हैं बिला नागा किस्म का। वह दो–तीन बार औरताना घिसी आवाज में इजा के ड्राइंगरूम से अपना नाम पुकारे जाने के बाद कुछ रटती हुई कमरे में दाखिल होती और ट्यूशन का पूरा वक्त कुछ बिदबिदाते हुए ही गुजार देती।

इवा कार्णिक अँधेरे कमरे में सूखे पत्ते-सी खड़खड़ाती थी। वह मानती थी कि सूरज रात भर भटक-भटककर ऐसा लटपटाए कि सुबह दुबारा निकलने का रास्ता ही न खोज पाए वह। उसका शरीर अपने उठान की पर्याप्त सम्भावना तक विकसित हो चुका था। पलकों के लिए भी जितना बढ़ना मुकर्रर था, उसी सीमा को छू चुकी थीं वे। वह अगर हथेली में अपना चेहरा ढाँपती तो पलकें उँगलियों के बिचले पोर पर सहरती थीं। वह क्या चाहती थी, यह सवाल अस्तित्व में आया नहीं था। वह क्या नहीं चाहती थी–यह जवाब जगमगा रहा था उजाले में।

जो भी सामने हो रहा था उसके, वह चाहती थी कि वही न हो। हर होती हुई चीज को नकारकर मुँह फेर लेने जैसा चित्त। जब उसके साथ के पढ़ने वाले लड़के अपने सिर को टोपियों से ढके, दरके बाँस जैसी आवाज में प्रचलित अनुनासिक ध्वनि वाले आलाप आजमा रहे होते, लड़कियाँ स्कर्ट की हद के पार, घुटने से नीचे के उघड़े पैर के रोओं को सफाई से उड़ाने की तरकीबों में मशगूल होतीं, इवा कार्णिक दिन भर शाम होने का इन्तजार करती और शाम भर हर घटना के आगे न लिख देने के मौके का इन्तजार।

जिन्दगी को खोल दे तो वह कोरे कागज जैसी। वह मोड़कर उसका जहाज बना सकती थी और एक सुर में पानी का इन्तजार कर सकती थी, उसे तैराने के लिए। अगर कि पानी बाल्टी भरकर सामने आ जाता तो वह तुनककर खयाल बदल लेती और जहाज को वापस खोलकर कागज और कागज को एक बार वापस मोड़कर पंखा बना लेती और ताबड़तोड़ उसे झेलने लगती पसीने के इन्तजार में। अगर पसीना बूँद भर उग भी जाता होंठों के ऊपर तो वह धिक्कार भाव से पंखे की लहरों को भहराकर तुड़मुड़े कागज का नमकदान बनाने लग जाती। जब नमकदान में भरे जाने के लिए बारीक नमक खुद हाजिर हो जाता तो वह झुँझलाकर कागज को मोड़-तरोड़कर कूड़ेदान तलाशने लगती। पर ऐन वक्त पर कूड़ेदान अपने को छिपाकर जिन्दगी को गर्क होने से साफ-साफ बचा लेता।

खाने की मेज पर इवा कार्णिक बिलकुल सामान्य। लाल नाक को छुड़ाकर सब कुछ बिलकुल सामान्य। इजा की रसोई में लेमन राइस था, जो बहुत लाड़ से इवा कार्णिक की ओर बढ़कर आया।

"कैसा बना?"

इवा कार्णिक ने उसमें से सरसों के दो काले दाने चुने और उनके कड़वेपन को दाँतों की धार पर मसलकर कहा–"अच्छा! दिखता अच्छा है।"

इजा ने सिर से पाँव तक लड़की को देखा। उसकी परछाईं को भी। दोनों में से किसी के भी ऊपर अपराधबोध का एक कतरा तक नहीं था।

"आपको बाबा की आवाज याद है?"

"पहचान लूँगी लगता है।"

"अगली बार भी क्या आप वैसा ही साथी चाहेंगी अपने लिए?"

"कौन जाने।" ऐसा जवाब इवा कार्णिक ने सुना जबकि इजा चुप बैठी थी। अपने मुँह का कौर निगल चुकने के बाद उसने कहा–"इन सवालों पर अपना कोई अख्तियार नहीं होता। सब तय होता है ऊपर से।"

इवा कार्णिक की नजरें तीखी थीं, जबकि सरसों का दाना इस बार वसुन्धरा कार्णिक के दाँतों तले दबा था।

"हूँ।"

"क्या?"

"अख्तियार।"

वसुन्धरा कार्णिक का चेहरा पानी बन गया। कंकड़ मारने से थरथराता हुआ पानी।

"आप मेरे जितनी थीं तो कितनी चोटियाँ बनाती थीं?"

"शायद दो।"

"आप उस वक्त भी ऐसी ही गोरी थीं?"

"रही होऊँगी।"

"वो आपकी जिन्दगी के सबसे अच्छे पल थे न?"

"शायद।"

"अगर हम अपने अतीत के अनिश्चिय के साथ इतनी सहजता से रह सकते हैं तो भविष्य का अनिश्चय हमें इतना परेशान क्यों करता है?"

इजा के सम्बोधन से पुकारी जाने वाली स्त्री चिहुँक गई। अरे यह झूठ है तो सच क्या था! और अगर यह सच था तो झूठ क्या था! क्या वाकई वसुन्धरा कार्णिक जिस मूर्ख लड़की के साथ अब तक रह रही थी, वह एक पहुँची हुई खिलाड़ी थी! ऐसी-ऐसी दाँव-पेंच की बातें बनाने वाली!

रात के रंग में मिलावट थी। हलका साँवला रंग। वसुन्धरा कार्णिक ने अपनी साँसें ऊपर की ओर खींच लीं और कदम बढ़ाना शुरू किया। लड़की के कमरे तक पहुँचकर उसने परदे की ओट में एक आँख को छिपा लिया। एक उघड़ी आँख, जो अँधेरे में बेहतर देखने में महारत रखती थी, ने हल्की साँवली रात के बीच से गहरी साँवली लड़की को साफ-साफ अलगा कर देख लिया। इवा कार्णिक तभी खिड़की से लगकर खड़ी थी और बहुत सम्भव है, उसकी भी एक आँख परदे की ओट में छिपी हो और दूसरी से वह बाहर की दुनिया को देख रही हो।

लड़की का इतनी रात तक जगे होना और वह भी चलते देखते जगे होना एक घटना थी। पर वसुन्धरा कार्णिक ने उसे बगैर चौंके हुए ऐसे स्वीकार किया मानो गई रात बरसों से वह लड़की को बिस्तर से दूर खड़ी देखती आई हो। ठीक इसी वक्त एक अफसोस उसे अपने आप पर हुआ कि उसे पता तक नहीं चला कब लड़की ने पालने से उठकर खिड़की से लगकर खड़ी होने तक का सफर पार कर लिया। उसके मन में उसे खिड़की के पास से अपनी गोद में उठाकर वापस बिस्तर पर सुलाकर थपकाने की चाह जागी ताकि लड़की एक ढाँढ़स भरी नींद सो सके। उसकी चाह जगाने के साथ ही अपने तीखेपन में उजागर हो गई और बिना पल गँवाए वसुन्धरा कार्णिक ने अपनी दूसरी आँख को भी परदे की ओट से बाहर निकाला और उसके कदम लगभग कमरे में प्रवेश करने के लिए उठे कि उन्हें रुकना पड़ा।

उस कमरे में कैशोर्य और जवानी की चौखट पर ठिठकी एक लड़की की अंतरंग दुनिया थी, जिसमें बिना दरवाजे पर दस्तक दिए प्रवेश करने में वसुन्धरा कार्णिक के कदम काँप गए। बल्कि उस कमरे का वैभव ऐसा प्रचंड था कि अपने तुड़े-मुड़े गेटअप में उसमें दाखिल होने का साहस ही नहीं हुआ उसे। उसकी आँखें, होंठ, आत्मा–तमाम चीजें खुली की खुली रह गईं क्योंकि चौंसठ साल गुजर जाने के बाद भी कभी ऐसा कोई वैभवशाली कमरा आया ही नहीं उसके अपने जीवन में।

एक मोटरी की तरह उसे उठाकर किसी की बगल में रखकर अग्नि के इर्द-गिर्द सारा मामला तमाम कर दिया गया और घूँघट पलटने के बाद वह उसी पलटने वाले से रटा-रटाया प्यार करती चली गई। एक आदमी ने दुनिया के गोल नक्शे पर जिस जगह के जो नाम उसे बताए, वसुन्धरा कार्णिक ने उस जगह को उसी नाम से अपना लिया, बिना किसी देख-परख के। किसी ने कहा कि वह लाल चीज आग है उसे मत छुओ! जल जाओगी! और वह यह मानकर दूर बैठ गई कि लाल रंग में बहुत लहक होती है। ऐसा तो कभी नहीं हुआ कि वह सुने, पास जाए, छुए, जले, हाथ वापस खींचे, दर्द से बिलबिलाए और दर्द के थोड़ा शान्त पड़ने पर 'फिर से एक बार और छू लूँ क्या' की उत्कंठा से एक बार फिर से छू ले उसे और फिर से जल जाए एक बार!

उसने जलने की पीड़ा से बचे रह गए अपने शरीर को पीछे खींच लिया। उसी समय उस अप्राप्य जलन के समानांतर एक डाह उसके सीने में उठी–क्यों जो उस लड़की को मिल रहा है उसे नहीं मिला कभी! क्यों नियति ने उसे कभी चुनने की स्वतन्त्रता नहीं दी। गलत सही–जो भी। क्यों जिन्दगी ने उसे उस चुने हुए को दुनिया की नजरों से छिपाकर रखने का ढब नहीं दिया! क्यों कोई छीन लेगा उससे उसके चुने हुए को, ऐसे फिक्रमन्द लम्हें नहीं दिए! क्यों कैसे बचाकर रखा जाए उस चुने हुए को अपने पास साबुत, ऐसी उधेड़बुन में डूबी बेनींदी रातें नहीं दीं!

वह पीछे नहीं मुड़ी बल्कि उसने कदम बढ़ाने शुरू कर दिए पीछे की तरफ। बिस्तर तक पहुँचकर उसने अपनी आँखें बन्द कर लीं। क्या उसके कुँवारे अतीत में कोई था, पति के सिवाय! वह उस आदमी की शक्ल अपने सामने उकेरे जाने के बिन्दु तक अपने अतीत में वापस गई। पर किसी की तलाश पूरी होनी तो दूर, शुरू तक नहीं हो पा रही थी। कारण कि अतीत का वह हिस्सा एक काले डॉट में सिमटकर बैठा था, जिसमें से किसी की कम साँवले, साँवले या गोरे को बीनना मुश्किल था। असम्भव की हद तक। उसके अतीत के सबसे पिछले पन्ने पर उसे विदा करते माता-पिता और फिर पति नया घर आदि-आदि ही अंकित था। उसके पीछे का पन्ना था ही नहीं कुछ भी। अगर जिन्दगी ने उसे भी चयन का मौका थमाया होता तो क्या वह अपने पति को चुनती!

उसकी साँसें तेज-तेज आने-जाने लगीं। एक साधारण साँस की जगह में ठुँसी हुई पाँच-छह साँसें। आतीं। जातीं। एक-दूसरे पर चढ़ी-चढ़ी। बझी-बझी। इस आवाज को सुनते हुए वसुन्धरा कार्णिक के बालों की जड़ों का पसीना पिघलने लगा और वह झटके में चालीस-पचास न जाने कितने साल पीछे चली गई। कमरा यही रहा होगा या जो भी रहा हो फर्क क्या! वह बैठी थी तब भी ऐसे ही आँखें मूँदें या पता नहीं कैसे भी। घूँघट माथे तक था या ठुड्डी के अंगुल भर नीचे जैसा भी। बल्कि सब कुछ था नहीं था के बीच का, पर आवाज यही थी। चढ़ी-चढ़ी। बझी-बझी। जबकि किसी ताजा दुल्हन की साँसों की आवाज ऐसी निर्लज्ज नहीं होनी चाहिए, बल्कि उसकी साँसों की तो आवाज ही नहीं होनी चाहिए।

एक पति ने जैसे किसी दुल्हन की चौकी को पकड़ा। लाल रंग के घूँघट वाली औरत के हाथ साड़ी के भीतरी रास्तों से अपनी जाँघ पर या कि पैरों पर कहीं भी गए और उसने उस जगह को दाबकर अपनी साँसों के बहाने कुँवारेपन के विराटतम भय पर काबू पाने की कोशिश की। वह सफल या असफल होती इस प्रयास में कि इससे पहले उसका घूँघट उलट दिया गया। अच्छा हुआ। उसके भय की उम्र बिना किसी भूमिका के घट गई। जो भी होना था, जल्दी हो जाए जैसा कुछ।

दुल्हन की आँखें, जो घूँघट के उठ जाने के पहले खुली थीं, बन्द हो गईं। फिर खुलीं। मायके की सुहागिनें हड़बड़ी में बताना भूल गई थीं कि आँखों का क्या करना था उस वक्त। बहरहाल, बता भी देतीं तो क्या! उसके धौंकते सीने के आगे आँखों की भूमिका गौण थी। जो पति था, उसने संयमी पति की परम्परा पर चलते हुए दुल्हन के हाथों को अपने हाथों में उठा लिया। वहाँ, उस कमरे में तभी जो कुछ भी हो रहा था, उसकी टेक दुल्हन की साँसें ही थीं। चाहे वह पति का पास खिसकना हो, हाथ उठाना हो या कि उसके पास खिसकने में चौकी का चरमराना हो! या कमरे के एक कोने में धान के ऊपर धरे कलश के अगल-बगल चूहों का दौड़ना हो! कुछ भी सब कुछ।

पति ने दूसरे डेग में उसके हाथों को अपने होंठों से दबाया। तीसरे डेग में दुल्हन की ठोढ़ी को पकड़कर उठा दिया और उसके गालों को हल्के-से छुआ। फिर चौथे डेग में वह अभी बुदबुदाकर कुछ बोलना ही चाहता था कि दुल्हन ने जोर से आँखें खोल दीं और भय की लाल मुंडेर से पीछे की तरफ छलाँग लगाते हुए साँसों की आखिरी टेक पर घिघियाई—जल्दी-जल्दी कीजिए!

वसुन्धरा कार्णिक धड़ाम-से बिस्तर पर गिरी। उसकी जिन्दगी में वाकई सब जल्दी-जल्दी ही तो हो गया। उसने तकिए को इतनी जोर से दबाया कि दाँतों के कोर में कपास का स्वाद तिर गया। इतनी जल्दी-जल्दी कि अब वक्त बीते रुककर किसी को खोजना असम्भव। उसने तकिए पर घिस-घिसकर सेंध मार चुके कपास को मुँह से बाहर निकाला।

सुबह की रोशनी तिनके की तरह आकर उसकी आँखों में पड़ी। वह आँखें मलते हुए सरपट बैठ गई। तो पिछली रात आखिरकार सो पाई वह! वसुन्धरा कार्णिक की पूरी दिनचर्या दिन का पूरा गणित आरम्भ से ही गड़बड़ा गया था। वह हड़बड़ी में एक ही चप्पल पहनकर पूरे घर में बदहवास घूम आई। घर एकदम स्थिर था। इवा कार्णिक के कमरे में आने पर एक उप दरवाजे के पीछे से पानी के गिरने की आवाज आती थी। वसुन्धरा कार्णिक बाथरूम के दरवाजे के बाहर से अहकान कर पीछे लौटने को मुड़ी कि उसके रास्ते में उसका अक्स पड़ गया।

ड्रेसिंग टेबुल के दराज खुले थे। उसकी नजर आईने में अपने चेहरे पर पहले, ड्रॉवर से झाँकते फेयरनेस क्रीम की ट्यूब पर बाद में पड़ी। उसकी आईने वाले तस्वीर तो पर्याप्त गोरी थी, उसे क्रीम की कोई जरूरत नहीं थी। फिर भी। उसने क्रीम को ड्रॉवर से उठा लिया और अपनी साड़ी के पल्लू में दुबकाकर कमरे तक ले आई। ट्यूब को छिपाने की एक महफूज़ जगह उसे पलंग के मैट्रेस के नीचे पायताने हासिल हुई, जहाँ से कितनी भी उकट-पुकट विकट तलाश के बाद भी इवा कार्णिक उसे बरामद न कर सके।

दिन। बारह बजे की तरफ से ढलकती घड़ी की छोटी सूई। पिउन की मार्फत विक्रम आहूजा तक सूचना आई कि कोई उससे मिलने आया है। स्टाफ रूम की ओर संदेशवाहक की उँगली। वह दरवाजे की ओर वाली दीवार से पीठ सटाए बैठी थी।

"यहाँ?" ऊँचे कन्धे वाले आदमी के चेहरे पर खीझ उग आई और उसने दबे स्वर में बात को रफा-दफा करने के इरादे से एक बार फिर फुसफुसाकर कहा—"यहाँ कहाँ?"

''जहाँ भी आप चाहें।''

''क्या मतलब है? यहाँ कहाँ?'' उसने कोई सुने तो सुने वाली बेपरवाह चीख में कहा।

वह सकपका गई भीतर से।

''आपको बना रही थी। डिज्नीलैंड घुमा देंगे?''

''स्कूल?'' उसने शक्की पुतलियों से पूछा।

''मैनेज कर लिया है।''

''इजा?''

''सोई होंगी।''

''यह सब इतना क्राइम तुम्हारे दिमाग में आता कहाँ से है?''

''कल रात में ही सोच लिया था।''

''बस्ता उठाओ और लौटो स्कूल।''

उसके एक किसी आज्ञाकारी हाथ ने सकपकाकर अगले ही पल बस्ता उठा लिया।

''टिफिन यहीं छोड़ जाना।''

उसके उसी हाथ ने बस्ते को वापस सोफे पर छोड़ दिया, सामने वाला मुलायम पड़ चुका था यह सूँघकर।

''एह! गो!'' वह फिर सख्त हो गया।

वह बैठ गई। उसने गोद में बैग रखकर लन्च बॉक्स निकाला और उसे बगल की कुर्सी पर रखकर वह उठ गई। जाने के लिए। वह मुड़ गई। वाकई जाने के लिए। उसने कदम बढ़ा लिए। जा चुकने के लिए।

''तुम्हें बन रहा था। लेती जाओ लंचबॉक्स!''

वह मुड़ी। उसने टिफिन को उठाकर बस्ते में ठूँस लिया।

''बैठो यहीं। चलता हूँ।''

डिज्नीलैंड में हर चीज के दाम उसने पूछे। बताए गए दाम की तिहाई पर कीमत में उस चीज को खरीद लेने को वह अकड़ गई। खींचतान में दाम तिहाई के आसपास ही कहीं तुड़वाकर उसने अचानक मन पलट लिया और अगली दुकान की ओर बढ़ गई। स्कर्ट, कान के बुन्दे, कोल्हापुरी चप्पलें, कपड़े की बैग्ज, अचार, पाचक, कील ठोकने का स्टैंड तक। सारे झूलों पर भी चढ़ी वह। अकेले-अकेले। तमात तरह के ओल-झोल स्टॉल पर के मौज, पाचक के स्टॉल पर हर तरह के पाचक को चुटकी चुटकी चखकर एक को भी खरीदने की बेपरवाही–सब में वह अकेली थी। पर हर मोलभाव में अपनी जीत हो चुकने के बाद बगल वाले की आँखों में देखने के उल्लास में, किसी भीड़ भरे स्टॉल में धक्के के आवेग में अपने पैर को उठाकर बगल

वाले के पैर को कुचल देने की धींगामुश्ती में, झूले से उतरती भीड़ के बीच वह ऊँचे कन्धे को खोज सके उस सहूलियत के लिए ऊँचे कन्धे वाले आदमी के खुद ही उसके सामने खड़े हो जाने की तत्परता में वह अकेली नहीं थी।

''मै आइसक्रीम ले आऊँ एक अपने लिए एक आपके लिए?''–सवाल के समानान्तर ही उसका एक हाथ आगे बढ़ गया। इस हाथ पर विक्रम आहूजा को पैसे रख देने थे आइसक्रीम के। यह तय नहीं था पहले से, पर हाथ उसके, जेब में घुस गए। वह पैसे बटोरकर चली गई। वह अकेला था अब। क्यों था वह! इस मेले में! टिकट की लाइन में, धक्का खाते स्टॉलों पर, झुमके-बालियों के काउंटरों पर भले ही पीछे की तरफ खड़ा, और अभी आइसक्रीम के इन्तजार में पिघलता हुआ-सा। उसकी धड़कनें एकाएक नुकीली होकर सन्नाटे को चुभने लगीं।

घास पर कानी उँगली भर का हरा कीड़ा रेंग रहा था। ऐसा कीड़ा किस सब्जी से निकलता था अमूमन उसने याद करने की कोशिश की, पर धुँधलाया-सा भी कुछ स्पष्ट नहीं हुआ। कोई जानी-पहचानी हवा पसीने के ठीक ऊपर से होकर गुजरी, पर वैसे झोंके किस मौसम की निशानी सहेजे चलते हैं अपने साथ, वह ठीक पहचान नहीं कर पाया। उसके कंठ के आसपास हर तरफ खूब सूखा पड़ा था। पर उस प्यास की प्रजाति कौन सी है, वह समझ नहीं पाया। वह उठकर खड़ा हो गया। उसने आसपास देखा। एक दौड़ता चक्कर नजरों का। लड़की नहीं थी कहीं। वह भाग सकता था वहाँ से खूब तेज-तेज।

आइसक्रीम एकदम सख्त थी। कहीं उमस का एक रत्ती तक नहीं पड़ा हो जिस पर। उसकी ठीक बगल वाली आइसक्रीम पर लड़की के निचले दाँतों के दो निशान पड़ चुके थे, पर वह हिम्मत नहीं जुटा पा रहा था उस सख्ती पर जीभ तक फिराने की। आइसक्रीम से भाप उठ रही थी और लड़की उसे फूँक-फूँककर खा रही थी दत्तचित्त। भागने को वह अभी भी भाग सकता था आइसक्रीम फेंक-फाँककर।

लड़की लकड़ी के दुबले-पतले स्टिक को उलट-पुलटकर चाट रही थी। दूध चीनी और चॉकलेट का फ्लेवर पुँछ गया था उसके ऊपर से और लड़की का अपना फीका स्वाद भीतरी खोलों से उभरकर बाहर झाँकने लगा था। लड़की ने ऊबकर कहा–''वहाँ कॉरनेटो भी मिलता था पर मेरे हाथ में उतने पैसे नहीं थे, इसलिए इसे लेना पड़ा।'' ऊँचे कन्धे वाला आदमी, जिसकी स्टिक पर अभी आइसक्रीम की एक मोटी दरकती परती चढ़ी हुई थी, हिला नहीं उसकी बात से रत्ती भर भी।

''अगर मेरे पास ज्यादा पैसे होते तो मैं उसे ही लेती।''

ऊँचे कन्धे वाले आदमी ने तत्परता से टूटकर गिरते हुए आइसक्रीम के एक मोटे टुकड़े को बीच राह में ही मुँह में लपककर गिरने से बचा लिया।

"ज्यादातर मैं कॉरनेटो ही खाती हूँ।"

ऊँचे कन्धे वाला आदमी जेब से रूमाल निकाल रहा था। उसे शक था कि उसकी नाक के उभरे सिरे पर कोई हिस्सा दूध की सफेदी का या चॉकलेट के भूरेपन का लगा जरूर था।

"वहाँ बहुत भीड़ है। मैं जब तक जाऊँगी आपकी यह आइसक्रीम खत्म हो जाएगी तब तक। लाइए न फिर से पैसे।"

दुबारे से—वह अकेला था अब। उसने अपने स्टिक से उस कीड़े को उठाया घास के बीच से बीनकर। कीड़ा पहले अगला हिस्सा आगे बढ़ाता था, फिर देखा-देखी पीछे-पीछे और पीछे का हिस्सा भी दुलक-दुलककर बढ़ता था और वह एक कदम आगे रेंग जाता था। अभी भी कुछ बिगड़ा नहीं था। वह दौड़कर भागना न चाहे न सही, रेंग-रेंगकर भी भागता तो तय था कि लड़की के लौटने तक उसका नाम निशान कुछ भी नहीं होता उस जगह। उसके हाथ काँप गए और कीड़ा स्टिक से फिसलकर नीचे गिर गया। वह झुककर उसे खोजने लगा। वहाँ से भाग पाने का बहाना उसे मिल चुका था।

इवा कार्णिक इस हुनर को साध चुकी थी जिसमें कि कलियों की लम्बी कतार के ऊपर से दौड़कर गुजरना था इस करतब से कि एक कली तक मसलने न पाए। बिना चखे, सही चीनी की चाय वह बना सकती थी। बिना कहे वह प्यास लगने के पहले इजा को ग्लास भर पानी दे सकती थी। बिना नागा वह मुहल्ले के सारे कुत्तों को रोटी खिला सकती थी। बिना वजह वह अपनी सारी कॉपियों पर सुन्दर-सुन्दर जिल्द चढ़ा सकती थी।

उसका मन हर दो दिन पर एकदम विपरीत दिशा में पलट जा रहा था। उसके लिए कभी घर की पूरी दीवार की दरअसल झिर्री थी, जिसके कि झाँककर गहरे शाम के होने का इन्तजार किया जा सके या कभी उसका मन एक हाथ में ब्रश और दूसरे हाथ में पेन्ट लेकर पूरी दुनिया पर न न न न लिखता चला जा रहा होता। कभी ऐसा अहसास कि क्रीम वक्त के पहले ही उसे तेज-तेज गोरा बनाती जा रही है, कभी ऐसा कि दिन-दिन बढ़ते साँवलेपन को आलू छीलने वाले औजार से त्वचा की परत छीलकर ही विलगाया जा सकता है अपने आप से आदि। इस तमाम उलटन-पुलटन के बाद मन इस बिन्दु पर आकर स्थिर हो गया था कि अब अपनी चीजों पर उसका अख्तियार नहीं रहा कोई। वह एक ऊँचे कन्धे वाले आदमी के पास अपने बाकी के सपने गिरवी रखकर आई थी।

विक्रम आहूजा बहुत धीमे-धीमे खरचना चाहता था रात को। उसके शरीर पर

पसीना था और कंठ के निचले हिस्से में बहुत सी प्यास जमा थी। वह आँखें मूँदता था तो पुतलियाँ चुभती थीं। वह आँखें खोलता था तो पलकें अपने को एक-दूसरे के पीछे छिपाने लगती थीं। वह जब साँसें लेता था तो फेफड़े की माँसपेशियाँ विद्रोह कर देती थीं और जब वह साँसें छोड़ता था तो उसके आसपास की हवा उस छोड़ी हुई साँस को अपने में शामिल करने से इनकार कर दे रही थी। वह करवट बदलता था तो नीचे की जमीन अपने पैर तेजी से पीछे की ओर खींचने लगती थी और जब चित्त लेटता था तो आसमान उसके सीने पर अपने दोनों पंजे धँसाकर झुक जाता था पूरी ताकत से।

फिर भी वह रात को सँभाल-सँभालकर खरचना चाहता था। अँधेरे में जिस चीज को उसकी उँगलियाँ छू आई थीं, क्या वह वही थी जिसे पहले भी कभी छू चुका था वह! दुनियादारी के उजाले में बात को सामने से बुहार-बुहारकर हटाया जा सकता था पर अँधेरे की चकाचौंध में उमरदराज से उमरदराज सच अपने को नंगा कर देने को बेताब हो जाता है। फिर उसके सच की तो उमर हिचकी जितनी थी या एक बार की साँस को छोड़ चुकने के बाद अगले दान में ली जाने वाली साँसों की तलाश जितनी। उन्हें अपने ऊपर का चोंगा फेंकने में वक्त ही कितना लगता! हैरानी की बात थी कि कपड़े पहने हुए सच से भागता हुआ एक इनसान नंगे सच के सामने होने पर भी अँधेरा ही चाह रहा था। वजह यही कि इस सच की बेपरदगी में एक कोमलता थी और सुबह बिस्तर पर पहली रोशनी पड़ने के साथ जैसे ही वह सच कपड़े पहन लेता, उसमें दुनियादारी भर मिलावट घुस जाती और वह दुनिया, दुनिया जैसी लगने लगती।

वसुन्धरा कार्णिक के लिए यह एक दुर्लभ मौका था। दस्तक की आवाज पर दरवाजे के उस पार वाले को पहचान लेने की अपनी क्षमता को परखने का, क्योंकि दिन के कुबेरे में विक्रम आहूजा की आमद अप्रत्याशित थी। पर बदकिस्मती कि दरवाजा खुला हुआ था। दृश्य यह था कि दरवाजे के उस पार सब्जीवाली अपना बाजार समेट रही थी और वसुन्धरा कार्णिक घर के भीतर चेंज टटोल रही थी। लिहाजा ऊँचे कन्धे वाले आदमी का स्वागत दस्तक पहचान कार्यक्रम की जगह सब्जी वाली द्वारा अपनी दौरी दरवाजे के एक तरफ समेटकर उसके प्रवेश के लिए रास्ता बनाने के उद्यम से हुआ।

वसुन्धरा कार्णिक ने उसे ड्राइंगरूम के बीचोबीच देखा तो उसका अंकगणित बिसुर गया और वह दो रुपये के चार और एक रुपये के दो सिक्के मिल जाने के बाद भी साबुत सात रुपये खोज लेने में असफल रही और उसने सब्जी वाली को

दस रुपये थमाकर घटी–बढ़ी अगले दिन पर छोड़ दिया। सब्जी की टोकरी उठ गई। सब्जीवाली के पीछे पलटते ही वसुन्धरा कार्णिक का कंठ सूख गया। उसने एक कोई हाथ तो बढ़ाया पर आवाज ही नहीं निकली जो लौटा सके सब्जीवाली को।

"कल की दोपहर मैं इवा के साथ था। हम डिज्नीलैंड गए थे।"

"हाँ, मैंने अखबार में विज्ञापन देखा था। हफ्ते भर और चले शायद।'

"जाने के पहले आप से पूछ लेना चाहिए था।"

"मैं कहाँ जा पाती अब मेले में।"

"उसे ले जाने के पहले।"

"तुमने कुछ सोचकर ही नहीं पूछा होगा।" वसुन्धरा कार्णिक के चेहरे पर अजीब–सी धूप निकली उसकी नाक और दाहिने गाल के ठीक बीच में से।

"मैंने सोचा ही तो नहीं।" विक्रम आहूजा की आँखें चुँधिया गईं।

"तुम तो जाना भी नहीं चाह रहे होंगे। यह लड़की ही बड़ी जिद्दी है।"

"मैं चाहता तो जाने को आसानी से रोका जा सकता था।"

"अगर इसके माँ–बाप होते तो मैं इतना नहीं सोचती इसके बारे में।"

"आप कहें तो मैं आज से ना।"

"नहीं।" वसुन्धरा कार्णिक का 'नहीं' सामने वाले के ना पर चढ़ गया।

"तुम्हें क्या लगता है पढ़ने में कैसा करेगी ये?"

"पढ़ ही जाएगी।"

"तुम कभी कभी बगैर इत्तला किए उसका इम्तिहान ले लिया करो। किसी भी विषय का।"

"हूँ।"

"शुरुआत न हो सोशल साइंस से कर दो। पिछली दफा सबसे कम अंक उसी में मिले थे। तो तय रहा—आज सोशल साइंस की परीक्षा।"

"जी।"

"क्या वो तुम्हें पसन्द करने लगी है?"

"मैं उसे रोक दूँगा।"

"और वो रुक जाएगी!"

"मान जाएगी।"

"तब तो और भी खतरनाक।" बहुत तेजी से वसुन्धरा कार्णिक की कनपटी से उठी बादल की किसी लपट ने धूप को डुबो दिया।

"देखिए।" विक्रम आहूजा ने गला खँखारकर फुसफुसाहट को स्पष्ट किया— "अगर वह कुछ ऐसा सोचती भी होगी तो वह मिनट भर का खिंचाव होगा, जिसे तोड़ना आसान है।"

''क्या तुमने पहले कभी उसे रोकने के बारे में सोचा था?''

''उसने मेरी आँखों के आगे कभी कदम नहीं बढ़ाया कि रोका जा सके उन्हें।''

''देखना, उसका मन बहुत कोमल है।''

''मैं देखूँगा।'' विक्रम आहूजा का मन उलट गया। वह बार-बार भूल जा रहा था कि वह अपनी पहल पर आया था। वह यह इन्तजार करने लग जा रहा था कि कब वसुन्धरा कार्णिक की बात खत्म हो और कब वह उसे जाने को कहे पर इसके पहले कि एक बार फिर वह भूल जाए, मन उलट जाने के बिन्दु पर ही उसने अपने को उठा लिया उस घर से।

वसुन्धरा कार्णिक का मन हल्का था कि उसका संशय बँट गया किसी के साथ। साथ ही, मन के भीतर एक गोल सी जगह घेरकर बैठी ग्लानि भी थी। वह जानती थी कि इवा कार्णिक के पाँव उठाते ही उसके कदमों को रोक देने की बात तय हो चुकी थी और इस तयशुदगी में उसकी आधेआध की हिस्सेदारी थी। एक बड़ी चोट खाने के पहले इवा कार्णिक के इर्द-गिर्द वह इतनी सारी छोटी-मोटी खुशियाँ ला धरना चाहती थी कि लड़की को ठेस का अहसास हुए बगैर जख्म मिल जाए। मतलब! जख्म का मिलना तय था! वसुन्धरा कार्णिक वहाँ से सीधे उठकर लड़की के कमरे में गई। पहला संयोग कि लड़की सोशल साइंस की किताब को अपने साथ स्कूल न ले गई हो और दूसरा कि बेतरतीब बुक रैक में कम-से-कम श्रम से उसे ढूँढ़ लिया जा सके! पर किस्मत! उसने पहली किताब जो उठाई वह समाजशास्त्र की ही थी!

वसुन्धरा कार्णिक का काम ठीक तरह बुक रैक के आगे बैठने के पहले ही खत्म हो गया। वह बिना ठीक तरह से बैठे ही उठ सकती थी वापस। किताब उठाकर वह लपट की तरह उठी और मुड़ी ही थी कि उसकी चोरी पकड़ी गई। लड़की खुली आँखों से उसे देख रही थी। उसके दोनों होंठों के बीच थोड़ा सा फाँक था, जिससे हँसी, अपनी देह समेटकर आसानी से आ-जा सकती थी। उसकी बाईं बगल की लट ठुड्डी की लम्बाई तक लटक गई थी। लड़की पलकें झपकाए बगैर ताक रही थी और ऐसे ही ताकती रहने वाली ही थी बरसों तक। वसुन्धरा कार्णिक का कंठ सूख गया और उसने किताब को आँचल में छिपा लिया। उसने साफ-साफ देखा कि बुकशेल्फ के ऊपर रखे फोटो फ्रेम के पीछे से लड़की की मुस्कान सूत भर और फैली।

इजा कहलाने वाली स्त्री आँचल में हाथ छिपाए-छिपाए अपने कमरे में भाग गई कपड़े की आलमारी तक। यह जख्म देने के लिए औजार को पैना करने की शुरुआत थी।

बहरहाल, लड़की के लिए खुशी जुगाड़ना किचन से कोई ललचाऊ खुशबू उठाने जितना आसान था कि चौक के डिपार्टमेंटल स्टोर से कुरकुरे लाने जितना या कि उसकी नई ड्रेस से मेल खाता क्लिप या हेयरबैंड लाने जितना। दूसरे मोर्चे पर इवा कार्णिक भी एक दिन पहले की दोपहर में तपे हुए एक धारदार छल की भरपाई में अपने आपको विनम्र और विनम्र बनाकर पेश कर रही थी। उसके फैले होंठों की हँसी मन की उदारता को सँभाल नहीं पा रही थी और जहाँ कहीं उदारता छलक जा रही थी। खाना खा चुकने के बाद जब वसुन्धरा कार्णिक उसके रुखे बालों पर हाथ फिराकर जड़ों में तेल लगा देने को उद्यत हुई तो उसने अपने रोम-रोम को सतर्क कर दिया। वह तत्क्षण इस प्रस्ताव में आगे न बोलना चाहती थी। पर उसके चाहने के पहले ही जुबान ने अपने अभ्यास के मुताबिक 'ठीक' कह दिया।

इवा कार्णिक की मुड़ी-मुड़ी लटों की जड़ में इजा की उँगलियाँ सहरने लगीं। इवा कार्णिक ने इजा के घुटनों में अपना चित्त माथा फँसा दिया। खून बेतहाशा माथे में इधर-उधर दौड़ने लगा और उसकी आँखें मुँदने लगीं। वसुन्धरा कार्णिक ने मुँदती-मुँदती पलकों को कोई बाधा न पहुँचे, इस आस में उँगलियों की छुअन को और धीमा कर दिया। उसे लग गया था कि जख्म दिए जाने के पहले सुख के सामान लड़की के लिए अपने हाथों से जुटा चुकी थी वह। उसकी आत्मा से बोझ छँट चुका था। उसकी खुद की भी पलकें मुँदने लगीं लड़की की पलकों की जुगलबंदी में। लड़की ने धीमे-से कहा–"मैं कल दोपहर सर के साथ घूमने गई थी डिज्नीलैंड।"

वसुन्धरा कार्णिक के दो हाथ लड़की के बालों में सहर रहे थे, अलावा इसके दो हाथ और भी, जो आकस्मिक पलों के लिए छिपे थे, जिन्हें कि बढ़ाकर वसुन्धरा कार्णिक ने लड़की के उघड़े हुए को ढक लेना चाहा।

इवा कार्णिक ने दोहराया–"सर के साथ।"

इजा के सम्बोधन से पुकारी जाने वाली स्त्री ने कहा–"चल हो गई मालिश सिर की। बगैर झूठ बोले तेरा एक भी दिन चैन से गुजरता नहीं?"

"सोलह आने इजा।"

"हाँ सोलह आने! चल, मैंने यकीन कर लिया।"

"सच में इजा।"

"मुझे उठने तो दे! सुन लिया।"

इवा कार्णिक ने अपने होंठों से उसके हाथों को छुआया एक पल के लिए और कहा–"एहँ! शाम का पहला झूठ। मालिश करके मुझे नींद में ऐसा ठेल दिया था कि ठीक से निभा नहीं पाई।" बहुत महीन-सा आँसू उसकी आँखों में सूख गया। पर उसकी परछाईं तेजी से नजरें बचाते-बचाते भी इजा की आँखों में दिख गई उसे।

वसुन्धरा कार्णिक ने अपने को दूसरी तरफ पलटकर लड़खड़ाते हुए जोड़ा–"नींद! भूल जा नींद को! सुबह तेरे सर घर आए थे। पढ़ाई में तेरी लापरवाही से बहुत परेशान दिखते थे। और आज वे तेरा सरप्राइज टेस्ट लेने वाले हैं।" लड़की की तरफ मुड़ चुकी वसुन्धरा कार्णिक की संयत गोल-गोल पुतलियों में अब आँसू की छाया की जगह भेद भरी खुसफुसाहट दिखाई पड़ रही थी–"उसके आने में अभी घंटे दो घंटे बचे हैं। जा, तैयारी कर ले!"

"किस चीज की?" जवाब में आई लड़की की फुसफुसाहट जगह-जगह से उघड़ी हुई थी।

"सोशल साइंस की।" वसुन्धरा कार्णिक ने होंठों की बिदबिदाहट को देखकर पढ़ी जा सकने वाली फुसुसाहट में सस्पेंस से परदा उठा दिया।

लड़की दौड़कर अपने कमरे में भागी। वसुन्धरा कार्णिक ने गौर किया कि उसके हाथ खुद-ब-खुद जाकर आँचल के पीछे छिप गए थे। वह चौंकी, किताब को क्या अभी तक आँचल के पीछे ही छिपाए बैठी थी वह! जवाब की तसल्ली में हाथ खाली आँचल से बाहर आए सही, पर उनके पसीने पर किताब के निशान अभी भी मौजूद थे। दूसरे कमरे में तेज उकट-पुकट मची थी। वसुन्धरा कार्णिक चुप रह सकती थी। दबा सकती थी सरप्राइज टेस्ट की बात अपने तक। फिर भी उससे ऐसा हो गया।

लड़की अपने कमरे में तबाही मचाकर उस तक आई–"आप झूठ तो नहीं बोल रहीं! मजाक?"

"नहीं! क्या हुआ?"

"बुक मिल नहीं रही सोशल साइंस की।"

"खोजो! वरना तुम पढ़ कैसे पाओगी!" उसने कहा था। कहा था या कहना चाहा था! शायद उसने कहा था, तभी लड़की ने कहा–"क्या खोजूँ?"

लड़की वापस अपने कमरे में भाग गई। वसुन्धरा कार्णिक आकर ड्राइंग रूम में बैठ गई। उसकी एड़ियाँ काँप रही थीं। उसने एड़ियों को उठाकर गोद में डाल लिया। वह अपने धड़ को सोफे पर पूरी उठंगा कर बैठी थी। उसके भीतर लड़की से रत्ती भर कम उथल-पुथल नहीं मची थी। दूर-दूर तक कोई खुशी नहीं थी न कोई रोमांच ही। वह अपने आपको पूरी सज-धज से नीचे गिरता हुआ देख रही थी। बावजूद इसके उसने अपने को बचाने का कोई प्रयास नहीं किया।

वह अपने पैरों के कम्पन को गिनती हुई बैठी रही। कुछ घड़ी बाद उसे ऐसा लगा मानो अलावा पैरों के कोई और आवाज आ नहीं रही। बगल के कमरे से आती आवाज थम चुकी थी! वह सरपट उठी और बगल के कमरे तक पहुँची। झाँककर देखा उसने । लड़की सो रही थी या ऐसा मान सकते हैं कि अपने बिस्तर

पर लेटी थी। बहुत शान्त सी। चित्त। साँवली। आँखों को साँवले हाथों से ही ढाँपकर।

लड़की का जन्म सातवें महीने में हो गया था। वह एकदम लिकलिक कमजोर-सी थी। उसे रूई के फाहे में सहेजकर पाला गया इस तल्लीनता से कि वह गोरी है कि साँवली किसी के ध्यान में आया ही नहीं। इस सवाल से सामना सबसे पहले लड़की का हुआ और उसकी पहल पर वसुन्धरा कार्णिक को इस सच का भान हुआ।

वसुन्धरा कार्णिक पस्त चाल लौट आई। उसने अपनी आलमारी से किताब निकाली और उसे ले जाकर लड़की के बुकशेल्फ में रख आई। वह सुनियोजित ढंग से जमीन को देखते हुए गई थी और जमीन को देखते हुए ही लौटने की बात भी तय थी इसीलिए ऐन उसके मुड़ते वक्त बुकशेल्फ पर रखी तस्वीर ने ही अपने आप को गिरा लिया जमीन पर। इजा कहलाने वाली स्त्री की आँखें छन्न से उस पर पड़ीं। लड़की टूटकर भी मुस्कुरा रही थी। वसुन्धरा कार्णिक यह भूल गई कि उसे काँच चुनने की बजाय आवाज को चिनगाकर चिल्लाना था—यहीं बुकशेल्फ में तो रखी है किताब ठीक से ढूँढ़ तक नहीं सकती! उफ! या ऐसा ही कुछ भी!

इवा कार्णिक को सत्रह सवाल मिले थे, जिनके जवाब छोटे-छोटे होने थे। एक से दो डेग वाले। जवाब की कंजूसी ही वजह कि वह लम्बे जवाब लिखने के बहाने देर तक कलम चलाते रहने का भ्रम भी नहीं रच पा रही थी। ऐसे में ज्यादा से ज्यादा वह कलम की नोंक को कागज पर टिकाकर सोचने का दिखावा भर कर सकती थी, जो उसने किया। ऊँचे-ऊँचे कन्धे वाला आदमी अखबार पर झुका था। इजा सोफे पर बैठी थी चुपचाप से छत को ताकती—इवा कार्णिक ने पुतली और पलकों के बीच वाली जगह से महसूस कर लगा लिया यह हिसाब।

कलम की बजाय उसके हाथों में अगर पेन्सिल होती तो उसकी नोंक को सुरीली करने के बहाने से वह वक्त को कुछ आगे खींचकर ले जा सकती थी। लेकिन किसके लिए? वक्त को काट लेना उसकी जरूरत थी कि जवाब को कटने से बचा लेना! ऐसे वक्त में उसकी आँखों में आँसू आने चाहिए थे बेबसी के स्वाद वाले, पर आँसू आए नहीं। उसने आँखें बन्द करके दोहराना शुरू किया एक किसी सवाल को मन-ही-मन इस उम्मीद से कि जवाब न सूझने की बेबसी में आँसुओं को आँख तक का रास्ता दिखाया जा सके। पर हुआ क्या!

अभी सवाल अपने को तीन-चार बार ही दोहरा पाया था और आँसू ने आँखों तक की अपनी यात्र शुरू भी नहीं थी कि चार अक्षर का जवाब भयानक आभा के साथ कौंध गया। इवा कार्णिक ने आँखें खोलीं और कॉपी पर पहला जवाब लिखा

और आँखें वापस मूँदकर दूसरे सवाल को मन-मन दोहराना शुरू किया लेकिन इस बार सवाल को तीन-चार बार दोहराने की नौबत नहीं आई। उसके काफी पहले ही सही जवाब की जगह एक आँसू पलकों के पीछे जाकर चिपक गया। इवा कार्णिक को इतनी जल्दी प्रतिक्रिया की उम्मीद न थी। पलकें हड़बड़ाकर खुल गईं और उसने उस बूँद भर आँसू को अपने हिस्से के जवाब की राह देख रहे सवाल के बगल में लाकर धर दिया। इवा कार्णिक को ऐसा लगा मानो उसकी साँसें सीने में समाकर रह नहीं पाएँगी अब आगे। उसने अकबका कर बिना वक्त गँवाए बाकी के बचे रह गए पन्द्रह सवालों के बगल में आँसुओं को धर दिया और कॉपी परीक्षक की ओर बढ़ा दी।

परीक्षक ने चार अक्षर के एक जवाब के आगे सही का निशाना लगाया और बाकी की खाली जगहों को एक सरसरी निगाह से खँगालकर कॉपी बन्द कर दी। उसे तेज आवाज में लड़की की ओर देखकर चिल्लाना था, पर वह कंठ से भीतर की ओर जाने वाली आवाज में वसुन्धरा कार्णिक की ओर देखकर घिसघिसाया–''पुअर स्कोर!'' वसुन्धरा कार्णिक जो छत की ओर देख रही थी, छत की ओर देखते-देखते ही समझ गई कि बात उससे कही गई थी और जवाब में विक्रम आहूजा से बोल पड़ी–''तुमने सुना! सुबह सब्जीवाली बता रही थी कि ट्रक मालिकों की हड़ताल के कारण अगले छह-सात दिन भी सब्जियों के भाव चढ़े रहेंगे!'' ऊँचे कन्धे वाले आदमी ने कॉपी खोलकर उसके आगे बढ़ा दी–''शी हैज स्कोर्ड ओनली।'' वसुन्धरा कार्णिक बिच्छू का डंक खाकर उसकी बात को अधूरेपन में काटती हुई उठी–''तुम पढ़ाई जारी रखो। मैं देखती हूँ कि खाने में क्या बनाना है।''

वसुन्धरा कार्णिक किचन का रास्ता भटककर लड़की के कमरे में जा पहुँची। वहाँ थर-थर काँपने के अलावा एक दूसरा काम जो उसने किया वह था बुकरैक से सोशल साइंस की किताब को निकालकर तसदीक कर लेना कि वाकई उसने जीते-जागते ऐसा छल किया या सोते सपने में ऐसा कुछ देखा भर उसने! किताब के कवर ने उँगलियों की कोर को छूकर बता दिया कि छल वाकई उससे ही हुआ था।

उसने अपने होंठों को बाईं हथेली से ढक लिया, इस मुस्तैदी से मानो उसके जबड़े अचानक दाँतों पर से अपनी गिरफ्त ढीली करने पर आमादा हो गए और वह उन्हें हर हाल में गिरने से बचा लेना चाह रही हो। उसके इस प्रयास से बिखरते दाँतों को तो फिर भी सँभाला जा सकता था पर एक तेज हूक को सँभालना उस जतन के बूते का भी न था। उँगलियों के पोरों से रिसकर आवाज कहीं-कहीं बेपर्दा हो गई थी, जिसे दूसरी हथेली से दबाकर कमरे की जद तक ही रोक लेने में कामयाब हो गई थी वह।

दूसरे कमरे में सोफे पर बैठी इवा कार्णिक इस तरह बेपर्दा होती चीजों को दमसा कर रखने का ढब नहीं जानती थी। वह ढुलढुल आँसुओं के झोंक में सुबकने लगी। ऊँचे कन्धे वाला आदमी सिर झुकाए लगातार उसी कॉपी के खुले पन्ने को देखता था। लड़की की हिचकी की ताल पर उसकी पलकें फड़फड़ाती थीं। वह परख रहा था कि कहीं उसने जरूरत से ज्यादा कठिन सवाल तो नहीं रख दिए लड़की के सामने! कहीं मन–ही–मन वह चाह तो नहीं रहा था कि लड़की के अंक कम आएँ और उसे शर्मिन्दा होना पड़े। उसने दुबारा से पढ़ा तो सवाल सारे उसे आसान ही लगे। अगर वह वाकई वैसा नहीं चाहता था तो चुप तो करा ही सकता था लड़की को। इवा कार्णिक ने अपने आप चुप हो जाने के प्रयास में जोरदार सुबकी ली।

ऊँचे कन्धे वाले आदमी ने अपनी तरफ से कोई प्रतिक्रिया न दिखाने के प्रयास में उस इकलौते सवाल को पढ़ा, जिसका जवाब लड़की ने सही लिखा था। सवाल को पढ़ने पर और उससे सटे जवाब को भी पढ़ने पर उसे लगा कि सवाल कठिन था, जवाब भी। वाकई! लड़की उधर उपसंहार सूचक दबी छिपी सिसकियाँ ले रही थी, इधर परीक्षक उसी सवाल के ऊपर नीचे वाले तमाम सवालों को एक–एक कर कठिन सवालों के खाने में फेंकता जा रहा था। जैसे ही लड़की आखिरी हिचकी लेकर सामान्य हुई, वह इस निष्कर्ष पर पहुँच चुका कि उससे चूक हो गई थी और सवाल दरअसल कठिन थे। उसने कहा–"फिर से सवाल लिखो दूसरे! ये तो बहुत कठिन थे!" लड़की के होंठों ने एक शानदार झूठ का मौका नहीं गँवाया। वह मुस्कुराई। उसकी आँखों में देखकर विक्रम आहूजा के लिए यह यकीन करना कठिन हो गया कि लम्हे भर पहले आती सिसकियों से इस लड़की का कभी कोई सम्बन्ध रहा होगा! उसके भीतर कहीं कुछ चिनगा–कहीं उसे खबर तो नहीं थी अपनी इजा और ट्यूटर के बीच सुबह हुई मंत्रणा की! और शाम भर वह जो सब कुछ कर रही थी वह झूठ तो नहीं! ढोंग!

वसुन्धरा कार्णिक को ऐसा लगा मानो उसके जीवन से सारे स्वर निकल चुके हों और केवल ठस्स व्यंजन वर्ण बचे रह गए हों जिनके बगैर जीवन का कोई सार्थक मतलब न निकले, केवल ठूँठ संकेत खड़े हों जहाँ–तहाँ। और उसका एक हाथ जिस संकेत को उघाड़ रहा होता है, दूसरा उसे ही ढक रहा होता है। अकेले लेटे रहने पर भी वह फैसला नहीं कर पा रही थी कि आखिर वह है किस तरफ! अपने पक्ष में? या अपना ही प्रतिपक्ष? और उसका अपना पक्ष ही कौन सा? लड़की की खुशी का पाला या उसके जख्म का पाला! या कि अलग ही खेमा, जिसमें सिर्फ कुंठाएँ थीं, ईर्ष्या थी, तिकड़म थे।

रात घुटनों तक नींद में धँस चुकी थी एक चूड़ी भर टूटन ने वसुन्धरा कार्णिक को उठाकर बैठा दिया। उसने अपनी दाहिनी कलाई को उठाकर देखने की कोशिश

की। अँधेरे में बगैर चश्मे के भी साफ-साफ दिखा कि चूड़ियाँ थीं नहीं वहाँ। पर चूड़ियों के पहनाए जाने के निशान फिर भी रह गए थे उधर। और वह दर्द भी, जो कलाई में पहनाई जाती एक चूड़ी के टूटने से जन्मा था, उस आवाज के साथ जिसने उसे जगा दिया था और सबसे बढ़कर चूड़ियाँ पहनाने वाले हाथों का खुरदुरा स्पर्श जो सबसे साफ दिखाई दे रहा था। किसके हाथ! उसके पति के नहीं! वह उछलकर बिस्तर से कूद गई। अगले ही पल कमरे में रोशनी थी। उसने अपनी कलाई को गौर से देखा, जो ऊपर से नीचे तक खाली थी। बेदाग भी। बायाँ हाथ उस पर फिराया उसने। टूटी चूड़ी का दर्द अब भी महसूस हुआ कहीं।

तो क्या कोई पिछला अध्याय था उसके अतीत के तहखाने में, जिसने दिन-रात दिमाग पर जोर डालने के बाद उसके सपने में सही, अपनी उपस्थिति दर्ज करानी शुरू कर दी थी! उसके जीवन में कभी कोई था जिसकी शक्ल नहीं कोई, पर जो था! वह नंगे पाँव लड़की के कमरे तक भागकर गई। उसे लगा कि उसके आसपास बल्कि उसके जीवन में ही कहीं बस लड़की ही बची रह गई थी जिसके साथ वह अपने सुदूर अतीत से उड़कर आया खुशी का एक पन्ना बाँट सके, जिस पर लिखा तो कुछ भी नहीं था, फिर भी जिसे पढ़ा जा सकता था। लेकिन एक कमरे के उजाले को लाँघकर दूसरे कमरे के अँधेरे में दाखिल होने के रास्ते के बीचोबीच ही उसे अहसास हो गया कि वह जो करने जा रही थी, उस काम को दरअसल बिना किए ही लौट आना था उसे बीच राह में। इवा कार्णिक के कमरे में मुहार से वापस लौटते समय उसकी चाल में एक इतराहट थी, जो अकसर चलते हुए पेटीकोट के तेज-तेज फड़कने से सूँघी जा सकती है।

वसुन्धरा कार्णिक गमले की मिट्टी को खुरपी से उलट-पुलट रही थी। उसके किसी एक हाथ में सोने की एक पतली चूड़ी थी, जिस पर गीली मिट्टी के दाग उछल-उछलकर लग गए थे, जहाँ कहीं। लड़की उसकी बगल में जाकर बैठ गई।। उसने किसी बहाने से अपने हाथ गमले की कोर पर रखे। आईने में जो दिखता था उस पर एक तुलनात्मक अध्ययन की मुहर भर लगा लेना चाहती थी वह चोरी वाली सरसरी निगाह से। दोनों हाथों में दूरी थी फिर भी चमड़े के अन्तर की पहचान करना वाकई नजर भर का काम ही साबित हुआ। हताशा ने पलक भर के वक्त इतनी सधी तेजी से उसे अपनी गिरफ्त में लिया कि चोरी की बात को भूलकर वह बेलाग पूछ बैठी–''मेरा रंग ऐसा कब तक रहेगा?''

वसुन्धरा कार्णिक ने चौंककर पहले उसे देखा, पीछे दोनों हाथों को। तीन अलग-अलग भाव क्रम से उसके मन में आए। सबसे पहले ममता, उसके पीछे अपराध बोध और उसके भी पीछे कुटिल-सी खुशी। उस तीसरे भाव के चंगुल में फँसकर उसने साँस छोड़ी–''जन्म का रंग साथ कैसे छोड़ सकता है!''

लड़की ने अपने हाथ खींच लिए। वह बगैर वक्त गँवाए अपने कमरे की ओर भाग गई। वसुन्धरा कार्णिक ने बहुत लम्बी-सी गम्भीर साँस ली। उसका मन हलका हो गया और वह मिट्टी को दुगुने उत्साह से उकटने लगी। ऐसे छलके उत्साह से कि पौधों की नाजुक जड़ों को खुरपी की धार से बचने के लिए अपने आप में अपने-आपको छिपाना पड़ा। फिर भी गमले कम पड़ गए। और उत्साह बचा ही रह गया। पड़ोसियों के गमले का भी विकल्प था पर विवेक ने उत्साह की कलाई दबा दी। वसुन्धरा कार्णिक सजग हुई अवश्य पर उत्साह में फीकापन नहीं झलका। उसने साड़ी का पल्लू कमर से निकाला और गमले पर पोतने के लिए गेरुआ रंग खरीदने वह चौक तक चल दी।

दुकान से दो कदम पीछे रह जाने पर उसे खयाल आया कि पैसे लेना वह भूल गई। फिर भी उसका उत्साह नहीं कुम्हलाया। वह घर तक लौटी वापस। दुबारे के रास्ते में उसकी मुट्ठी में गेरू के लायक पैसे थे। गेरू के खरीदे जाने तक, घर वापस आने तक, उसके पानी में घुलाए जाने तक, गमलों की रँगाई शुरू किए जाने तक उत्साह की मात्र टस से मस नहीं हुई। पर अभी एक तिहाई ही गमले रँग पाए कि अचानक उसका उत्साह खत्म हो गया। ब्रश चलते-चलते अचानक थम गया। रँगे जाते हुए गमले में तीन चार अंगुल भर ही जगह बची रह गई थी बेरंगी। पर ब्रश जहाँ रुक गया था उसके आगे एक कदम भी चलने से उसने इनकार कर दिया। वसुन्धरा कार्णिक ने बहुत प्रयास किया—अपने मन को ठुकठुकाया। हारकर उसे उलट भी दिया कहीं किसी कोने में दुबके रह गए तीन चार अंगुल भर उत्साह की तलाश में, पर मन एकदम खाली था। बूँद भर की भी गुँजाइश नहीं थी। वसुन्धरा कार्णिक ने हारकर अधरँगे गमले के आगे से अपने को उठा लिया। ब्रश पीछे जमीन पर ही पड़ा रह गया।

वसुन्धरा कार्णिक अपने कमरे में आकर उकड़ूँ बैठ गई कि लेट गई। कुछ घड़ी ठहरकर किचन से बरतन के निकाले जाने की, खाना परोसे जाने की, परसन लिए जाने की, थाली वापस धोए जाने की, बरतन रखे जाने की छिटपुट आवाजें आती रहीं। वसुन्धरा कार्णिक हिली नहीं। लड़की के कमरे से कपड़े बदलने की, दो-दो चोटियाँ गूँथने की, ट्यूब को खोजकर ट्यूब तो खो चुकी है, यह याद करने की आवाजें आती रहीं। वसुन्धरा कार्णिक हिली नहीं। ड्राइंग रूम से गहरे-गहरे कदमों से किसी के चलने की, घर का दरवाजा खोलने की, बाहर निकलकर फिर से उसे सटा देने की आवाजें आती रहीं। वसुन्धरा कार्णिक बस हिली नहीं।

वह उछलकर बिस्तर से उतर गया। बिना क्रीम वाले साँवले चेहरे में लड़की के विदा ले चुकने के बाद वसुन्धरा कार्णिक ने लपककर दरवाजा बन्द कर दिया। उसके पास एक खतरनाक इरादा था। उसने आईने को अपने आगे खड़ा कर दिया।

उसने अपने बालों से जिम्मेदारी के भार से अर्धवृत्ताकार हो चुके क्लिप को निकाल फेंका। बालों में बेमौसम एक तिरछी क्यारी निकल गई और वसुन्धरा कार्णिक अपनी आँखों में आँखें डालकर सरपट दो चोटियाँ गूँथती चली गई।

अगली छापामारी में साड़ी के पिन को निशाना बनाया गया। साड़ी को नाभि के पास से एक बार पकड़कर बेदखल कर दिया जाए तो साड़ी लगभग खुली चुकी मान ली जा सकती है। वसुन्धरा कार्णिक ने अपने चालीस साल के अनुभव की बिना पर साड़ी को सबसे कम समय में पूरी तरह खोल देने का शॉर्टकट अपनाया। वह साड़ी के फंदों को तड़पकर इवा कार्णिक की आलमारी तक दौड़ गई।

लड़की के तूफानी स्कर्ट्स, जींस और नाईटसूट के बीच से कुरता-सलवार का जोड़ा बीनना था कठिन पर उसकी पकड़ में एक सलवार की मोहरी आ ही गई। सलवार में साढ़े तीन मीटर कपड़े दुबके पड़े थे। पर उसकी जोड़ का पटियाला कुरता वसुन्धरा कार्णिक को अपने में कभी भी समा नहीं पाता। एक दूसरे, जिप से खुल सकने वाले कुरते की जिप खोले वह गले के रास्ते प्रवेश तो कर सकती थी पर कमर के ऊपर आकर यहाँ भी बात अटक जाती थी। वह वापस उसी रास्ते कुरते से बाहर आ गई और उसने अपने शरीर के अगले हिस्से के आगे कुरते को बस खड़ा कर दिया और उसके पीछे से झाँककर आईने को इस भ्रम में डालने के इरादे से देखने लगी मानो उसने कुरता सच का पहन ही रखा हो! इस भ्रम के सीने पर दो चोटियाँ डुलाते हुए अपने आपको अतीत के तहखाने तक खींच ले जाकर अपनी खोज को जारी रखने का जुनून, अपनी दयनीय पहचान को टुकुर-टुकुर तकने के अभियान में बदल गया।

शाम गहरा गई थी और लड़की अभी तक लौटी नहीं थी। वसुन्धरा कार्णिक को ऐसे वक्त में घर के दरवाजे पर होना चाहिए था चहलकदमी करते हुए और उसकी धड़कन को सीने से बाहर आकर धड़कना चाहिए था अपनी गति की सीमा लाँघकर। पर वर्तमान में वसुन्धरा कार्णिक अँधेरे कमरे में लेटी थी और उसका दिल भी टिम टिम किस्म का धड़क रहा था। अचानक कमरे की बत्ती जली और वसुन्धरा कार्णिक की पुतलियाँ बहुत धीमे-धीमे मुड़ीं उस तरफ, जहाँ से आवाज आई–"आप ऐसे लेटी हैं! मेरे कमरे में!"

एक सवाल यहाँ किया जा सकता था–"तुम भीतर कैसे आई!"

"दरवाजा खुला था। मैं अन्दर आ गई।"

एक सवाल यहाँ किया जा सकता था–"कहाँ थी इतनी देर तक?"

"स्कूल के बाद सर के साथ चली गई थी।"

एक सवाल यहाँ किया जा सकता था–"किससे पूछकर?"

"आप इतनी चुप क्यों हैं? तबीयत।"

एक सवाल जो यहाँ नहीं किया जा सकता था–"शाम हो गई क्या?"

"रात होने वाली है।"

वसुन्धरा कार्णिक बहुत आहिस्ता-से उठकर बैठ गई। लड़की उसके पास आकर बैठ गई–"दरवाजा खुला कैसे रह गया।"

"भूल हो गई होगी! तेरी ट्यूशन का वक्त।"

लड़की ने चहककर कहा–"वे अब नहीं आएँगे। कल सुबह वे शहर छोड़कर जा रहे हैं।"

एक सवाल जो यहाँ कतई नहीं किया जा सकता था–"नहीं आएँगे! मतलब?"

लड़की ने पलकें झपकाईं–"यहाँ नहीं आएँगे!"

एक सवाल जो यहाँ नहीं किया जा सकता था–"कैसे नहीं आएँगे?"

"जैसे नहीं आया जाता है वैसे ही।"

एक सवाल जो यहाँ कभी नहीं किया जा सकता था–"मेरा क्या होगा?"

लड़की ने मुस्कुराकर कहा–"आप दो चोटियों में अच्छी लगती हैं।"

वसुन्धरा कार्णिक के होंठों के बीच फाँक बन गई और उसके हाथ चोटियों की जड़ तक जाकर बन्धन को खोलने लग गए। होंठों की फाँक में तसल्ली थी कि पन्द्रहवें-सोलहवें-सत्रहवें साल से खौफ का काँटा निकल गया था। चोटी की जड़ में हूक थी कि काँटे की वजह से उसकी सफेद जिन्दगी में ईर्ष्या, तलाश, बेचैनी, दर्द के जो रंग आए थे, वे सब अब नेपथ्य में चले जाएँगे फिर से और हलचल की अगली तलाश तक वापस जिन्दगी सफेद होगी। कोरी।

लड़की मुस्कुराई, हालाँकि गैर तैलीय त्वचा पर हल्की मूँछों का मौसम था और छनछनाहट होती थी होंठों के ऊपर, मुस्कुराने में। फिर भी, उसके होंठ कहते थे कि अब तक जो कुछ भी उसने कहा, वह सिरे से सच था। लड़की की आँखों में पारदर्शी कुछ चमक रहा था। उसकी आँखें सुनती थीं कि होंठ जो कह रहे थे वह पाँव तक झूठ था।

रात अभी भी हल्की साँवली थी। वसुन्धरा कार्णिक अभी भी खड़ी थी, पर अपने कमरे की खिड़की से लगकर। और बहुत घड़ी बाद उसे होश आया कि वह हाथ खिड़की से बाहर फैलाए खड़ी थी। यह उसके जीवन की सबसे भयानक नाटकीय मुद्रा थी, पर इसकी सुध आने पर भी वह अपने हाथों को वापस नहीं खींच सका। हाथ अकड़ गए थे कि मच्छरों ने आगे बढ़े हाथ पर धावा बोल दिया था। कुछ भी। फिर भी।

बल्कि वह रात को जागी ही थी, यह तक यकीन से नहीं कहा जा सकता। उस रात का यकीन बगल के कमरे से आते महीन पन्द्रह साला खर्राटे पर टिका था। जमाने बाद लड़की सो रही थी, जबकि वसुन्धरा कार्णिक जाग रही थी या शायद

सो नहीं रही थी। जो भी था, सुबह हो चुकी है यह सूचना रात को पहले पहल उसने ही दी।

और सूचना देने के फौरन बाद वह घर से बाहर निकल गई। गंतव्य तक पहुँचने के पहले की उसकी उधेड़बुन एक असरकारी वाक्य तलाशने की थी, जिससे कि शहर छोड़कर जाते हुए किसी व्यक्ति को रोककर रख लिया जाए, पर वहाँ पहुँचने के बाद की उसकी उधेड़बुन उससे भी ज्यादा असरकारी वाक्य तलाशने की थी, जिससे कि कुछ भी छोड़कर कहीं भी जाने का कोई खयाल न रखने वाले आदमी के आगे अपनी इस कुसमय उपस्थिति को जायज साबित किया जा सके।

इतवार के दिन वह चाहती थी कि लड़की को दिन में भी पढ़ाया जाए जैसा कुछ। वसुन्धरा कार्णिक ने गौर किया था कि लड़की के नाम से जरा भी सम्बन्ध होने पर झूठ अपने को खुद-ब-खुद गढ़ लेता था। लड़की के नाम का जिक्र आते ही उसकी मुट्ठी बँध गई। मुट्ठी के साथ धोखा हुआ था!

विक्रम आहूजा जागकर उठा था। वसुन्धरा कार्णिक ने घर पर नजर दौड़ाई। घर को 'कहीं जाना है' की खबर तक नहीं थी। हालाँकि वह ड्राइंग रूम में थी और उस कमरे में ऐसा कोई सामान अमूमन हुआ नहीं करता था, जिसकी सज-धज को घर के मालिक के पलायन का प्रतीक करार दिया जा सके। फिर भी उसने सूँघ लिया दीवारों से कि जाना वाना किसी को नहीं था। इतने के बावजूद भी उसने पूछ लिया– "कहीं निकलना तो नहीं तुम्हें?"

विक्रम आहूजा को भी कैसे तो लग गया कि उस सवाल का जवाब नहीं देने से भी काम चल जाएगा उतने ही कदम, जितने कि जवाब देने से चलता।

विक्रम आहूजा को तुरन्त फिर से एक बार कैसे तो लग गया कि वह इतनी सुबह-सुबह उसे अपने साथ ले जाने ही आई है। वह चार उँगलियों की लचक से आगन्तुक को बैठाकर अपने को तैयार करने भीतर की तरफ भागा।

वापसी के रास्ते में वह विक्रम आहूजा के आगे-आगे खरहे की तरह फुदक रही थी। वह खूब गहरी-गहरी साँसें ले रही थी और उसे लग रहा था कि रोज सुबह ताजा हवा में सैर न करके उसने कितने तो स्वास्थ्यवर्द्धक पल गँवा दिए। अपार्टमेंट में नीचे बित्ते भर की गुलदाउदी पसरी थी। उन्हें भर आँख देखकर उसे अहसास हो रहा था कि उसने अपनी बागवानी में कोताही कर कितने तो बित्ते बित्ते भर के अचम्भे गँवा दिए। एक साँस में और एक नजर भर में इतनी चीजें गँवा देने के बाद भी वह खुश थी। वह साड़ी के फन्दों के नीचे दोनों एड़ियाँ जोड़कर और अँगूठे छितरा कर चल सकती थी या कि अँगूठे ही जोड़कर और एड़ियाँ छितराकर। उसने पीछे घूमकर कहा फिर से या पहली बार पता नहीं। कुछ भी। फिर भी उसने कहा–"तुम्हें कहीं जाना तो नहीं था?"

जवाब जानने के लिए उसे कानों की नहीं आँखों की जरूरत पड़ेगी। वह जानती थी। उसने विक्रम आहूजा को न में गरदन डुलाते हुए देख लिया, तब आँखों को वापस मुड़ने की राह पर डाला उसने लगभग अपने आप को गिरा हुआ ही महसूस किया। विक्रम आहूजा ने कूदकर उसे सँभालना चाहा, पर तब तक एड़ी मुड़ चुकी थी!

"क्या हुआ?"

"छल! क्या तुम भी इसमें शामिल थे!"

"जी?"

वसुन्धरा कार्णिक ने सिर झुका लिया–"कुछ नहीं। गड्ढा था।"

विक्रम आहूजा ने उसके चेहरे को पहली बार देखा, खुलेपन में। उसे लगा, वह किसी अजनबी भाषा में सरपट बुदबुदाई कुछ। विक्रम आहूजा ने आँखों को बन्द कर फिर से खोला। उसे लगा कि हालाँकि सामने वाली स्त्री से पूछा नहीं गया उसके पहले के कहे का मतलब फिर भी वह गालों में गड्ढे धँसाकर मुस्कुराई, बस। उसने याद करने की कोशिश की कि उस स्त्री के गालों पर गड्ढे पहले कभी पड़ते भी थे क्या! पर जवाब में उसे आयरिश गड्ढों की गहराई ही याद आई केवल! उसने देखा, वसुन्धरा कार्णिक उससे फर्लांग भर आगे निकल चुकी थी। उसे लगा कि बादलों का एक गुच्छा बिना उसके छुए ऊपर से निकल गया।

अपने घर के भीतर घुसने के लिए वसुन्धरा कार्णिक को दरवाजे पर दस्तक भी नहीं देनी पड़ी। परदा दरवाजे का, घुटने उठाकर लहरा रहा था। लड़की ड्राइंग रूम में पार्टिशन के उस तरफ किताबें बिखराकर अध्ययन कक्ष की परिकल्पना साकार किए तैयार बैठी थी। ऊँचे कन्धे वाले आदमी को मालूम था कि उसे कहाँ बैठना है मंच पर। उसने बैठते ही सामने की किताब उठा ली। रोशनी का घेरा उन दोनों के ऊपर से उठ चुका था। वसुन्धरा कार्णिक पार्टिशन के उस पार भीतर की तरफ बढ़ गई।

उस पार कदम धरते ही दीवार मिल गई, जिससे टिककर नीचे-नीचे और नीचे ढहना सम्भव हुआ। बैठते ही वसुन्धरा कार्णिक का जूड़ा ढलककर खुल गया पूरी तरह बाल की लम्बाई में। परदों की ढंकास से आती अलसाई रोशनी में अन्धकार का एक सुडौल वृत्त, उसके चेहरे की नाप-जोख का, सामने खड़ा हो गया। वसुन्धरा कार्णिक ने अपने डिम्हे के बंजर भूरेपन में उस वृत्त को देखा। आईने के सुकून से।

धोखा था यह! पर उस प्रजाति का जो खाए जाने के लिए ही बना था। अँधेरे के वृत्त में जो चेहरा दिखता था वह जवान था। वसुन्धरा कार्णिक हड़बड़ा गई। उसने दोनों हाथों से आईने को पकड़ लिया और उसे हिला-डुलाकर हर ऐंगल से सच को

परखने लगी। पर सच वही था। जवान जवान और जवान होता जाता चेहरा, वसुन्धरा कार्णिक के हाथों से हड़बड़ी में आईना छूट गया और उसने दोनों हाथों से अपने चेहरे को थाम लिया। पर आश्चर्य कि आईना टूटा नहीं! टूटा नहीं क्या वह गिरा तक नहीं! गिरा नहीं भी नहीं, बल्कि वह डिगा तक नहीं अपनी जगह से। वह टँगा रहा उसके चेहरे के सामने, जवान चेहरे के सामने।

वसुन्धरा कार्णिक घिसटकर उसके और करीब सिमट गई। इतनी कि उसकी नाक की नोक से आईने के उस पार वाले जवान चेहरे के गालों में गड्ढे पड़ जाएँ। पर हुआ उलटा। आईने के भीतर की पलकें वसुन्धरा कार्णिक के चेहरे पर लकीरें खींचने लग गईं। वसुन्धरा कार्णिक ने उँगली के पोर से उन्हें मिटाने की कोशिश की पहले।

फिर उन निशानों की जिन्हें उम्र की पलकों ने उगा रखा था उसके अपने चेहरे पर। पर मिटने की बजाय वे लेपाने लग गईं चेहरे पर। वसुन्धरा कार्णिक को बल्कि ऐसा दिखा आईने में कि लड़की आ गई वहाँ—अपनी उँगलियों से फेयरनेस क्रीम को चेहरे पर लपेसती लड़की।

वसुन्धरा कार्णिक के सीने को बाँस की खपच्ची के तीखेपन से छीला किसी ने। उसे दुनिया अच्छी नहीं लगी। उसने दाहिनी हथेली को बढ़ाकर आईने के वृत्त को ढँक दिया। उसका माथा नीचे झुका। नीचे उस रोज के टूटे फोटो फ्रेम के काँच का एक कोई टुकड़ा रह गया था, उसके चुनने से बचा हुआ कोई दूसरा वक्त होता तो वसुन्धरा कार्णिक चौंक सकती थी। घर की सफाई में हुई अपनी इस चूक से। पर इस वक्त उस टुकड़े ने उसे समेट लिया। टुकड़े के तीखे कोरों से कटी तस्वीर में आड़ी-तिरछी झुर्रियाँ और एक मोटी सफेद लट थी।

वसुन्धरा कार्णिक ने आँखें बन्द कर लीं। उसे चुनना था किसी एक को। गरदन उठाकर अँधेरे के वृत्त को या गरदन झुकाकर काँच के टुकड़े को। उसे आगे जाना था कि लौट जाना था पीछे। वसुन्धरा कार्णिक ने गरदन ऊपर उठाकर आँखें खोल दीं। पिछला अगले पर भारी पड़ा था। फैसला हो चुका था। पर अँधेरे का वृत्त नहीं था वहाँ कहीं भी! आईना नहीं था न शक्ल कोई! उसने भयानक चेहरे से दोनों हाथों को खोलकर घुमाया हवा में। तलाश। कहीं कुछ नहीं था। उसकी साँसों से एक तेज चिघ्घार की परछाईं निकली।

वह खड़ी हो गई।

डगमग।

उसने डग बढ़ाए दोनों हाथों से।

फिर भी कुछ नहीं था।

कुछ था!

उसके पैरों में कोई टुकड़ा चुभा।

या ऐसा ही कुछ भी।

वह बिलबिलाकर नीचे बैठ गई।

उसका माथा घुटने पर ढुलक गया था।

उसने एक उँगली को जमीन पर डग भर आगे बढ़ा दिया, किसी तीखे कोर वाले टुकड़े की तलाश में।

चश्मे की वैतरणी

हरीचरन प्रकाश

अम्मा के बेटे ही बेटे थे। किसी समय अम्मा कहा करती थीं कि उनके एक बेटी भी होती तो अच्छा होता, कोख पवित्र होती। ऐसा वह उस समय कहती जब बेटियों वाले माँ-बाप मौजूद रहते। ईश्वर उनके बेटों को बुरी नजर से बचाए।

बेटों को समय-समय पर उनके स्वास्थ्य के लिए चिन्तित होना और खीझना पड़ता था चूँकि अम्मा उनकी चिन्ता का तिरस्कार करती थीं। अम्मा को क्रॉनिक ब्रोंकाइटिस और साथ में ब्लडप्रेशर था जिसकी दवा आजीवन चलनी थी। लेकिन अम्मा दो-चार दिन दवा खाकर छोड़ देतीं और तकलीफ में रहकर भी यह जाहिर करती थीं कि उन्हें कुछ नहीं हुआ है। बहुत कहने पर कहतीं, 'अरे अब कितने दिन की जिन्दगी?' और यह कहते हुए भी उन्हें बहुत दिन बीत गए थे। लड़के परेशान होते, बहुएँ उनसे भी ज्यादा। सबकी इच्छा थी कि अम्मा सम्पूर्ण स्वास्थ्य के साथ दिवंगत हो, घुरचकर न मरें। कौन करेगा अगर बिस्तर पर ही पाखाना-पेशाब होने की नौबत आ गई? इसी समय सबके मन में पापा की तारीफ जागती। क्या आदमी थे, एक सिंगल हार्टअटैक और चल बसे।

गोरे लम्बे छरहरे दरोगा जी। अम्मा उन्हें शुरू से आखिर तक 'दरोगा जी' कहती रहीं। इससे अलग कुछ कहने की नौबत नहीं आई। दरोगा जी पूरी नौकरी लड़ते-भिड़ते रहे, किसी मूल्य के लिए नहीं, वरन् ऐंठ के लिए।

एक बार उनके एक एस.पी. ने कहा, 'दरोगा जी, सुना है इस केस में आपने दस हजार रुपये ले लिए हैं?'

दरोगा जी ने जवाब दिया, 'सर, सुनी-सुनाई बातों पर यकीन न कीजिए। लोग तो यह कहते हैं कि दस हजार मैंने लिए और बीस हजार आपने।'

ऐसा कहते समय दरोगा जी ने कप्तान साहब को भरपूर नजरों से देखा। उनकी आँखें खास थीं। बड़ी-बड़ी लेकिन सुन्दर नहीं। बेधक, आगे की ओर निकलती आँखों में सदैव एक विस्मय का भाव बना रहता कि लोग भला उन्हें दबाने के चक्कर में क्यों पड़ते हैं!

दरोगा जी न्याय के लिए लड़ते, अगर न्याय उनके द्वारा किया जा रहा हो। वह अन्याय के पक्ष में लड़ते, अगर अन्याय उनके द्वारा किया जा रहा हो। यही करते-करते जब वह दरोगा के ही पद से रिटायर हुए तब उन्होंने विदाई पार्टी में कहा कि वह जीवन भर संघर्ष करते रहे और स्वाभिमान के साथ नौकरी की।

जब सबसे बड़ा बेटा शादी लायक हुआ तब दरोगा जी ने एक छोटे-से प्लॉट पर छोटा-सा मकान बनवाया। वह नहीं चाहते थे कि किराए के मकान में या थाने के क्वार्टर में कोई लड़की वाला आए। जैसे-जैसे लड़कों की शादी होती गई, वह अपने मकान से विदा करते गए। शादी होते ही वह लड़के की गृहस्थी अलग कर देते थे। अलग रहो, बनाओ खाओ। स्वतन्त्र परिवार सुखी परिवार। प्यार-दुलार के लिए या तो वह लड़कों के घर कभी चले जाते या उन्हें बुला लेते। बहुएँ भी सास-ससुर से खुश थीं जो उन पर बोझ नहीं थे।

रिटायरमेंट के बाद जब तक दरोगा जी जीवित रहे तब तक अम्मा दवा खाने में बहुत नियमित रहीं। गोली और पानी लेकर वह समय से उनके पास खड़े हो जाते। अम्मा दवा खाने में पहले कुछ इस तरह के हीले-हवाले करतीं जैसे दूध नापसन्द करने वाले बच्चू दूध पीने से पहले माँ को हैरान करते हैं। इस पर दरोगा जी कहते, 'रात भर खाँस-खाँसकर सोने नहीं देती हो। चुपचाप गोली खाला।'

'तुम अपने सोने के स्वार्थ में मुझे दवा खिलाते हो।'

'हाँ' आराम से दरोगा जी कहते। वैसे भी उनका विचार था कि मरीज को दवा और सेवा की आवश्यकता होती है न कि सहानुभूति की।

इस व्यवहार के बाद अम्मा चुप हो जाती थीं। जब दरोगा जी नौकरी में थे तब भी दवा-इलाज के मामले में वह पति पर निर्भर थीं। लड़के बिगड़ न जाएँ, इस खयाल से दरोगा जी ने थाने की तैनातियों या अन्य तैनातियों पर परिवार को कभी अपने साथ नहीं रखा। वैसे भी जल्दी-जल्दी उनके ट्रांसफर होते थे। अम्मा लड़कों के सहारे घर-गृहस्थी, हारी-बीमारी तथा नाते-रिश्तेदारी का काम बखूबी करती थीं। लेकिन खुद बीमार पड़ने पर डॉक्टर के पास न जाकर पति की प्रतीक्षा करतीं। दरोगा आते, दिखाते और जाते।

अम्मा जब वृद्ध दम्पत्तियों में सामान्य रूप से प्रचलित वाक्य के अनुसार कहतीं कि उनकी कामना है कि पहले वही मरें तो साथ में यह भी जोड़ देतीं कि उनके मरने के बाद दरोगा जी की सारी अकड़ ढीली हो जाएगी। इस पर दरोगा जी लगभग

धमकाते हुए कहते, 'मैं धड़ाम से जाऊँगा। फिर करना इन साले जोरू के गुलामों की गुलामी!'

'मैं क्यों करूँगी किसी की गुलामी? मेरे हाथ पैर नहीं हैं या मेरा आदमी निकम्मा है?'

दरोगा जी जब बेटों को जोरू का गुलाम कहते थे तो इसके पीछे किसी तथ्य या सत्य होने की चिन्ता नहीं करते थे। बेटों का गाहे-बगाहे जुतियाना बाप होने का लक्षण था। उनके बेटे ऐसे कोई जोरू के गुलाम भी नहीं थे। वे शरीफ किस्म के लोग थे जो गृह-गृहशान्ति के लिए अकसर पत्नियों की बात मानकर सुख की साँस लगातार लेना चाहते थे।

'जनखे हैं साले।' दरोगाजी भन्नाकर कहते।

बहुएँ कहतीं कि अगर एक्को बेटी होता तो झुककर चलना जान लेते। चार के चार गऊ ऐसे लड़के, चाहे जितना बमक लें। बेटों की स्थिति इस मामले में विचित्र ही थी। माँ-बाप का दबैल और जोरू का गुलाम एक साथ होना किसी भी पुरुष के लिए बड़े कौशल का काम है।

दरअसल, अंड-बंड बकना दरोगा जी की आदत हो गई थी और जब पोते-पोतियाँ बड़े होते हुए तो वह इस आदत का आनन्द उठाने लगे। ऐसे में अम्मा की और मुसीबत हो गई। बात सँभालने के लिए वह पति की बदजुबानी का प्रतिवाद सबके सामने दिखा-दिखाकर करने लगीं।

'अरे आपकी जुबान पर लगाम नहीं है। इतने अच्छे बेटे-बहू भगवान किसको देता है? बच्चो, अपने बाबा की बात न सुनो। सठिया गए हैं।'

इस पर दरोगा जी ह...हो...कर हँसते थे। असल में वह अपनी अशालीन स्वतन्त्रता के प्रदर्शन का कोई मौका नहीं चूकते थे, उनकी बला से अगर किसी के दिल पर चोट पहुँचे!

इसका असर अम्मा पर भी पड़ा। कभी-कभी वे भरे-पूरे घर में भी किसी से पानी तक नहीं माँगती थीं। सारा काम अपने हाथ से करने में जुटी रहती थीं। इससे सबको सुख तो था लेकिन बहुएँ इसको एक किस्म की प्रच्छन्न प्रतिद्वन्द्विता भी समझती थीं।

कभी-कभी दरोगा जी कहते कि क्या ही अच्छा हो कि मरते समय किसी का अहसान न लेना पड़े। एक सेकेंड में मामला रफा-दफा हो जाए। इस पर जब अम्मा उन्हें फटकारतीं तो वह उसी तरह ह...हो...कर हँसते फिर एकदम से गम्भीर होकर कहते, 'अपना घर छोड़कर दूसरे के घर न जाना। यह मकान तुम्हारे नाम है। कोई तुम्हें निकाल नहीं सकता। जिसे सौ दफे गरज होगी वह तुम्हारे दरवाजे पर आएगा।'

मृत्यु के बारे में दरोगा जी का कथन इस तरह से सच होगा, किसी ने सोचा न था। सीने में तेज दर्द और ठंडे पसीने के बीच जब वह मिनटों में मरे तब अम्मा

उनके साथ अकेली थीं। दो बेटे इसी शहर में बैंक मैनेजर और वकील थे। बाकी दोनों बेटे बड़ी प्राइवेट कम्पनियों में नौकर थे और बाहर रहते थे। स्थानीय बेटों के साथ आए डॉक्टर ने केवल मृत्यु की पुष्टि की। रोती हुई माँ को सँभालने के बाद जब क्रिया-कर्म की तैयारी होने लगी तो अम्मा ने बड़े बेटे के हाथ में रुपयों की गड्डी रखते हुए कहा, 'इसी से सब करना।'

बेटों के चेहरे पर एक छाया उभरी और चली गई। कुछ देर बाद चार कन्धे पर चढ़े पति को देखकर अम्मा एक बार कसकर रोईं, फिर खाँसते-खाँसते चुप हो गईं।

अब अम्मा के रहने का बड़ा सवाल आ गया था। वह अपना घर छोड़ने को तैयार नहीं थीं। कुछ दिन तक तो एक-एक परिवार उनके साथ रहा लेकिन फिर सबकी अलग-अलग साँचों में ढली जिन्दगियाँ थीं। कब तक चलता? लिहाजा, बेटे माँ के लिए सहारा खोजने में जुट गए और कामयाब हुए। एक साड़ी भंडार में साड़ी दिखाने और तहाने वाले मासिक मजदूर जैसे इनसान ने शादी कर ली थी और उसे आवास की तलाश थी। गाँव से आई बीवी को उस गन्दे-पुराने मुहल्ले की एक निहायत ही दुर्गन्धमय कोठरी में रहने में ठीक-ठीक ही तकलीफ थी। इसी तकलीफ के बीच उसने एक बच्चा भी पैदा कर लिया था। अब जब भी वह लम्बी साँस लेती, थूकती जरूर।

खुली जगह पर एक कमरे का पूरा मकान ढूँढ़ते-टकसते इसके पति को जब दरोगा जी के मकान के पीछे के एक कमरे में जिसका दरवाजा भी पीछे ही खुलता था, बहुत कम किराए में रहने की जगह मिली तो लगा कि जैसे मुफ्त का सौदा हो गया। शर्त यह थी कि दोनों जने वक्त जरूरत माँ की चाकरी करेंगे जो कि कुल मिलाकर बहुत बड़ा काम नहीं था। औरत झाड़ई-बुहारू कर देती थी, आदमी सौदा-सुल्फ लाने लगा था। अम्मा तो कहती ही थीं कि वह आराम में हैं।

लेकिन यह तो अम्मा की आदत थी। उन्हें जबरदस्ती दवा खिलाने वाला कोई नहीं था। हाँफते-हाँफते वह बेहाल रहतीं, उनके दाँत बेकाम होकर टूट गए थे। नतीजतन, दाल में रोटी भिगोकर गलाती और खाती रहीं। बेटे डेन्चर लगवाने की जिद करते तो कहतीं, 'मुझे घिन आती है इस दाँत से।'

इस पर लड़के चिल्लाते तो उल्टा शिकायत करतीं, 'तुम लोग तो अपने पापा की तरह डाँटने लगे हो। यह कौन-सी बात हुई?'

खीझकर बेटे कुछ और कहने को होते फिर मन ही में कहकर रह जाते। अलबत्ता अम्मा चश्मे के नम्बर के बारे में पूरी तरह सतर्क रहतीं। थोड़ा-सा कम दिखाई पड़ने पर वह डॉक्टर के यहाँ जातीं। उन्हें धुँधलेपन से उलझन होती थी। वह सब कुछ साफ-साफ देखना चाहती थीं।

माँ का स्वास्थ्य यूँ तो थोड़ा नरम-गरम चलता ही रहता पर बीच-बीच में वह कसकर परेशान हो जाती थीं। वह अपनी ओर से बेटों को तकलीफ की खबर नहीं

देती थीं। वह चुनौतीपूर्ण आत्मनिर्भरता उन्होंने अपने पति से प्राप्त की थी। किराएदार ही परेशानी समझकर बेटों को खबर देता था।

वकील या मैनेजर में से कोई न कोई आता और माँ को ठीक करने के लिए अपने घर ले जाता। दवा-इलाज में कोई देर नहीं होती। डॉक्टर मुस्कुराकर शिकायत करते, 'माँ जी, आप ढंग से दवा नहीं खातीं।' अम्मा खिन्न होकर उत्तर देतीं, 'कितनी दवा खाएँ डॉक्टर साहब? खाते ही बेचैनी होती है। पूरा बदन चुनचुनाता है।'

इस बात पर सब मिलकर ऐसे मुस्कुराते जैसे बड़े बच्चों की नादानी पर मुस्कुराते हैं।

ताकत के लिए पीने वाले टॉनिक की शीशी खुलते ही माँ वितृष्णा से मुँह बनातीं तो भावशून्य नरमी के साथ बहू कहतीं, 'अम्मा, टॉनिक मीठा होता है।'

भावशून्य नरम बर्ताव के मामले में आमतौर पर बहुएँ बेजोड़ थीं। सारी बहुएँ माँ की हाँ के बाद ब्याह कर आई थीं। लेकिन दरोगा जी के गृहस्थी अलग करने के फॉर्मूले के कारण न तो सास-बहू के बीच ममत्व का कोई सम्बन्ध बन पाया और न ही झगड़े-लड़ाई का। हाँ, ताना-तिस्का बहुओं की ओर से जरूर चलता रहा। दरोगा जी अपने ही संग-साथ में माँ को इतना लगाए रहते कि जचगी जैसे जरूरी मौकों पर भी सास बहुओं के बहुत काम न आ पाती। बहुएँ पतियों को याद दिलाने का कोई मौका न चूकतीं कि अगर मायका मजबूत न होता तो न मालूम उनकी क्या गति होती।

कोई भी बेटा यह सुनिश्चित नहीं कर सकता कि उसकी बीवी सास से प्यार करे। तकदीर के भरोसे वह यही तय कर सकता है कि उसकी माँ की इज्जत हो। इस इज्जत पर बेटे दबी-ढँकी निगाह रखते थे।

बहुएँ नाप-तोल कर सास की इज्जत करती थीं। समय पर चाय-नाश्ता और समय पर खाना। 'कुछ और चाहिए' बच्चों से पुछवातीं। नमक भी खत्म हो जाए तो हँसकर आश्चर्य व्यक्त करतीं कि इस बार नमक बहुत जल्दी खत्म हो गया। बदले में अम्मा नोट निकालकर पूछतीं, 'भैया, इस बार दवा में कितना खर्च हुआ?' लड़के इस सवाल का बुरा मानते तो निहायत सहूलियत के साथ कहतीं, 'तुम लोगों के अपने खर्चे हैं। फिर मुझे इतनी पेंशन मिलती है। अकेली जान का खर्चा कितना। जो है, तुम्हीं लोगों का तो है। क्या मैं लादकर ले जाऊँगी?'

यह लादकर ले जाने वाली बात, बात शुरू करने के लिए की जाती थी। अम्मा को लगता था कि अगर वह घर-परिवार में है तो ढेर सी बातें करें। सबके बीच का अकेलापन उन्हें खलता। लड़के शाम को काम से लौटते, हाल-चाल पूछकर खाली हो जाते और टी.वी. के सामने बैठ जाते। अम्मा अपने घर में टी.वी. की सर्वेसर्वा थीं। जो चाहतीं वह प्रोग्राम देखतीं। मनचाहा प्रोगाम देखने के लिए बच्चों और उनके माता-पिता में जो चाहत भरी तकरार होती उसमें वह शामिल नहीं होतीं। चाहतीं कि

जल्दी से ठीक होकर अपने घर जाएँ। ठीक होने से पहले ही ठीक होने का दावा करतीं। लड़के इस मामले में जल्दबाजी नहीं करना चाहते थे। बार-बार इस घर से उस घर तक लाना-ले जाना भी दिक्कत तलब ही था। किसी तरह ठीक-ठाक होकर वह घर जातीं और सोचतीं कि चलो, छुट्टी मिली। लेकिन छुट्टी मिलती नहीं थी। फिर-फिर बीमारी और डॉक्टरी लगी रहती थी, जबकि वह अपनी काया से बेजार थीं और इससे बेखबर रहकर आखिरी साँस लेना चाहती थीं।

इसी आने-जाने के दौरान अम्मा को कुछ होंठ-सी देने वाले अनुभव हुए। एक बहू जीवाणुओं-कीटाणुओं के विरुद्ध बहुत सतर्क थी। तो अम्मा जब जरूरतों से फारिग होती तो फिनाइल से धुलाई जरूर होती। उनके थूक-खँखार पर भी नजर रखी जाती। इस घर के बच्चों में भी यह आदत आ गई थी। बेहतर सुख-सुविधा होने के बावजूद अम्मा इस घर में आने से डरती थीं। यह घर मैनेजर बेटे का था।

वकील बेटे के यहाँ दूसरे किस्म की किचकिच थी। वकील-पत्नी मिजाज की तेज थी। शाम को वकील साहब जब घर लौटते तो इस आशंका से ग्रस्त रहते कि कहीं इस बीच माँ का कोई असम्मान न हो गया हो। चुपके से वह बच्चों से पूछते, 'सब ठीक है?' बच्चे समझने लगे थे। एक लड़का और एक लड़की हँसकर जवाब देते, 'पापा, आप भी! अर, मम्मी दादी का खयाल रखती हैं। बस! आपके सामने बदल जाती हैं।'

'अरे चुप चुप। मेरा मतलब था दवा वगैरा वक्त पर ली या नहीं?'

'हाँ। हम लोग भी देखते रहते हैं।'

वकील साहब सन्तोष की साँस लेते हैं। लेकिन दादी के वक्त के खालीपन को कैसे बाँटा जाए—यह बच्चों की समझ में नहीं आता था। उन्होंने कोशिश की कि दादी से कहानियाँ सुनें। उनके पास तीज-त्योहार की कुछ आधी-अधूरी कहानियाँ थीं जो सुनते ही दम तोड़ देती थीं। लिहाजा वह दादी को टी.वी. के सामने खींच ले जाते और बुत की तरह बैठा देते।

जिन्दगी से बेजारी के इन्हीं दिनों में अम्मा घनघोर चित्रपूजक हो गई थीं। मूर्तियों में रची देवताओं की शक्लों की वह पूजा तो करती थीं लेकिन आँखों में बसाने लायक तस्वीरें कैलेंडर में ही मिलती थीं। वह कैलेंडर के सामने कुछ देर आँख मूँदकर एकदम से इस उम्मीद में आँख खोलती थीं कि शायद तस्वीर की आँख झपके और कोई होंठ फड़के। उनका खयाल था कि वह चेहरे जिन्दा हैं, बस देखने वाली आँख चाहिए।

कभी-कभी उकताकर अम्मा सोचने लगतीं कि उनकी जिन्दगी किस शख्स का सही बोझ है। तो वह बेटे का बोझ कम करने के बारे में सोचती। धीरे-धीरे उन्होंने केवल वकील बेटे को इस बात के लिए तैयार कर लिया कि यह दवा का पैसा उनसे ले लिया करे। वह गाहे-बगाहे को भी पैसा देने लगीं। बिना किसी को बताए उन्होंने

लड़की के नाम दस हजार रुपये का बचत-पत्र खरीदा और बच्चों के सामने ही बहू को देते हुए बोलीं, 'हम तब तक जिन्दा नहीं रहेंगे। यह इसकी शादी के लिए।'

लड़की ने कहा, 'धत् दादी।' वह इस समय चौहद-पन्द्रह की ही थी।

पोता सोलह-सत्रह बरस का था। परन्तु उसने आज तक कोई शव यात्र नहीं की थी। यह कर्तव्य पिता ही निभाया करते थे। एक दिन उसने लड़कपन में बचपन मिलाते हुए कहा, 'पापा, मैं भी घाट पर जाऊँगा। मेरा मन है देखने का।' पिता ने डाँटा, 'अब यह क्या बात हुई!'

पास बैठी दादी ने कहा, 'मेरे मरने पर जाना। पागल कहीं का!'

'आप कब मरेंगी?' उसने भरपूर मासूमियत के साथ पूछा।

दादी हँसने लगीं तो औरों की जान में जान आई। उलटे उन्होंने और कहा, 'इन बच्चों के दिल में बड़ा मोह है। बहुत खयाल रखते हैं मेरा।' इस बात पर बच्चे उनका और भी खयाल रखने लगते जिसे वह उसाँस भर परखतीं।

धीरे-धीरे दिनों-दिन माँ कमजोर होती जा रही थीं। कोई भी इंफेक्शन हो, उन्हें जल्दी पकड़ लेता था। एक दिन वकील साहब डेरे-पल्ले समेत उन्हें अपने घर ले आए और कहा, 'अब अम्मा वापस नहीं जाना है।'

माँ बेटे से भी तकल्लुफ बरतती हुई बोलीं, 'मेरे लिए इतना परेशान क्यों हो?'

लेकिन बेटों का खयाल कायम था कि माँ को आराम से जीना या मरना चाहिए। इसलिए उन्हें अस्पताल के पेइंग-वार्ड में कुछ दिन गुजारने पड़ते थे।

इस सबके बीच अम्मा सच्चे मन से सोचती और कहती थीं कि अब उनके ऊपर इतना पैसा खर्च होना ठीक नहीं है। वह थोड़ा-बहुत और इतना कुछ छोड़ जाना चाहती थीं कि उनके बेटे आपस में कुछ बाँटने की इच्छा करें।

इसी बीच एक दिन उन्हें दिल का दौरा पड़ा। आनन-फानन में वह नर्सिंग होम ले जाई गईं। चौबीस घंटे बाद जब उन्होंने आँख खोली तो इतना कहा, 'अब नहीं बचूँगी।'

'क्यों?'

'मैंने भगवान को देखा है। ढेर सारे भगवान।'

घरवाले अकबकाकर डॉक्टर का मुँह देखने लगे तो डॉक्टर ने मरीज को नींद का इंजेक्शन लगा दिया। चार-पाँच दिन में माँ जब कुछ ठीक हुईं तो ढेर सारे भगवान उनकी आँखों के सामने और जुबान पर थे। नर्स से उन्होंने कहा, 'आज राम जी मुकुट पहने थे।' किसी से कहतीं, 'आज हनुमान जी आए थे।'

लोग कहते, 'अम्मा हमें तो दिखाई नहीं पड़ता। यह दिमाग में क्या फितूर पैदा कर लिया है?'

अम्मा क्षीण-गम्भीर मुस्कान के साथ अपना चश्मा धारण करतीं और कहतीं, 'देखो, सामने कन्हैया जी खड़े हैं।'

वह अपने चश्मे से जो चाहतीं वह देख लेतीं। चश्मा ही उनकी वैतरणी था।

लोग डर जाते लेकिन इस डर का कुछ अंश श्रद्धा में भी बदल गया। नर्स और वार्ड-ब्वॉय दवा देने और हाल-चाल पूछने से पहले उनके पैर छूने लगे थे।

चारों बेटों ने उनके इलाज के लिए एक कोश की स्थापना कर दी जिसके कस्टोडियन वकील साहब थे। नर्सिंग होम वालों ने एक साइकियाट्रिस्ट की सेवाएँ लीं। कुछ और दवाएँ। तो थोड़ी-सी झुँझलाहट के साथ अम्मा ने कहा, 'अब से सातवें दिन हम चले जाएँगे। शंकर भगवान लेने आएँगे। देख लेना।'

'हमें भी दिखाइएगा, माँजी।' अब डॉक्टर भी हल्का-फुल्का मजाक करने लगे थे क्योंकि मर्ज अब कंट्रोल में था और उनके हिसाब से हफ्ते भर बाद वह मरीज को घर जाने के लिए कह सकेंगे।

अम्मा डॉक्टरों के इस विश्वास पर झुँझला जाती थीं, 'चले हैं भगवान से मुकाबला करने!'

वह जिद्दन रात-दिन चश्मा पहनने लगीं। अब वह बिलकुल चुप हो गईं और एक दिन डॉक्टरों को झटका दे ही दिया। जिस दिन उन्हें रिलीव होना था उसी दिन उन्हें दिल का दूसरा दौरा पड़ा। अफरा-तफरी, इंजेक्शन और मशीनों के बीच यह ऐलान हुआ कि अगले चौबीस घंटे भगवान ही मालिक है।

ईश्वर के स्वामित्व की इस घोषणा के बाद सबने अपना मन स्थिर कर लिया। रात में वकील बेटे ने सेवा की ड्यूटी सँभाली। कमरे में छुपी-छुपी-सी रोशनी थी। तीमारदार से कहा गया कि वह हार्टबीट के रैगुलेटर और मॉनीटर पर लगातार निगाह रखे, अगर जरा भी कुछ गड़बड़ दिखाई दे या घंटी सुनाई दे तुरन्त खबर करे। एकदम आँख लगाए उसकी आँख सुन्न हो गई फिर हाथ सुन्न और पैर सुन्न। यह पल एक बहुत बड़ी बूँद था जिसकी तरलता के अन्दर वह बँध गया था। लग रहा था कि माँ केवल उस क्षण के लिए दुनिया में आई थी जिस क्षण वह पैदा हुआ था।

यह पल धीरे-धीरे ढलते हुए अचानक बिखर-सा गया। झप-से जब उसकी आँख खुली तो स्क्रीन के गहरे और गाढ़े आसमान में नाचने वाले सितारे जड़ हो चुके थे।

माँ की आँखें अधमुँदी-सी थीं। उठकर उसने उन आँखों का चश्मा उतारा। उसने उनके सीने पर सर रखा, तलुए सहलाए और माथे को दुलराया। वह चाहता था कि उसकी माँ सम्मान के साथ जाए, मन की तस्वीर आँखों से देखती हुई जाए। कोई उसे झूठा या पागल न समझे। जरूरत पड़ी तो वह इसके लिए झूठ भी बोलेगा।

वह फिर से उठा और उसने रात की ड्यूटी के डॉक्टर को जगाया।

'सॉरी वकील साहब, अब कुछ नहीं बचा।' डॉक्टर ने अम्मा के सम्मान की पुष्टि की।

बच्चा

कामतानाथ

'क' जंक्शन से रात के नौ बजे चलकर प्रात: पाँच बजे अपने गंतव्य पर पहुँचने वाली, केवल दूसरे दर्जे के साधारण डिब्बों से बनी वह पैसेंजर गाड़ी खचाखच भरी हुई थी। बीच के एक डिब्बे की दो बर्थों (वैसे बर्थ कहना शायद गलत होगा क्योंकि आम भाषा में बर्थ तो केवल शयनयान में ही होती है) को छोड़कर पूरी गाड़ी में, जैसा कि मुहावरा है, तिल धरने की भी जगह नहीं थी। इन दो बर्थों पर आमने-सामने दो-दो पुलिस वाले बैठे थे तथा ऊपर सामान रखने वाली बर्थों पर अंगोछे जैसा कोई कपड़ा बिछाए थे जो इस बात का सूचक था कि इन बर्थों पर भी उनके नाम मय वल्दियत (वल्दियत इसलिए जरूरी हो जाती है क्योंकि इस देश में एक ही नाम के अनेक लोग मिल जाते हैं जिसके कारण स्कूलों अथवा दफ्तरों में अमुक एक अथवा प्रथम, अमुक दो अथवा द्वितीय, अमुक तीन अथवा तृतीय लिखना और बुलाना पड़ता है) लिख गए हैं। इन चारों पुलिस वालों की कमर में बँधी चमड़े की पेटियों में लोहे की जंजीर से थ्री नॉट थ्री वाली बन्दूकें फँसी थीं, जिन्हें 1962 के चीनी आक्रमण के तुरन्त पश्चात भारतीय थल सेना द्वारा खारिज कर दिया गया था लेकिन चूँकि अभी भी इन बन्दूकों से इस देश के शरीफ आदमियों को डराया जा सकता है, जो इस देश की पुलिस की पहली प्राथमिकता है और चूँकि उनके कुंदों से किसी भी शान्तिप्रिय नागरिक की खोपड़ी आसानी से तोड़ी जा सकती है, जो वक्त-जरूरत पड़ने पर करना ही पड़ता है, अत: उन्हें भारतीय पुलिस एवं पी.ए.सी. को स्थानांतरित कर दिया गया था। जो भी हो, इन बन्दूकों को सीट के सहारे टिकाए, चारों पुलिस वाले आराम से बैठे ताश खेल रहे थे। ताश के पत्ते इतने घिस चुके थे कि खलीफा हारून रशीद और उनके वजीर की

तरह, जब वे रात में भेष बदलकर रियाया का हालचाल जानने की गरज से बगदाद की गलियों या सड़कों पर निकलते थे, बादशाह और गुलाम में फर्क करना आसान नहीं था। इसके बावजूद ट्रेन की मद्धिम रोशनी में भी उन्हें इन ताशों को खेलने में किसी प्रकार की कोई परेशानी नहीं हो रही थी और वह तो वह डिब्बे के पैसेज में जमा भीड़ के दो-चार लोग भी ऊँट की तरह अपनी गरदनें आगे की ओर ताने उनके इस खेल को देख रहे थे। बहरहाल, डिब्बे विशेष के भीतर के इस सिनैरियो के साथ लगभग एक शताब्दी पुराने भाप के इंजन द्वारा खींची जा रही यह गाड़ी आराम से 'कू, छिक, छिक' करती हुई चली जा रही थी।

इस देश में पुलिस का सिपाही वैसे ही दहशत पैदा करने वाली चीज होता है, उस पर इन चारों की शक्लें भी कुछ ऐसी थीं कि यदि पुलिस की वर्दी के बजाय इन्हें साधारण वस्त्र पहनाकर, उनके फोटो निकालकर उन्हें किसी पुलिस थाने में लगा दिया जाता तो वे पक्के डाकू दिखते जो इस देश का हर पुलिसवाला किसी न किसी हद तक होता ही है। सो, इन चारों की शक्लें काफी डरावनी थीं लेकिन इनमें से एक की, जो पैसेज की तरफ बैठा था, शक्ल तो बहुत ही भयानक थी। उसका पूरा चेहरा घनी गलमुच्छों से भरा था जिस पर वह थोड़ी-थोड़ी देर में रह-रहकर हाथ फिराकर मूछों पर ताव दे रहा था, जिसके पीछे एक उद्‌देश्य तो यह हो सकता था कि देखने वाले यह न समझें कि उसकी गलमुच्छें नकली हैं और दूसरा यह कि लोग उसे पृथ्वीराज चौहान या ऐसे ही किसी प्राचीन राजपूत राजा का वंशज समझें। वैसे इन गलमुच्छों के पीछे असलियत यह थी कि उसके आबनूसी चेहरे पर ल्यूकोडर्मा के बड़े-बड़े सफेद दाग थे जो इन गलमुच्छों से किसी जमाने में भले पूरी तरह ढक जाते रहे हों, अब वह अपने इस उद्‌देश्य में बुरी तरह असफल था।

डिब्बे के पैसेज में इतनी भीड़ थी कि लोगों को बाथरूम आदि जाने में भी खासी तकलीफ हो रही थी। इसके बावजूद सभी सवारियाँ अपने स्थान पर डरी-सहमी खड़ी थीं और किसी का साहस, पुलिस के इन मुस्टंडों द्वारा कब्जियाई गई, इन बर्थों पर बैठने का नहीं हो रहा था। इसका एकमात्र कारण यह था कि जो भी यात्री इसका साहस करता, पुलिस वाले, खासतौर से गलमुच्छड़, डपटकर उसे उठा देता। इस प्रक्रिया में एक व्यक्ति गलमुच्छड़ के हाथों मार भी खा चुका था। इसके पीछे उस व्यक्ति का मूर्खतापूर्ण दुस्साहस तो था ही, गलमुच्छड़ का दूसरों को मुनासिब सबक सिखाने का उद्‌देश्य भी शामिल था। और वास्तव में इसका वांछित प्रभाव पड़ा था, क्योंकि जिन यात्रियों ने उस अभागे व्यक्ति को गलमुच्छड़ के हाथों मार खाते तथा लगभग चलती ट्रेन से बाहर प्लेटफॉर्म पर फेंके जाते देखा था, वे स्वयं तो इस प्रकार का दुस्साहस कर ही नहीं रहे थे, डिब्बे में इतनी भीड़ के बावजूद

घुस आए इक्का-दुक्का यात्रियों को ऐसा करने से, कभी उनकी बाँह पकड़कर तो कभी वैसे ही आँखों के इशारे से, मना भी कर रहे थे।

गाड़ी का यह हाल था कि जहाँ उसकी मर्जी आती, खड़ी हो जाती और जब तक मर्जी आती, खड़ी रहती। कुल एक सौ सत्तासी किलोमीटर की दूरी आठ घंटे में तय करने का उसका सरकारी समय (ऑफिशियल टाइम) था, लगते तो कभी-कभी बाहर घंटे से भी ऊपर थे। वास्तव में इस गाड़ी का कोई पुरसाहाल नहीं था। गदर के जमाने के डिब्बे और लगभग एक शताब्दी पुराने भाप के इंजन वाली यह गाड़ी इन दो स्टेशनों के बीच शटल की तरह सुबह एक तरफ से चलकर शाम तक दूसरी तरफ पहुँचकर, रात इधर से चलकर सुबह उधर पहुँचने का अपना कर्तव्य किसी तरह लस्टम-पस्टम निभाए जा रही थी। जनता की बराबर माँग के बावजूद न तो दूसरी गाड़ी ही इस रूट पर चली थी और न इस गाड़ी के डिब्बों या इंजन में ही कोई सुधार हुआ था। हाँ, दो-एक बार मुसाफिरों के लूट लिए जाने के बाद यात्रियों की सुरक्षा के लिए इसमें पुलिस का पहरा जरूर लगा दिया गया था और गलमुच्छड़ सहित ये चारों मुस्टंडे इसी प्रबन्ध के अन्तर्गत गाड़ी के इस डिब्बे में बैठे घिसी हुई ताश की गड्डी से ताश खेल रहे थे।

तभी एक स्टेशन पर गाड़ी रुकी तो पूरा गावदी लगने वाला एक युवक हाथ में टीन का एक बक्सा लिये किसी तरह गाड़ी के इस डिब्बे में घुस आया। उसके साथ उसकी जवान पत्नी और उसकी गोद में दस-बारह महीने का उसका बच्चा भी था जिसे वह इस आशा से प्लेटफॉर्म पर ही छोड़ आया था कि उसके साथ स्टेशन तक उसे छोड़ने आया उसका साला उसे ट्रेन में चढ़ा देगा। लेकिन तभी गाड़ी ने सीटी दे दी और उसका साला अपनी तमाम कोशिशों के बावजूद अपनी बहन और भांजे को डिब्बे के अन्दर ठूँसने में कामयाब नहीं हो पाया। वह तो कहो डिब्बे के गेट पर खड़े यात्रियों ने औरत की जवानी पर रहम खाकर पहले बच्चे को उसके हाथों से झपटकर अन्दर किया, तब बच्चे की माँ को कमर, बाँह और जहाँ भी जिसका हाथ पहुँच सकता था, वहाँ से पकड़कर ऊपर खींच लिया, अन्यथा या तो वह डिब्बे का हैंडिल पकड़कर झूलती रह जाती या फिर चलती ट्रेन के नीचे आ जाती। इस पूरी कसरत में औरत की जो गत बनी वह तो बनी ही, बच्चा भी बुरी तरह हलकान होकर जोर-जोर से रोने लगा और उसकी माँ, जो मुश्किल से बीस-बाईस वर्ष की रही होगी और जो देखने में भारतीय फिल्मों की गाँव की उस गोरी की तरह थी जो एक ही दृष्टि में हीरो का मन इस सीमा तक मोह लेती है कि हीरो अपने बाप द्वारा चुनी गई खासी खूबसूरत, जहीन, पढ़ी-लिखी और रईस बाप की बेटी से विवाह तय कर दिए जाने के बाद भी फेरे डालने से इनकार कर देता और उस गँवार, जाहिल मगर खूबसूरत और अच्छे गले वाली गाँव की नदी, नालों, झाड़ी-झरनों के आसपास गंदी

और अश्लीली मुद्राएँ बनाकर नाचने वाली छोकरी, जिसके खानदान का भी कोई पता नहीं होता है, से विवाह कर लेता है, मगर इस विवाह से पहले उसे गाँव के अधेड़ जमींदार अथवा साहूकार के गुंडों से निपटना होता है और कम-से-कम डेढ़ दर्जन हत्याएँ करनी होती हैं—देखिए, वाक्य बहुत लम्बा हो रहा है इसलिए आदि आदि। बहरहाल, दृश्य कुछ इस प्रकार था कि इधर बच्चे की जवान माँ लहँगा-ओढ़नी पहने, बच्चे को गोद में लिए, उसे चुप कराने के प्रयत्न में मुब्तला थी और उसके आसपास खड़े जवान, बूढ़े और अधेड़ लोग, निगाह किसी और तरफ किए चोरी-चोरी उसके शरीर की वक्रताओं की नाप-जोख में लगे थे, जबकि उधर उसका बौड़म पति जो पुलिस वाली बर्थों के खाने तक बढ़ आया था, अपना टीन का बक्सा अपने दोनों हाथों पर हनुमान के हाथों में पहाड़ की तरह साधे, यह समझ पाने में असफल था कि इस बक्से को वह कहाँ पटके, और बच्चा था कि मुँह फाड़कर इस तरह चिल्लाए जा रहा था कि जिस तरह गुलीवर दानवों के देश में दुधमुँहा बालक द्वारा अपना (यानी गुलीवर का) सिर मुँह में भर लेने पर चिल्लाया होगा।

गलमुच्छड़ ने अपने स्थान पर बैठे-बैठे ही इस दृश्य को देखा और एक ही निगाह में अपनी पारखी नजरों से—उसकी आयु पचास से कम नहीं रही होगी—पूरी स्थिति को भाँप लिया। 'और किसी डिब्बे में मरने को नहीं मिला था तुझे?' उसने दोनों हाथों से बक्सा हवा में ऊपर उठाए उस गावदी को डपटा। तब बिना अपने प्रश्न के उत्तर की प्रतीक्षा किए उससे आगे बोला, 'बक्सा रख नीचे। किसी की खोपड़ी पर पटकेगा?' इसे करिश्मा कहिए या जादू, गलमुच्छड़ के इतना कहते ही जहाँ तिल रखने की भी जगह नहीं थी, वहाँ बक्सा रखने की जगह बन गई।

बक्सा फर्श पर नीचे रखकर उस गँवार ने डिब्बे में चढ़ने के पश्चात पहली बार पीछे मुड़कर अपनी पत्नी की ओर देखा (बच्चे की चिल्लाहट से वह इस बात से पहले ही आश्वस्त हो गया था कि बच्चा डिब्बे के अन्दर है और पूरा गावदी होने के बावजूद उसने यह तर्क भी लगा लिया था कि जब बच्चा अन्दर है तो उसकी माँ बाहर नहीं हो सकती) और उस भीड़ में, जो चुम्बक में लोहे की तरह उसकी पत्नी से चिपकी चली जा रही थी, माँ और बच्चे—दोनों की ही दुर्दशा होते पाया और यह सोचकर कि कम-से-कम बच्चे को ही सही, इस मुसीबत से उबार लिया जाए, अपनी पत्नी से बोला, 'ला, मुन्ना का हम का दइ दे। मार हलकान ह्वे रहा है।' उसका इतना कहना था कि बच्चा एक हाथ से दूसरे हाथ होता हुआ उस तक पहुँच गया। औरत के इर्द-गिर्द जमा भीड़ का खयाल था कि बच्चे के औरत की गोद से हट जाने से उन्हें उसके शरीर की नाप-जोख करने में ज्यादा आसानी हो जाएगी, लेकिन हुआ इसका बिलकुल उलटा। बच्चे से मुक्त होकर बच्चे की माँ ने स्वयं को सँभाला और अपने ऊपर झुके आ रहे अधेड़ व्यक्ति को, जिसने बच्चे को उसकी गोद से लेकर

आगे बढ़ाया था, परे ढकेलते हुए कहा, 'सूधे काहे नाई ठाढ़ होत?' तब जैसे अपने आपसे ही बोली, 'उपरै लदे चले आ रहे हैं। जइसे आज तक कउनौ मेहिरऐ नाई देखिन है।'

उसके इतना कहने का असर हुआ। उसके इर्द-गिर्द खड़े लोग जो ऊपर से भोले बने लेकिन अन्दर से पूरे मुरहपन के साथ उसके शरीर से अपने शरीर को रगड़कर न्यूटन के घर्षण के सिद्धान्त के परीक्षण में लगे थे, अपने-अपने प्रयोग में जहाँ के तहाँ रुक गए। औरत ने पहले तो अपनी चुनरी से अपना मुँह पोंछा, तब अपने सामने खड़े व्यक्ति से बोली, 'हटौ वइसी निकरै देव हमका।'

'कहाँ हटें? कहीं जगह भी है। चुप्पे खड़ी रहो यहीं।' उस व्यक्ति ने शिकार हाथ से निकलते देख किंचित धौंस से काम लेना चाहा।

'हिऐं ठाढ़ी रही तो हमरे लरिका का दूध तुम पियइहौ का?' उसने कहा और धक्का देकर उसे एक ओर करती हुई आगे बढ़ गई। औरत की इस ढिठाई से परास्त होकर भीड़ ने हथियार जेब में रख लिए। (डालने का प्रश्न नहीं उठता था, क्योंकि फर्श पर जगह ही नहीं थी) और औरत भीड़ को चीरती हुई अपने मर्द के पास आ गई और बुरी तरह गला फाड़कर रो रहे बच्चे को उसके हाथ से लेकर खड़े-खड़े ही अपनी चुनरी की आड़ में करके अपना स्तन उसके मुँह में डालने लगी। लेकिन बच्चा, ऐसा लगता था, अपना गला पूरी तरह फाड़ डालने पर उतारू था अत: उसने स्तन अपने मुँह में लेने से इनकार कर दिया और चिल्लाना बदस्तूर जारी रखा।

इस दौरान पुलिस के मुस्टंडों के बीच चल रहा ताश का खेल बन्द हो चुका था और उनमें से दो, निद्रा देवी की गोद में जाने के उद्देश्य से, ऊपर की बर्थों पर लमलेट हो चुके थे, लेकिन गलमुच्छड़ और उसका बचा हुआ साथी अभी सोने के मूड में नहीं थे। अत: अभी भी अपनी-अपनी जगह बैठे थे और गलमुच्छड़ जेब से दोमुँही डिबिया निकालकर एक तरफ के खाने से गदा छाप तम्बाकू और दूसरी तरफ के किचिंत छोटे वाले खाने से तर्जनी से चूना निकालकर बाईं हथेली पर रखकर दाहिने अँगूठे से उसे रगड़-रगड़कर तम्बाकू का भुरकुस बनाने में जुटा था जबकि उसका साथी स्वयं को हिन्दी का इयान फ्लेमिंग अथवा जेम्स हैडली चेज से कम न समझने वाले किसी लेखक का अंग्रेजी के किसी जेम्सबांडी उपन्यास के प्लॉट को चुराकर हिन्दी में लिखी गई महान कृति को हाथ में लिए इस प्रतीक्षा में था कि गाड़ी का बूढ़ा इंजन कुछ और जोर पकड़ ले, जिससे रोशनी कुछ और हो तो वह समुद्र के अन्दर बने विलेन के शीशे के महल में, जिसके चारों ओर बड़ी-बड़ी व्हेल मछलियाँ, विशालकाय ऑक्टोपस और ऐसे-ऐसे जानवर जो जीवन विज्ञान की पुस्तकों में भी नहीं पाए जाते, तैर रहे थे, घुस गए भारत के महान जासूस, मिलेट्री के रिटायर्ड ब्रिगेडियर, महावीर चक्र प्राप्त, कैप्टन अल्फ्रेड दलाल (यह राज लेखक

ने नहीं खोला था कि आखिर 'ब्रिगेडियर' पद से रिटायर्ड व्यक्ति 'कैप्टन' क्यों कहलाता था) के आगे के कारनामे पढ़े। तब तक गलमुच्छड़ ने खैनी बनाकर ठीक से फटकार कर हथेली, अपने हाथ में महान जासूसी उपन्यास पकड़े, अपने साथी की ओर बढ़ा दी। उसके साथी ने एक क्षण के लिए बहुत ही दार्शनिक भाव से हथेली पर रखी खैनी को देखा, तब चुटकी में भरकर उसे तौला और आवश्यकता से ज्यादा पाने पर थोड़ी-सी हथेली में वापिस गिराने के बाद उसे अपने होंठ में दबा लिया। शेष बनी खैनी गलमुच्छड़ ने हथेली से ही चूरन की तरह फाँक ली, जबान को इधर-उधर चलाकर उसे होंठों में सेट किया और उड़ती-सी एक निगाह अपनी पत्नी और बच्चे के साथ डिब्बे में घुस आए उस गावदी पर डाली जिसके सन्दूक पर अब तक दो व्यक्ति बैठ चुके थे और जो अगर ऊपर तक कपड़ों से भरा न होता तो कब का चरमरा कर बैठ चुका होता, और तब उसकी पत्नी द्वारा बच्चे को चुप कराने और बच्चे द्वारा गला फाड़कर दो कर देने के बीच छिड़े वात्सल्यपूर्ण संघर्ष को देखने लगा।

इस बीच गलमुच्छड़ द्वारा खैनी बनाने के दौरान उसमें फटकी लगाने और मुँह में भरने के बाद हाथ हवा में झाड़ने के कारण उसके सूक्ष्म कणों ने डिब्बे के वायुमंडल में फैलकर यात्रियों की नासिकाओं में प्रवेश पा लिया था और कुछ कमजोर सहनशक्ति वाले लोग इससे प्रभावित होकर ताबड़तोड़ छींकने लगे थे। अब यह तो डॉक्टरी शोध का विषय हो सकता है कि कि छींक की गिनती संक्रामक रोग में आती है या नहीं, बहरहाल, या तो यात्रियों की छींक संक्रामक थी या फिर खैनी के कण अब भी हवा में तैर रहे थे और निशाना साधकर लोगों की नासिकाओं में घुस रहे थे क्योंकि एक के बाद एक ठहाकेदार छींकें डिब्बे में गूँजने लगीं और कुछ देर में ही ऐसा लगने लगा जैसे छींकों का कोई कंपटीशन शुरू हो गया हो। फ्रायड ने लिखा है कि मासूम बच्चों के स्वभाव में जिज्ञासा सबसे शक्तिशाली भाव होता है इसीलिए वह हर प्रकार के नए अनुभव को बहुत ही ध्यान से देखते हैं। जो भी हो, छींक के इस अचानक शुरू हुए कंपटीशन से चौंककर बच्चा सहसा चुप हो गया और छींकते-छींकते लोगों के लाल हो आए मुँहों को देखने लगा। लेकिन जैसे ही यह प्रतियोगिता रुकी, बच्चे ने फिर रोना शुरू कर दिया। अब उसे चुप कराने के दो ही तरीके हो सकते थे। एक यह कि उसकी जिज्ञासा जगाने वाला ऐसा ही कोई और कंपटीशन शुरू किया जाए या फिर उसे दूध पिलाया जाए, क्योंकि बच्चा वास्तव में भूखा था, लेकिन दूध पीने के लिए माँ का स्तन तब तक मुँह में लेने के लिए तैयार नहीं था, जब तक माँ की गोद का पूरा सुख और आराम, जिसका वह आदी था और जो ट्रेन के इस भीड़ भरे डिब्बे में खड़े-खड़े उसकी माँ उसे नहीं दे सकती थी, उसे न मिल जाए। बच्चे और उसकी जवान माँ की ओर ताकते हुए

गलमुच्छड़ को माँ और बेटे की तकलीफ भाँपने में देर नहीं लगी और शायद उन पर रहम खाकर या फिर किसी और कारण, अपने उसूलों के खिलाफ, उसने थोड़ा सरककर बर्थ पर अपने हाथ से थपकी देते हुए उस औरत से वहाँ बैठ जाने का आँखों से इशारा किया। बोल वह इसलिए नहीं सकता था, क्योंकि उसके मुँह में खैनी भरी थी और इतनी देर में ही उसने उसमें इतना रस पैदा कर लिया था कि उसे थूके बिना बोलना सम्भव नहीं था। औरत उसके इशारे को समझ गई, लेकिन अभी थोड़ी देर पहले गेट के निकट भीड़ के बीच हुए अपने अनुभव को याद करती हुई अपने स्थान पर खड़ी इस बात का अनुमान लगा रही थी कि कहीं यह जलते तवे से सीधे दहकती आग में जा पड़ने वाली स्थिति तो नहीं होगी।

पत्नियों की अपेक्षा प्रति प्राय: मूर्ख होते हैं (यह बात मैं भारतीय पतियों को दृष्टि में रखकर कर रहा हूँ, अत: यदि कोई विदेशी पाठक इस कहानी को पढ़े तो कृपया मेरी इस बात का बुरा न माने), जिसके कारण समाज में बसे-बसाए घर उजड़ने से लेकर आत्महत्या तक की घटनाएँ आम हैं। इस कथन को चरितार्थ करते हुए औरत के गावदी पति ने बिना आगा-पीछा सोच अपनी पत्नी से बिगड़ते हुए कहा, 'मुंसीजी कहत हैं तो काहे नाई बईठ के मुन्ना का दूध पियाए देत है?'

औरत ने कातर दृष्टि से अपने पति की ओर देखा। तब एक पतिव्रता भारतीय नारी की तरह अपने पति की आज्ञा का पालन करते हुए गलमुच्छड़ की बगल में कोई छह इंच का फासला रखते हुए (इससे अधिक फासला रखना सम्भव नहीं था, क्योंकि खिड़की की ओर की तमाम जगह खाली छोड़े गलमुच्छड़ पैसेज की ओर खिसककर बैठा था) बेंच पर बैठ गई और अपने दोनों पाँव ऊपर करके लहँगा सँभालते हुए पालथी मारकर आराम से होने के बाद, बच्चे को गोद में लिटाकर स्तन उसके मुँह में दे दिया। बच्चे को माँ की ऊष्मा भरी गोद का सुख, जिसका वह आदी था, मिला तो वह आराम से स्तन को मुँह में लेकर, अपना एक हाथ दूसरे स्तन पर रखकर ताकि अगर जरूरत पड़े तो उसका दूध भी पी सके, चुपचाप दूध पीने लगा। औरत या लड़की (भाषा के संस्कारवश बीस-बाईस वर्ष की गँवार देहाती स्त्री को 'महिला' तो कहा नहीं जा सकता) ने अपनी ओढ़नी से बच्चे को पूरी तरह ढक लिया, लेकिन इसके बावजूद, या तो ओढ़नी इतनी पारभासी नहीं थी या फिर बच्चे और बच्चे की माँ–दोनों का ही शरीर इतना गोरा था कि हैदराबाद सालार जंग म्यूजियम में रखी घूँघट वाली सुन्दरी की पत्थर की मूर्ति की तरह ओढ़नी के पीछे बच्चे की हरकतें और उसका मुँह में पड़ा उसकी माँ का अधखुला स्तन साफ दिखाई दे रहा था, जिसे सामने खड़े यात्री कुछ इस भाव से देख रहे थे जैसे वह यह देखना तो न चाहते हों, लेकिन करें क्या, आँख तो बेचारे बन्द नहीं कर सकते। इसी के साथ बीच-बीच में एक दृष्टि गलमुच्छड़ पर भी डालकर वह इस बात का अनुमान लगाने

का भी प्रयत्न कर रहे थे कि कहीं स्वस्थ बच्चे की यह स्वस्थ माँ भेड़ियों के गोल से निकलकर शेर की माँद में तो नहीं जा पड़ी है, क्योंकि अभी कुल साढ़े बारह बजे थे, यानी कम-से-कम चार-पाँच घंटे रात बाकी थी और डिब्बे में लगे बिजली के मरियल बल्बों की रोशनी धीमी होने पर इस तरह बेजान हो जाती थी कि गाड़ी का डिब्बा-डिब्बा न लगकर कोयले की खदान के अन्दर जमीन से दो-चार सौ फीट नीचे की किसी सुरंग जैसा लगने लगता था और जो लोग भारतीय रेल के दूसरे दर्जे के बिना आरक्षण वाले डिब्बे में रात में सफर कर चुके हैं, वे भली-भाँति जानते हैं कि रेल, रात, भीड़, औरत, नींद और सबसे बढ़कर एक-दूसरे के बीच पूर्ण अपरिचय के आपस में मिलने से कभी-कभी ऐसी सेक्सी सिचुएशन उत्पन्न हो जाती है, जिसे 'चोली के पीछे क्या है', जैसे गाने को धड़ल्ले से पास करने वाला भारतीय फिल्मों का सेंसर बोर्ड भी पास करने में घबराएगा। खैर, औरत इस तरह की सारी शंकाओं से मुक्त अपने बच्चे को दूध पिलाते हुए मातृत्व सुख प्राप्त करने में तल्लीन थी और उसका पति, जिसे बुरी तरह बीड़ी की तलब लगी हुई थी, अपने स्थान पर खड़ा चारों ओर दृष्टि दौड़ाकर देख रहा था कि अगर आसपास कोई और बीड़ी-सिगरेट जलाए तो वह भी अपनी बीड़ी जलाकर कम-से-कम आठ-दस क्यूबिक इंच धुआँ अपने फेफड़ों में उतार ले।

बच्चे का पेट जल्दी ही भर गया, क्योंकि एक स्तन का दूध पीते ही उसने दूसरे स्तन से खेलना बन्द कर अपना हाथ वहाँ से हटा लिया और सहसा एक झटके से अपनी माँ की चुनरी उलटकर, अपना मुँह बाहर निकालकर बड़ी-बड़ी आँखों से डिब्बे में भरी भीड़ का अवलोकन करने लगा। चार-छह क्षण इधर-उधर देखने के बाद गलमुच्छड़ को अपनी बाल-सुलभ जिज्ञासा का केन्द्र बनाते हुए उसने अपनी दृष्टि उसके ऊपर जमा दी और तब किलकारी मारकर जोर से हँसने के बाद (इस बीच अपने ब्लाउज के बटन बन्द करने के पश्चात उसकी माँ ने गोद से उठाकर उसे अपने हाथों में ले लिया था) उसकी दाढ़ी नोचने का पक्का इरादा बनाकर उस पर झपटा। गलमुच्छड़, जो बच्चे की पहुँच से थोड़ा दूर था, उसकी यह हरकत देखकर मुस्कुराया और खिड़की की तरफ बढ़कर खैनी की पीक बाहर थूककर, जिसकी कुछ छींटें अवश्य ही डिब्बे के पीछे वाले खाने में खिड़की के पास बैठे लोगों के ऊपर पड़ी होंगी, वापस अपने स्थान पर आकर बच्चे से बोला, 'क्यों बेटा, पेट भर गया तो अब हरामीपन पर उतारू हो गए?'

बच्चे ने उसकी इस बात का जवाब अपने दोनों हाथों को फैलाकर नए उत्साह से उसकी ओर लपककर दिया और अगर उसकी कमर पर उसकी माँ के हाथों की पकड़ जरा भी ढीली होती तो यह निश्चित था कि बच्चा गलमुच्छड़ की दाढ़ी पकड़कर झूल गया होता।

बच्चे की यह हरकत उसके बाप को खासी बुरी लगी, लेकिन बजाय बच्चे को डाँटने के उसने अपना गुस्सा बच्चे की माँ पर उतारा, 'पकर के ठीक ते काहे नाई बइठत है ऊका?'

बच्चे की माँ पर बच्चे के बाप की इस फटकार का कोई प्रभाव पड़ता, इससे पूर्व गलमुच्छड़ ने अचानक बच्चे पर उमड़ आए प्यार (नकली या असली, यह कहना मुश्किल था, लेकिन अधिकांश देखने वालों की निगाह में पूरी तौर से नकली) के कारण या फिर किसी और वजह से अपने दोनों हाथ बच्चे की ओर बढ़ाए ही थे कि बच्चा अपनी माँ की गोद से छिटककर गलमुच्छड़ के हाथों में आ गया और इसी के साथ उसने अपने नन्हे, लेकिन स्वस्थ हाथ से गलमुच्छड़ के गाल पर एक भरपूर तमाचा जड़ दिया।

बच्चे की इस हरकत से उसके माँ-बाप सहसा सन्नाटे में आ गए, लेकिन आसपास खड़े सारे यात्रियों के हृदय में आनन्द का अद्‌भुत संचार हुआ और वे उत्सुकता से इस बात की प्रतीक्षा करने लगे कि बच्चे के हाथ से झापड़ खाने के बाद गलमुच्छड़ अब करता क्या है। दो-एक किंचित कमजोर हृदय वाले लोग यह सोचकर डरे भी कि कहीं गलमुच्छड़ बच्चे को चलती ट्रेन की खिड़की से बाहर न फेंक दे, लेकिन फिर बच्चे के स्वास्थ्य को देखते हुए इस नतीजे पर पहुँचकर कि खिड़की की सलाखों के बीच से उसका निकल पाना आसान नहीं होगा, कुछ आश्वस्त हुए।

इधर गलमुच्छड़ ने बच्चे को अपने दोनों हाथों से मजबूती से पकड़कर उसे अपनी आँखों के ठीक सामने हवा में लटका दिया और अपनी पलकों को फैलाकर अपनी आँखों को जितना भी बड़ा कर सकता था, उतना बड़ा करते हुए उससे बोला, 'साले, पुलिस के ऊपर हाथ चलाता है और वह भी डयूटी पर! जानता है, इसका क्या नतीजा होगा? दफा 323 के तहत सात साल से कम की सजा न होगी। जेल में चक्की पीसते-पीसते हाथ में ढट्‌ठे पड़ जाएँगे।'

बच्चे पर इसका क्या असर हुआ, यह कह पाना मुश्किल है, लेकिन बच्चे का बाप गलमुच्छड़ की यह मुद्रा देखकर डरा कि कहीं ऐसा न हो कि बच्चा तो नासमझ है, इसलिए उसके एवज में सजा बाप को काटनी पड़े। अत: उसने बच्चे की माँ को जोर से डपटा, 'देख का रही है? मुंसीजी से लइके लगा दुई हाथ ई के।'

'लाओ, हमका दइ देव अइसी।' बच्चे की माँ ने गलमुच्छड़ से कहा तो गलमुच्छड़ ने बच्चे को हाथ में लिए-लिए ही बच्चे की माँ की ओर मुड़कर देखा, जिसमें उसे एक क्षण भी नहीं लगा होगा, लेकिन इस क्षणांश के लिए ही अपनी ओर से गलमुच्छड़ का ध्यान हटते देख, बच्चे ने उसका पूरा फायदा उठाते हुए एक और झापड़ गुलमुच्छड़ के दिया जो निशाना चूक जाने के कारण उसके गाल पर पड़ने के

बजाय उसकी कनपटी पर पड़ा, जिससे उसकी पुलिस वाली टोपी फर्श पर आ गिरी।

अब तो इस दृश्य को देखकर पैसेज में खड़े यात्रियों के होंठों पर बाकायदा सन्तोष की मुस्कान खेलने लगी। दो-एक को तो अपनी हँसी रोकने के लिए मुँह में रूमाल ठूँसना पड़ा या फिर नकली खाँसी खाँसनी पड़ी।

गलमुच्छड़ ने अपनी आँखें जो थोड़ी देर फैली रहने के बाद अपनी ओरिजनल साइज में आ गई थीं, पुन: फैलाईं बल्कि इस बार अपनी पलकों की माँसपेशियों पर अतिरिक्त बल लगाकर उन्हें कुछ ज्यादा ही फैलाया तथा बच्चे को अपनी बगल में, जिधर उसकी माँ बैठी थी, उसके दूसरी ओर बैठाते हुए बोला, 'तेरी साले यह हिम्मत! अब तो तेरा इनकाउंटर करना पड़ेगा।' और वह कमर में बँधी पुलिसिया पेटी से अपनी बन्दूक खोलने लगा।

बच्चे के माँ-बाप के साथ, इस बार पैसेज में खड़े यात्री भी गलमुच्छड़ की यह मुद्रा देखकर घबरा गए। आखिर इन पुलिसवालों का क्या भरोसा, बच्चा हो या बूढ़ा, इन सालों की आँख में शील और हृदय में रहम या दया नाम की चीज तो होती नहीं, कौन ठीक, बच्चे को गोली मार ही दे। कह देगा, बच्चा बगल में बैठा बन्दूक से खेल रहा था, वही जाने कैसे उसका घोड़ा दब गया और गोली बच्चे के सीने में जा लगी। अत: बच्चे का बाप अपने दोनों हाथ जोड़े हुए अपनी शक्ल जितनी भी दयनीय बना सकता था, उतनी दयनीय बनाते हुए गलमुच्छड़ की ओर बढ़ा। गलमुच्छड़ ने, जो पेटी से बन्दूक को अलग करने में लगा था, बच्चे के बाप पर एक वक्र दृष्टि डाली और बोला, 'चुपचाप अपनी जगह खड़ा रह। मैं इस साले से निपट लूँगा। पिद्दी न पिद्दी का शोरबा, साला मेरी इज्जत पर हाथ डालेगा। टोपी उछालेगा मेरी। तेरी तो साले...।'

'अबै बच्चा आय। का समझै...।' बच्चे के बाप ने मिमियाते हुए कहा और गलमुच्छड़ की टोपी फर्श से उठाकर अपनी धोती में रगड़कर उसकी धूल झाड़ने के पश्चात अपनी दोनों हथेलियों में उसे इस तरह रखकर उसकी ओर बढ़ाया, जिस तरह द्वारचार के समय बढ़िया कीमती ट्रे में रखा हुआ बढ़िया शाल या सूट का कपड़ा दोनों पक्षों के बीच पूर्व निश्चित रकम के साथ, लड़की का बाप लड़के के बाप (बाप न हुआ तो ताऊ या चाचा) की ओर बढ़ाता है।

गलमुच्छड़ ने बच्चे के गावदी बाप की हथेलियों पर रखी उत्तर प्रदेश प्रशासन के मछलियों के जोड़े वाले मोनोग्राम वाली, जिसे उसने आज ही घर से चलने से पहले ब्रासो से रगड़कर चमकाया था, टोपी पर तिरस्कार भरी एक ऐसी दृष्टि डाली, जिसका एक ही अर्थ हो सकता था कि इज्जत तो मेरी मिट्टी में मिल ही गई, अब इसका क्या मैं अचार डालूँगा, तब टोपी को बिना हाथ से छुए बच्चे के बाप से बोला,

'रख दें यहीं। पहले इस साले से निपट लूँ।' इतना कहकर उसने बन्दूक को, जिसे वह अब तक पेटी से खोल चुका था, एक अजीब भाव से देखा, गोया सोच रहा कि बन्दूक की बोहनी इस बच्चे के कत्ल से करना कहाँ तक उचित होगा और तब कुछ सोचकर उसे सीट से टिकाकर रखते हुए बच्चे से बोला, 'तेरे ऊपर एक गोली भी क्यों बरबाद की जाए? तुझे तो मैं वैसे ही गला दबाकर मार डालूँगा।' इसी के साथ वह अपने दोनों हाथ की उँगलियों को मरोड़कर, हाथ के पंजों को अर्धवृत्ताकार फैलाकर, होंठों को सिकोड़कर, दाँत किटकिटाते हुए बच्चे की ओर बढ़ा। बच्चा, जो अब तक प्रत्याशित रूप से खामोश था, गलमुच्छड़ की इस प्रकार बिगड़ी हुई मुखाकृति देखकर मुस्कुराया, तब सहसा झपटकर उसने ऊपर झुक आए गलमुच्छड़ की दाढ़ी अपने दोनों हाथों से दबोच ली।

'अबे छोड़, छोड़, छोड़।' गलमुच्छड़ जोर से चिल्लाया और बच्चे के हाथ से अपनी दाढ़ी छुड़ाने का प्रयत्न करने लगा।

अब तो वहाँ खड़े सारे यात्री, (बच्चे के माँ-बाप को छोड़कर) जो यह दृश्य देख रहे थे, बेसाखता हँसने लगे। हाँ, इस बात पर जरूर लोगों का अलग-अलग मत था, जिसे उन्होंने एक-दूसरे से व्यक्त नहीं किया कि बच्चा वास्तव में कृष्ण का अवतार है या फिर गलमुच्छड़ केवल बच्चे से खेल रहा है, उसे मारने का उसका कोई इरादा नहीं है। जो भी हो, गलमुच्छड़ जब अपनी दाढ़ी किसी तरह के बच्चे से हाथ से छुड़ाने में सफल हुआ तो बच्चे के हाथ में उसकी दाढ़ी के चार-छह बाल दूर से ही झलक रहे थे जो इस बात का प्रमाण थे कि गलमुच्छड़ की दाढ़ी पर बच्चे की पकड़ खासी मजबूत थी और निश्चय ही उसके द्वारा उसे पकड़ने और गलमुच्छड़ द्वारा उसकी पकड़ से मुक्ति पाने की पूरी प्रक्रिया के दौरान गलमुच्छड़ को खासा कष्ट हुआ होगा।

'हमका दइ देव अब ईका।' इस बार बच्चे की माँ ने गलमुच्छड़ से विनती की।

'तुमको दे दें इसको?' गलमुच्छड़ ने बच्चे की माँ को घूरा, 'ई साला हमारी यह दुर्दशा कर रहा है और हम इसको बिना सजा दिए तुमको दे दें! बैठ वहीं अपनी जगह।' कहकर वह फिर बच्चे की ओर मुड़ा, 'चल साले यही सही', उसने कहा, 'तुझको जो करना हो, पहले कर ले। मौत तो तेरी आज मेरे हाथों लिखी ही हुई है। लेकिन चला ले तू जितने दाँव-पेंच आते हों तुझे। और यह भी सुन ले, मैं क्या करूँगा तेरे साथ अब। यह गाड़ी देख रहा है न, जिसमें बैठा है तू? इसी चलती गाड़ी से तुझे बाहर नहीं फेंका तो यह समझना, अपने बाप से नहीं पैदा हूँ मैं? हरामी की औलाद हूँ।' (कहना उसे सिर्फ 'हरामी' चाहिए था, लेकिन कहा उसने 'हरामी की औलाद' जिसका अर्थ यह निकलता था कि वह तो जो है सो है ही, उसका बाप भी अपने बाप से पैदा नहीं था।)

जो भी हो, उसकी इस बात से यात्रियों के मन में फिर शंका हुई कि अब जब वह कसम खा चुका है और वह भी ऐसी कसम, जिसका ताल्लुक उसकी माँ के चरित्र से तो है ही, उसकी दादी तक का चरित्र सन्देह के घेरे में आ जाता है तो वह अपने कौल को निभाने के लिए कुछ न कुछ तो करेगा ही और अगर चलती ट्रेन से नीचे न भी फेंका तो यह तो कर ही सकता है कि अगले स्टेशन पर या जहाँ भी गाड़ी रुके, वहाँ इस बच्चे को लेकर उतर जाए और गाड़ी दोबारा चलने पर उसे प्लेटफॉर्म पर या कहीं भी इधर-उधर छोड़कर वापस आ जाए।

यही डर सम्भवत: बच्चे की माँ के हृदय में भी जागा। अत: उसने अपने भय को अपनी आँखों से ही व्यक्त करते हुए अपने बौड़म पति की ओर देखा, जो स्वयं काफी डरा हुआ था, और गलमुच्छड़ द्वारा डपट दिए जाने के बाद, उसकी टोपी बगल में रखकर अपने स्थान पर खड़ा अपनी तलब और अधिक न रोक पाने के कारण या फिर हाई पिच पर पहुँच गए अपने टेंशन को कम करने के उद्देश्य से, बीड़ी जलाकर धकाधक कश मारने में जुटा था। इस बीच बच्चा अपने स्थान पर खामोश बैठा गलमुच्छड़ की ओर न देखकर सामने वाली बेंच पर बैठे उसके दूसरे साथी को निहार रहा था जो किताब के बीच अपनी उँगली फँसाए समुद्र के नीचे बने विलेन के शीशे के महल (जो बुलेटप्रूफ शीशे का बना था और इसीलिए हीरो यानी विश्वविख्यात जासूस अलफ्रेड दलाल द्वारा विलेन पर गोली चलाए जाने पर निशाना चूक जाने के कारण गोली दीवार में लगने के बावजूद उसमें सूराख नहीं हुआ था) के बारे में सोच रहा था कि भला ऐसा महल समुद्र के नीचे नींव खोदकर बनाया होगा या फिर उसे जमीन पर बनाकर बड़े-बड़े क्रेनों की सहायता से समुद्र के तल में उतार दिया गया होगा, क्योंकि पुस्तक के लेखक ने इस बारे में कोई जानकारी नहीं दी थी।

बच्चे द्वारा गलमुच्छड़ के साथी को इस तरह घूरने के साथ ही पैसेज में खड़े यात्रियों का ध्यान भी उधर गया और उनमें कुछ, जो अब तक बच्चे को कृष्ण नहीं तो बलराम का अवतार तो मान ही चुके थे, मन-ही-मन यह सोचने लगे कि गलमुच्छड़ और बच्चे के बीच छिड़े इस युद्ध में, जिसे उनके अनुसार अभी अपनी तार्किक परिणति पर पहुँचना बाकी था, गलमुच्छड़ के साथी की क्या भूमिका हो सकती है। शायद बच्चा यदि उसमें सोचने की इतनी क्षमता होती है (मनोवैज्ञानिकों के अनुसार तो नहीं होती, लेकिन इस देश में, जहाँ बाल कृष्ण ने बड़े-बड़े पराक्रमी राक्षसों को साधारण से साधारण भेष बदलकर आने पर भी दूर से ही उन्हें पहचानकर क्षणांश में ही पछाड़ दिया हो, कुछ भी सम्भव है) तो वह भी यही सोच रहा था और यह तय नहीं कर पा रहा था कि पहले गलमुच्छड़ की पूरी दुर्दशा वह कर ले, तब उसके साथी से निपटे या साथ ही साथ एक-दो हाथ उसके भी लगाता

चले। तभी गलमुच्छड़ के साथी ने गलमुच्छड़ से कहा, 'टोपी पहन लो अपनी। इज्जत तो मिट्टी में मिल ही गई तुम्हारी।'

बात इतनी मासूमियत से कही गई थी कि वह व्यंग्य में कही गई है अथवा ललकार-स्वरूप, गलमुच्छड़ के स्वाभिमान को जगाकर उसके अन्दर अतिरिक्त शक्ति का संचार कराने के उद्देश्य से, ठीक से नहीं कहा जा सकता था। जो भी हो, गलमुच्छड़ ने सीट पर रखी अपनी लाल पैच वाली खाकी टोपी उठाई और थोड़ा बाँकपन से, जैसा कि पुलिस की टोपियों में या फिर छँटे खातिर खद्दरदारी बदमाशों की टोपियों में देखने को मिलता है, अपने सिर पर लगा ही रहा था कि बच्चा एक हाथ से सीट की दीवार का सहारा लेकर खड़ा हुआ और दूसरा हाथ इतनी जोर से गलमुच्छड़ के सिर पर मारा कि टोपी दोबारा जमीन पर आ गिरी। और लोग तो हँसे ही, इस बार बच्चा भी अपनी इस कामयाबी पर जोरों से खिलखिलाकर हँसा, जिससे गलमुच्छड़ ने पहली बार उसके मुँह के ऊपर के चार और नीचे के दो नन्हे, सफेद, चमकदार दाँत देखे। साथ ही, यह भी देखा कि ऊपर के किनारे वाले दो दाँत कुछ ज्यादा ही नुकीले हैं।

'अच्छा तो साले, दाँत भी निकाल लिए हैं', गलमुच्छड़ ने कहा, 'यह साला जरूर राक्षस का अवतार है। इसके किनारे वाले दाँत बता रहे हैं। इतने लम्बे दाँत आदमी के बच्चे के हो ही नहीं सकते। खोल मुँह खोल, देखें। तेरी तो साले...।' और गलमुच्छड़ एक हाथ से बच्चे का सिर पकड़कर दूसरे हाथ से उसका मुँह खोलने लगा, जो उसने एक बार दाँत दिखाने के बाद दोबारा बन्द कर लिया था। लगभग आध-पौन मिनट तक गलमुच्छड़ और बच्चे के बीच मुँह खुलवाने वाला यह संघर्ष चला होगा कि सहसा बच्चे ने अपने दोनों हाथों से गलमुच्छड़ की कलाई पकड़कर उसकी तर्जनी कसकर अपने दाँतों के बीच दबा ली।

'अबे, अबे, अबे मार डालेगा क्या...?' गलमुच्छड़ जोर से चिल्लाया।

बच्चे ने घबराकर उसकी उँगली छोड़ दी, लेकिन इस बीच वह अपने दाँतों से उँगली की जितनी भी दुर्गति कर सकता था, कर चुका था और गलमुच्छड़ अपनी तर्जनी दूसरे हाथ की मुट्ठी में लिए उसे अपनी जाँघों के बीच दबाकर 'सी' 'सी' करने लगा। गलमुच्छड़ की इस 'सी' 'सी' का बच्चे ने, जो अभी भी बर्थ की टेक का सहारा लिए गलमुच्छड़ की ओर मुँह किए खड़ा था और जिसकी लंगोटी इस सारे प्रकरण में कुछ इधर-उधर हो गई थी, कुछ गलत अर्थ निकाला और बाकायदा धार बनाकर मूतने लगा। गलमुच्छड़ की वर्दी को भेदती हुई बालामृत की गरम-गरम धार उसके शरीर तक पहुँची तो उसने चौंककर उधर देखा।

'अबे, अबे...सरकारी वर्दी पर...तेरी तो...!' उसने कहा और जाँघों के बीच हाथ की मुट्ठी में बन्द अपनी जख्मी तर्जनी को छोड़कर तुरन्त उठकर खड़ा हो गया ताकि

बच्चे के इस नए आक्रमण से, जो कुछ-कुछ आज के जमाने में पुलिस द्वारा भीड़ को भगाने के लिए उस पर छोड़ी जानेवाली पानी की तेज धार से मेल खाता था, बच सके और खिड़की के निकट आकर, जहाँ हवा का झोंका कुछ तेज था, अपनी वर्दी के भीगे हुए हिस्से को चुटकी से पकड़कर तन से अलग करते हुए सुखाने लगा।

इस बीच गाड़ी, जो बच्चे, उसके गावदी बाप और जवान माँ के इस डिब्बे में चढ़ने के बाद तीन-चार स्टेशनों पर सवारी लेने और उतारने के बाद अगले स्टेशन की ओर बढ़ रही थी, सहसा फिर धीमी पड़ने लगी और खिड़की के पार वृक्षों के बीच कहीं-कहीं कुछ रोशनी-सी दिखाई देने लगी।

'अपन टेसन आएगा जानौ।' बच्चे की माँ ने कहा।

बच्चे के बाप ने थोड़ा टस-मस होकर खिड़की के पार झाँका। तब अपने सन्दूक पर आसन जमाए व्यक्तियों से बोला, 'ए भइया उठौ तनिक, सन्दूक उठावै देव।'

सन्दूक पर बैठे दोनों व्यक्ति बच्चे के हाथों गलमुच्छड़ की यह दुर्दशा देखकर हँसने में इतना व्यस्त थे कि उसकी बात को सहसा समझ नहीं सके।

'अरे उठौ भइया, तुमही ते कहि रहे हन।' उसने दोबारा उन लोगों को कोंचा तो वे उठकर खड़े हो गए।

बच्चे की माँ भी सीट से उठकर अपना लहँगा झाड़ने लगी। तब बच्चे की ओर मुड़कर बोली, 'आ अइसी...। मुंसीजी तुइका मारिन नाई, यहै का कम है?'

गलमुच्छड़ ने गुस्से से बच्चे की माँ की ओर घूरा, 'मारिन नाई का मतलब? छोड़ दूँगा क्या मैं इसको ऐसे? इस साले की आज मैं बोटी-बोटी काट डालूँगा। तू बैठ वहीं अपनी जगह।'

'हमार टेसन आएगा है।' बच्चे की माँ ने गलमुच्छड़ की ओर दयनीय दृष्टि से देखते हुए कहा।

'टेसन आएगा? आएँ! इतना जल्दी टेसन कैसे आ गया? चल, अच्छा नीचे निपटता हूँ तुझसे बेटा।' उसने बच्चे को गोद में उठाते हुए कहा, 'चलती ट्रेन के नीचे न डाला तुझको तो हरामी की औलाद कहना।'

पैसेज में काफी भीड़ थी। इसके बावजूद बच्चे का बाप सन्दूक ऊपर उठाए डिब्बे के गेट तक पहुँच गया था और पीछे मुड़कर अपनी पत्नी की प्रतीक्षा कर रहा था। तभी उसकी पत्नी और उसके पीछे बच्चे को गोद में लिए गलमुच्छड़ भी गेट पर पहुँच गया। गाड़ी अब बिलकुल रेंग रही थी। तभी सहसा प्लेटफॉर्म दिखाई देने लगा। स्टेशन के अन्दर तथा बाहर प्लेटफॉर्म पर लगभग अँधेरा था।

'इस वक्त रात में तुम लोगा जाओगे कहाँ?' गलमुच्छड़ ने बच्चे को गोद में लिए हुए उसकी माँ से पूछा। इस पूरे प्रकरण में यह पहला वाक्य था, जो गलमुच्छड़ सहज ढंग से बोला था।

'जाबै कहाँ! हिऐं टेसन पर रहिबे।' बच्चे की माँ ने उत्तर दिया।

'इस अँधेरी रात में यहाँ टेसन पर कहाँ रहोगी?'

'टेसन पर काहे रहिबे, अपने घर माँ रहिबे। हिऐं तो खलासी हैं ई के बप्पा। टेसन के पीछे सरकारी क्वाटर बना है रेलवई का।'

'अच्छा बेटा, तभी मैं कहूँ, इतने शेर क्यों हो रहे हो? अपने घर पहुँच गए हो। अपने घर में तो कुत्ता भी शेर होता है।' गलमुच्छड़ ने बच्चे से कहा।

गाड़ी सहसा एक झटके के साथ रुक गई और बच्चे का बाप सन्दूक लेकर नीचे उतर गया। उसके पीछे औरत भी नीचे उतर गई और अपने दोनों हाथ गेट पर खड़े गलमुच्छड़ की ओर बढ़ाते हुए बोली, 'मुंसीजी, अब ई का दइ देव हमका। जऊन खता भै तऊन माफ करो।'

'जा साले, तेरी तकदीर अच्छी थी, जो तू बच गया आज। नहीं तो मौत ही लिखी थी तेरी मेरे हाथों।' गलमुच्छड़ ने बच्चे से कहा।

बच्चा उसकी इस बात पर हँसा और एक बार फिर उसने गलमुच्छड़ की दाढ़ी अपनी मुट्ठी में भर ली।

'अबे, अबे, साले, चलते-चलते हरामीपन?' गलमुच्छड़ ने कहा और उसके हाथ से अपनी दाढ़ी छुड़ाते हुए जोर-से उसका मुँह चूम लिया। तब, 'जा बेटा, तू भी क्या याद करेगा?' कहते हुए उसे उसकी माँ की ओर बढ़ा दिया।

'नमस्ते मुंसीजी।' बच्चे की माँ ने गलमुच्छड़ से कहा और बच्चे को गोद में लिए हुए सन्दूक सिर पर रखे प्लेटफॉर्म पर आगे बढ़ गए अपने पति के पीछे चल दी।

डिब्बे के गेट पर खड़ा गलमुच्छड़ उन्हें जाते देखता रहा। अँधेरे में उनके सिल्हूट थोड़ी दूर तक दिखाई देते रहे। तब प्लेटफॉर्म पर लगे लोहे के जंगले के बीच सीखचों को तोड़कर बनाए गए रास्ते से बाहर जाकर दोनों अँधेरे में खो गए।

गलमुच्छड़ अपनी सीट पर लौटकर आया तो उसके साथी ने, जो अब तक अपनी बर्थ पर लेट चुका था, उससे पूछा, 'पहुँचा आए?'

'हाँ।' गलमुच्छड़ ने कहा।

'घर में पोता खिलाने से जी नहीं भरता?' उसके साथी ने प्रश्न किया।

'घर में रहने भी देती है सरकार साली?' उसने कहा और जहाँ बच्चे ने पेशाब की थी, वहाँ हाथ रखकर देखने लगा कि अब तक सीट पूरी तरह सूख गई है या नहीं।

ब्रंच

शैलेंद्र सागर

अनुज के आने से एकाध हफ्ते पहले ही घर के माहौल में बदलाव नजर आने लगता है। इन चहारदीवारियों में जमी एकरसता टूटने लगती है। उनमें उल्लास और उत्साह की छटा बिखरने लगती है। चारों ओर एक थिरकन-सी महसूस होती है, ठीक वैसे ही जैसे होली या दीवाली के पर्वों से पूर्व चारों ओर एक चहकता, पलक भरा वातावरण रच-बस जाता है—इंद्रधनुषी, झिल-मिलाता, चित्त को लुभाता और जीवन को नए रागों और रसों से सराबोर करता...।

लम्बे अर्से बाद बच्चों का घर आना कुछ ऐसा ही अहसास है। जहनी तैयारियाँ तो एकाध महीने पहले ही शुरू हो जाती हैं। दिव्या तो डायरी में लिखकर पूरी सूची तैयार करती है। अनुज के कमरे की साफ-सफाई, टीवी और केबिल कनेक्शन, कम्प्यूटर और इन्टरनेट (वेब बिना लाइफ डेड है मॉम, वी सरवाइव ऑन दिस ऑक्सीजन), उस हाई टेक म्यूजिक सिस्टम की डीलर द्वारा चेकिंग (क्या डैड, तीन साल में भी आप और मम्मी इसे चलाना नहीं सीख पाए, जैसे किसी गलत बटन दबाने से कोई बड़ा धमाका हो जाएगा), उसकी वार्डरोब और बुकशेल्फ की झाड़पोंछ, साफ-सुथरे बैडशीट, बैडकवर और तकिए के गिलाफ से लेकर बाथरूम में पसंदीदा साबुन, शैंपू और दो तौलिए...। आरम्भ के तीन-चार दिनों का नाश्ते, खाने का मैनू तक...। सिर्फ तीन-चार दिन इसलिए क्योंकि अनुज के अनुसार, लगातार घर का खाना खाने से उसका हाजमा बिगड़ने लगता है, पेट खराब हो जाता है, जीवन बड़ा नीरस, बदरंग और अरुचिकर प्रतीत होता है और शायद एक तुच्छता बोध और हेय भावना मन को जकड़ने लगती है।

'इट्स सो डिप्रेसिंग...।' पिछली बार उसने कहा था।

'डिप्रेसिंग...' बाबा नाराज होकर बोले, 'तुम्हारी उम्र में तो हमें इस शब्द का अर्थ भी नहीं मालूम था। फिर घर के खाने से ये सब...?'

वह उठकर चले गए थे। अकसर वह यही करते हैं अब।

दिव्या और प्रकाश पहले हँसे थे और फिर समझाने की कोशिश करने लगे। हालाँकि वे जानते हैं कि इस मामले में न बाबा का रोष और न ही उनका समझाना बुझाना अनुज के लिए कोई मायने रखता है। अब तो वह बुरा भी नहीं मानता और न ही प्रतिवाद करता है। या तो अनसुनी कर भूल जाता है अथवा पुरानी पीढ़ी की बासी सोच से मुक्ति ही बेहतर समझता है।

बाबा जरूर अपनी आपत्ति और आक्रोश को प्रभावहीन देखकर मन-ही-मन कुढ़ते हैं। प्रकाश और दिव्या अपनी असफलता को युवा मानसिकता, उसकी सोच और नई जीवन शैली मानकर चाहे-अनचाहे स्वीकार कर लेते हैं।

आज दोपहर की फ्लाइट से उसे आना है—बैंगलोर से दिल्ली और फिर दिल्ली से लखनऊ। दिव्या ने सुबह उठते ही नहा-धोकर घर के मन्दिर में पूजा-अर्चना की—अनुज की सुरक्षित यात्रा के लिए...। प्रकाश ने जाहिरा तौर पर कुछ नहीं किया पर मन-ही-मन उस 'सर्वव्यापी परमशक्ति' को स्मरण अवश्य किया।

'बेटा, दिल्ली पहुँचते ही फोन कर देना...।'

'ठीक है, पापा...।'

पहले हँसता था अनुज पर अब निस्पृह भाव से उत्तर देता है।

'अपना खयाल रखना...।'

हवाई यात्रा के सन्दर्भ में पापा की यह हिदायत उसे नितान्त हास्यास्पद एवं बचकानी प्रतीत होती है पर 'ओके बाय' कहकर उसने फोन काट दिया है।

अनुज का सपाट और भावशून्य उत्तर प्रकाश को कहीं चुभता-सा है हालाँकि वह जानता है कि ये हिदायतें इन नवयुवकों के लिए कितनी बेमानी हैं। कभी अपनी इस बेवजह चिन्ता पर वह शर्मसार भी महसूस करता है। हवाई यात्र अब उसके लिए भी कोई अजूबा नहीं है, पर ऐसा क्यों है कि जब कभी अनुज यात्रा के लिए प्रस्थान करता है तो मन अस्थिर होने लगता है, तरह-तरह की आशंकाओं से अंतर्मन घिर जाता है और सफर की समाप्ति पर ही इस यन्त्रणा से मुक्ति मिलती है।

'क्या हवाई जहाज से आ रहा है?' बाबा ज्यादा परेशान और चिन्तातुर हैं।

'हाँ, बाऊजी। आठ-दस दिन की छुट्टियों में से चार-पाँच दिन अगर सफर में निकल जाएँ तो घर रहने का वक्त ही कहाँ है? फिर अब हवाई टिकिट भी इतने सस्ते हो गए कि ट्रेन से सफर करने का कोई मतलब ही नहीं है।'

कोई अशुभ बात कहने से बचते हैं वो।

'बाऊजी, अब डरने से क्या होता है? लाखों लोग रोज सफर करते हैं। हम, आप अभी इस नई दुनिया, उसकी तेज रफ्तार, दौड़-भाग और मौजूदा समय के सच के अभ्यस्त नहीं हुए हैं। उसे पूरी तरह जीवन में आत्मसात नहीं कर पाए हैं, इसलिए डरते हैं। एक्सीडेंट कहाँ नहीं होते...? पैदल चलने वालों, स्कूटर, मोटर साइकिल, कार, बस की दुर्घटनाओं से अखबार भरा रहता है। पर इससे लोग आना-जाना तो बन्द नहीं कर देते? भगवान का नाम लेकर आदमी चलता ही है।'

प्रकाश जानता है कि यह संवाद बाऊजी से न होकर स्वयं से है। खुद को ही ज्यादा समझाना है उसे। पर हृदय की धुकधुकी साथ नहीं देती। उसकी सत्ता मस्तिष्क से परे और स्वतन्त्र जो है।

अनुज के दिल्ली पहुँचने का अनुमान लगाकर वह उसे फोन मिलाने लगा है। फोन स्विच ऑफ है। कम्प्यूटर की आवाज दिल में खदबदाहट-सी पैदा करती है।...सुबह सात बजे की फ्लाइट थी और ढाई घंटे की यात्रा। अब दस बजने वाले हैं, फिर भी अभी नहीं पहुँचा। शायद किसी वजह से फ्लाइट में देरी हुई हो।...हर जगह इंडियन टाइम...! फिर ट्रेन और हवाई यात्रा में क्या फर्क हुआ...!

'अभी फोन नहीं आया...?' दिव्या ने किचिन से ही पूछा है।

'अरे आता होगा। फ्लाइट थोड़ी-बहुत लेट हो गई होगी। फिर सामान लेने में भी तो वक्त लग जाता है।' अनचाहे उसके स्वर में झुँझलाहट आ गई है। उद्विग्न होकर वह कमरे में टहलने लगा है।

'तुम क्यों नहीं मिला लेते फोन...?'

'लगाया तो था...।' उसकी आवाज कर्कश हो चली है, 'सारी चिन्ता तुम्हें ही तो है।'

अपनी इस अकारण खीझ पर वह क्षुब्ध महसूस करता है। जब वह इतना त्रस्त है तो दिव्या तो माँ है आखिर जो हर-पल बेटे की सोच में डूबी रहती है, दूरी के बावजूद उसी के अस्तित्व में अपना वर्तमान और भविष्य देखती है। अनुज ही उसके जीवन का यथार्थ और स्वप्न है, सन्तोष और आशा है।

अपने को स्थिर और संयत करने के लिए वह आरामकुर्सी पर पसर गया है।

एकाएक फोन की घंटी बजने लगी है।

'हलो पापा...।'

'ठीक तरह दिल्ली पहुँच गया...?'

'हाँ, अब तीन घंटे बाद लखनऊ की फ्लाइट है। ओके बाय पापा...।'

सुकून की एक लहर-सी प्रवाहित हुई है उसके अन्दर। एक लम्बी साँस लेकर अपने अन्दर जमे तनाव को पिघलाने की कोशिश करता है वह। ऐसा लगा, जैसे दग्ध त्वचा पर किसी ने ठंडा फाया रख दिया हो जिसकी शीतलता पोर-पोर में रिस रही है।

'फोन आ गया, मैडम...' रूखे स्वर में मानो लय समा गई है।

'अरे, तो मेरी बात तो करा देते...।'

'कोई खास बात करनी थी क्या...?' वह कटाक्ष भरे स्वर में कहता है, 'शायद उससे बात किए बिना कई दिन बीत गए होंगे।' वह हँसने लगा है।

'फिर तुम क्यों परेशान होकर इधर-उधर घूम रहे थे?' दिव्या भी ताना मारने में पीछे कहाँ...!

अब प्रकाश के चुप रहने की बारी है। बेटे को लेकर अकसर चिन्ताओं के छुपाव का खेल उसके बीच चलता है जिसमें एक-दूसरे के प्रति उपहास का भाव भी छिपा रहता है। जिसको जब अवसर मिलता है एक-दूसरे की कमजोरी उघाड़कर भावनात्मक शोषण करने में चूक नहीं करते। नतीजतन, एक तनावपूर्ण खामोशी छा जाती है, कभी एक दमघोंटू संवादहीनता भी...।

पेट खाली बर्तन की तरह बजने लगा है। प्रकाश लॉबी में आ गया है और धीरे से कहा है, 'चलो अब नाश्ता लगाओ। बाऊजी ने भी सुबह से कुछ नहीं खाया है।'

अनुज द्वारा लंच के लिए मना करने से दिव्या आहत है। प्रकाश के समझाने के बावजूद कि लंच टाइम होने के कारण अनुज यात्रा में ही खा-पीकर आएगा, वह सुबह से ही किचिन में लगी है। काफी मान-मनौव्वल के बाद अनुज राजमा-चावल और अपनी पसंदीदा मखाने की खीर खाने को राजी हुआ। दिव्या का हृदय आत्मसन्तोष और तृप्ति से भर उठा।

भोजन से निवृत होकर देर तक बेटे से बात करने का मन है उसका पर अनुज ने हाथ धोते ही पूछा है, 'पापा, इन्टरनेट ठीक है न...?'

'मैंने ही तो पीछे पड़कर ठीक कराया है।' दिव्या ने अवसर का सदुप्रयोग किया है।

'क्यूँ, आप नेट यूज नहीं करते पापा...?'

'हाँ, करता हूँ। यूनीवर्सिटी में लगा है, वहीं एकाध लेटर टाइप कर लेता हूँ।'

'कम ऑन पापा, यह टाइपराइटर नहीं है।'

'मुझे पता है। अपनी ई-मेल भी चेक कर लेता हूँ और जवाब भी दे देता हूँ। पर हम लोग को मेल भेजने वाले कितने हैं?'

'क्योंकि आप नए लोगों से कांटेक्ट नहीं रखते, उनसे कम्युनीकेट नहीं करते। आपने अपनी दुनिया उन्हीं चार-छह लोगों तक सीमित कर ली है जो आपके आसपास सालों से हैं जिनके पास आपके लिए अब कुछ भी नया नहीं है। नए और अनजान लोगों के लिए आपके मन में संकोच है, शायद शर्म भी। इसलिए उनसे कुछ शेयर करने में आपको दिक्कत होती है, आप लोग नई दुनिया से अनजान और बेखबर रहते हैं।

'क्योंकि हम लोगों का विकास और बुनावट ही ऐसी है...।'

'लेकिन अपने आपको डेवेलप करने का मौका तो आपको देना चाहिए। बदलाव को एक्सेप्ट करना चाहिए। पर आप पैंट और शर्ट छोड़कर जींस और टी-शर्ट नहीं पहनना चाहते। होटल में जाकर सालों-साल में वही मलाई कोफ्ता, माह की दाल और शाही पनीर खाना पसन्द करते हैं। आप नई चीज ट्राई करने से कतराते हैं, डोंट वांट टू वेंचर इन न्यू एरियाज...।'

प्रकाश हौले-से मुस्कुरा दिया है।

'पापा', अनुज ने बात बढ़ाई है, 'यू आर नॉट यूजिंग टेक्नोलॉजी। बिना नेट के अब कौन सरवाइव कर सकता है? आपको अपने एकेडिमिक फील्ड की कितनी जानकारियाँ इससे मिल सकती हैं।'

'किताबें हैं तो। बेटा, हमारी जेनेरेशन तो उसी को पढ़कर आगे बढ़ी है।'

'पर बुक्स तो आउटडेटेड होती हैं। नेट पर लेटेस्ट सर्चेस और स्टडीज हैं। नेट से आप अपने सब्जेक्ट में अपटूडेट रह सकते हैं, बुक्स से नहीं।'

'आई नो बेटा, पर मुझसे कम्प्यूटर पर देर तक बैठा ही नहीं जाता। मुझमें इतना धैर्य भी नहीं है। आई फील बोर्ड...।'

अनुज ठहाकार मारकर हँस दिया है और देर तक हँसता रहा है। वह यकीन ही नहीं कर सकता कि आज के समय में कोई व्यक्ति नेट सर्फिंग जैसे रोचक काम से ऊब महसूस कर सकता है। प्रकाश के कथन पर वह हैरान है।

'पापा, किसी और के सामने यह मत कह दीजिएगा वरना बैलगाड़ी युग के समझे जाएँगे।'

'पर यह सच है। कभी-कभी साइट खुलने में कितना समय लगता है? मुझे समझ ही नहीं आता कि उस वक्त क्या करूँ?'

'ओह माई गॉड...।' चकित होकर अनुज अपना माथ पकड़ लेता है, 'आई कांट बिलीव...। पापा, हर काम करने में कुछ टाइम तो लगता है न। कम्प्यूटर तो सुपर फास्ट मशीन है। करोड़ों डाटा में से कुछ खोजने में कुछ वक्त तो लगेगा ही, पर कितना...कुछ सेकेंड्स। किताबों को ढूँढ़ने में और फिर वह टॉपिक देखने में उससे कहीं ज्यादा टाइम लगता है। कम्प्यूटर का कोई ऑल्टरनेटिव है ही नहीं। कमरे में बैठे-बैठे ही दुनिया-भर की जानकारी मिल जाती है। एक क्लिक ऑफ माउस प्रेजेंट्स द एंटायर वर्ल्ड बिफॉर यू...। इतना ही नहीं, आप सवाल करके अपने शक भी दूर कर सकते हैं।'

'बेटा, इतना सब तो मैं जानता ही हूँ। कम्प्यूटर के महत्त्व से मैं इनकार कब कर रहा हूँ? मुझे मालूम है कि मौजूदा और आगे आने वाले समय में कम्प्यूटर के बिना जीवन की किसी गतिविधि की कल्पना ही नहीं की जा सकती। इससे समाज

और जीवन शैली में जबरदस्त बदलाव आया है। टेलीकम्युनीकेशंस, रेलवेज, बैंक– जहाँ–जहाँ इसका ठीक इस्तेमाल हो रहा है, वहाँ की कार्य संस्कृति ही बदल गई है, पूरा जनजीवन इससे प्रभावित हुआ है।'

'इतना सब जानने के बाद अब खुद कम्प्यूटर का प्रॉपर यूज क्यों नहीं करते?'

'शायद एटीट्यूड और ओरियंटेशन की कमी है, हमारी पूरी जेनेरेशन में...। पिछली पीढ़ी से हम आगे जरूर बढ़े हैं पर तकनीक को पूरी तरह एडॉप्ट नहीं कर पाए। इसे इस्तेमाल करने में अभी एक संकोच है, झिझक है या जानकारी को लेकर उतनी बेताबी नहीं है जितनी तुम लोगों में दिखलाई पड़ती है क्योंकि तुम ज्ञान-विज्ञान के विस्फोट कें समय में पैदा हुए हो। हमारे अन्दर हर चीज के लिए सन्तोष की भावना है–चाहे वह जानकारी हो, या जीवन शैली, आमदनी हो या खर्चा, रिश्ते हों या दूरियाँ; यह हमारे अन्दर का संस्कार है जो हमें नई दुनिया में प्रवेश करने से रोकता है शायद। जो है उसमें ही तृप्ति और आनन्द का अहसास कराता है। नई पीढ़ी ऐसी नहीं है। उसमें हर चीज के लिए अतृप्ति का भाव है, ज्यादा जानने, बेहतर जीवन की अदम्य लालसा है।'

'उसमें बुराई क्या है डैड...?'

'इसमें अच्छाई और बुराई–दोनों हैं। तुम लोग ज्यादा बुद्धिमान, जानकारी से परिपूर्ण और हर दृष्टि से समृद्ध हो, पर उतने ही बेचैन और संत्रस्त भी। तुम लोगों के जीवन में स्थिरता का कितना अभाव है। हर दो साल में नौकरी बदलना चाहते हो, नए-नए स्थानों पर रहना चाहते हो, नए दोस्त बनाते हो, नई गाड़ी और नए गैजेट्स खरीदते हो। पर शायद आधुनिक जीवन यही है। मुझे इसमें कोई खराबी नजर नहीं आती। पर हम शायद नहीं बदल पाएँगे।

'इजंट इट अनफॉरचूनेट पापा...? आप लोग ही गवर्मेन्ट, एडमिनिस्ट्रेशन और एकेडेमिक्स के टॉप पर हैं। इसीलिए टेक्नोलॉजी के इस्तेमाल से सुधार होना चाहिए, वह नहीं हो रहा है। पब्लिक को सही सुविधाएँ नहीं मिल पा रही हैं। आप अभी भी बिजली, पानी और टेलीफोन का बिल देने के लिए आधे दिन लाइन में खड़े रहते हैं। ट्रेन का रिजर्वेशन और बैंक जाने के लिए वक्त खोजते हैं। हम लोग तो सब काम बैठे-बैठे करते हैं।'

'हर जगह ऐसी सुविधाएँ भी तो नहीं हैं।"

'कौन देगा, आप लोग न...। बट यू प्यूपिल डोंट वांट टू चेंज...। और पापा, इसके पीछे एक बहुत बड़ा रैकेट है, वेस्टड इंट्रेस्ट हैं, करप्शन है। इसीलिए तो पुराने लोग सुधार नहीं करना चाहते। टेक्नोलॉजी के इस्तेमाल से आदमी से इंटरफेस कम हो जाता है। फिर रिश्वत कौन देगा, सामने खड़ा होकर हाथ जोड़कर कौन गिड़गिड़ाएगा, अफसरी कैसे पता चलेगी...?'

माहौल की गम्भीरता को कम करने के उद्देश्य से अनुज धीरे-से हँस दिया है।

प्रकाश गहरी सोच में डूब गया है। अपने बेटे के लिए अपूर्व गर्व की अनुभूति उसके अन्दर लहराने लगी है। बेटे से मिली पराजय कितनी सुखद होती है। वर्ड्सवर्थ ने ठीक ही तो लिखा था—चाइल्ड इज द फादर ऑफ मैन...

घंटों से अनुज इन्टरनेट खोलकर उसमें डूबा हुआ है। दिव्या तीन-चार बार उसके कमरे में आकर उसे देखकर वापस लौट गई है। वैसे यह उसके आराम करने का समय है पर आँखों में नींद कहाँ...? उसका मन तो बेटे के साथ ही उलझा हुआ है। अनुज से बातें करने को उसका मन बार-बार हुलसता है। पर उसे इसका लेशमात्र भी अहसास नहीं है।

'कुछ खाएगा, बनाऊँ?'

'न...।'

'बाजार से कुछ मगाऊँ?'

'न...।'

'चाय, कॉफी, जूस...।'

'न...।'

'चल, बाजार का चक्कर लगा आएँ...।'

'न...।'

'तेरे लिए बाजार से चॉकलेट मँगाकर रखी है, वो तो खा ले...।'

'न...अच्छा दे दो...।'

अनुज की आँखें कम्प्यूटर मॉनीटर पर जड़ी हैं। माँ की ओर देखने की फुर्सत ही कहाँ है उसे। पर अन्तिम सकारात्मक उत्तर देकर माँ और बेटे—दोनों ने राहत की साँस ली है। माँ ने अपने प्रयास की सफलता पर और बेटे ने माँ के व्यवधान से मुक्ति पर...।

'ले...।' दिव्या फ्रिज से चॉकलेट निकालकर ले आई है।

'रैपर खोल दो...।' स्क्रीन से नजरें हटाए बिना अनुज ने उत्तर दिया है।

दिव्या उसकी बेरुखी पर कहीं चुभन-सी महसूस करती है। वह बड़े गौर से अनुज के चेहरे को देख रही है। उसके चेहरे पर धीमी-सी मुस्कुराहट छाई हुई है, आँखों में अजब-सी चमक और उत्साह है। एक नई दुनिया का ठाठ उसमें हिलोरें ले रहा है। दिव्या का मन हुआ कि वह कम्प्यूटर स्क्रीन पर लिखे शब्दों को पढ़े। कहीं ईर्ष्या भाव भी उसके अन्दर कुलबुलाने लगा है। कौन है जो अनुज को इस हद तक अपने में मगन कर रहा है, उसे पूरी तरह दीन-दुनिया से बेखबर कर रहा है और शायद उसके दिल को गुदगुदा भी रहा है। सबसे कष्टप्रद यह कि अर्से बाद मिली माँ तक के लिए बेरुखी पैदा कर रहा है।

'क्या चैटिंग कर रहा है...?' उसने यह शब्द सुना है। किसी अनचाही-सी आशंका के साथ उसने पूछा है। पड़ोस के माहेश्वरी की लड़की की शादी चैटिंग के जरिए ही तो हुई थी। न शक्ल-सूरत और न ही कोई खास पढ़ाई-लिखाई, पर कितना अच्छा लड़का मिल गया...।

'न...।'

पता नहीं क्यों, अनुज पर विश्वास करने का मन नहीं हुआ। इस पन्द्रह इंची परदे में तल्लीनता की ऐसी क्या वजह हो सकती है? न माँ का खयाल, न ही खाने का होश, दीन-दुनिया से बेखबर, बिना नजरें मिलाए उत्तर देना–कहीं कुछ तो गड़बड़ जरूर है, दिव्या ने सोचा और अन्दर ही अन्दर खलबली-सी महसूस की उसने। उसका मन हुआ कि पूछे कि चैटिंग में क्या होता है, क्या आवाज आती है, या फोटो भी दिखती है। लेकिन अनुज के संक्षिप्त उत्तर ने किसी संवाद की सम्भावना पर जैसे विराम लगा दिया है।

'फिर क्या कर रहा है तीन घंटे से...?' अब पूछे बिना रहना नामुमकिन था।

'मॉम तुम्हें याद है, मेरे साथ सेंट फ्रांसिस में फोर्थ, फिफ्थ में भूरी आँखों वाला एक लड़का पढ़ता था, पुनीत...?'

'हाँ, शायद...।' दिव्या की स्मृति में एक धुँधला-सा चेहरा उभरा है।

'इतने सालों बाद आज मिला है, आरकुट में, यूएस में है। डैम रिच...मर्सीडीज में घूमता है। और यहाँ साला कम्पनी लोन से खरीदी छुटकी ऑल्टो से ही आगे नहीं बढ़ पाए। शिट...। तभी तो कहता हूँ यूएस जाने दो पर तुम्हारा रोना-धोना...।'

'शादी करके चले जाना। यहीं कौन मेरे साथ रहता है? साल में एक बार आया है तब से कम्बख्त कम्प्यूटर में घुसा पड़ा है।' मन की भड़ास निकालने का मौका दिव्या को मिल ही गया।

'ओह सॉरी मॉम...। पर ये साइट है ही इतनी एक्साइटिंग...। रोज मुझे नए-नए दोस्त मिलते हैं। उनके बारे में जान कर कितना अच्छा लगता है। कान्टेक्ट रिन्यू हो जाते हैं। कहो तो तुम्हारी बचपन की कोई सहेली ढूँढ़ दूँ?'

कहकर अनुज जोर से हँस दिया है। पहली बार उसने दिव्या की ओर देखा है। उसके हाथों से चॉकलेट लेकर मुँह से काटने लगा है। दिव्या भी मुस्कुरा दी है। हृदय में उठ रही तरह-तरह की निर्मूल शंकाओं से मुक्ति अनुभव की है उसने।

एक राहत भरी साँस लेकर वह अपने कमरे में लौट आई है।

बाबा मन-ही-मन नाखुश हैं, हालाँकि अकसर कुछ कहने से बचते हैं वो। लेकिन जब अन्दर खदकने लगता है तो गाहे-बगाहे मुँह से कुछ निकल ही जाता है। नई पीढ़ी से न उन्हें बैर है और न ही उसकी क्षमता और मेधा को कम आँकते हैं वो। सच तो यह है कि आज के बच्चों की प्रतिभा, सामान्य ज्ञान, नए क्षेत्रों के प्रति

उनकी उत्सुकता व उसकी ग्राह्यता तथा अन्वेषण का सतत प्रयास उन्हें हैरान करता है, लुभाता भी है। कभी उन्हें यह भी लगता है कि काश, वह अपने बच्चों को ये सुविधाएँ दे पाते, उनके व्यक्तित्व का ऐसा ही विकास हो पाता तो प्रकाश को आईएएस बनने से कौन रोक सकता था जहाँ दो बार लिखित परीक्षा में उत्तीर्ण होकर भी वह साक्षात्कार में असफल रहा? अन्य गतिविधियों में प्रौढ़ शिक्षा का उल्लेख उसने अपने फार्म में कर दिया था। बस, इन्टरव्यू में प्रौढ़ शिक्षा में तकनीक के प्रयोग के प्रश्न का वह सन्तोषजनक उत्तर नहीं दे सका। उस सैटेलाइट के बारे में नहीं बतला सका जो कुछ ही समय पूर्व इसी उद्देश्य से लांच किया गया था। उस समय टीवी तक तो घरों में था नहीं तो बेचारा सैटेलाइट के बारे में क्या बतला पाता?

इसलिए टीवी को खासा महत्त्व देते हैं बाबा। ज्ञान-विज्ञान, मनोरंजन, खेलकूद, धर्म–गरज यह कि जो आप चाहें। पर यह भी उन्हें बर्दाश्त नहीं कि साल में एक बार लड़का घर आए और न किसी से बातचीत, न ही घर, परिवार और दीन-दुनिया की चर्चा करे और सिर्फ टीवीनुमा किसी चीज पर अपनी नजरें टिकाए रहे। कम्प्यूटर के बारे में वह अधिक नहीं जानते। आरम्भ में वह इसे टीवी ही समझते रहे। हालाँकि अखबार से उन्हें अब इतना पता चल गया है कि इस छोटे टीवी में बहुत कुछ है। पर क्या, कैसे, न वह जान पाए हैं और न ही उसमें इसे जानने की कोई विशेष जिज्ञासा है।

आने के तुरन्त बाद मम्मी-पापा से मिलकर उसने बाबा के पैर छुए थे। बाबा के लिए यह उसका 'स्पेशल जेस्चर' है। ऐसा वह स्वयं कहता है क्योंकि उसका इस तरह के ढकोसलों में कोई विश्वास नहीं है। दिव्या का तो मन भी करता है कि अनुज उसके चरण स्पर्श कर आशीर्वाद प्राप्त करे पर अपने को हास्यास्पद बनाने के डर से वह कुछ कह नहीं पाती।

'जरा नहा-धोकर फ्रेश हो लूँ।' कहकर वह बाबा के पास से चला आया था। तबसे ही उन्हें अनुज की प्रतीक्षा है। इकलौता पोता है उनका, परिवार का भविष्य, वंश को चलाने वाला। कितना दिल चाहता है कि वह देर तक उनसे बातें करे, अपने परिवार और दादी के बारे में कुछ पूछे। अपने पिता के जीवन यात्रा की घटनाओं को रुचिपूर्वक सुने, उनके जीवन संघर्ष और उपलब्धियों को जानकर गौरवान्वित महसूस करे और प्रेरणा भी ले।

पर अनुज यह सब जानने के लिए कतई उत्सुक नहीं है। कुछ वर्षों पूर्व जब भी वे अनुज को कुछ बतलाना चाहते तो वह पहले उदासीनता प्रदर्शित करता और बाबा के जोर देने पर कह देता, 'गड़े मुर्दे उखाड़कर क्या होगा, बाबा? पास्ट जानकर क्या करना है मुझे? मैं इसमें इंट्रेस्टेड नहीं हूँ। मुझे सिर्फ भविष्य का सोचना है।'

उस समय बाबा को खासा बुरा लगता था, पर अब उन्होंने भी स्वीकार कर लिया है कि वह भविष्य की पीढ़ी है, भूत की नहीं। अतीत से मुक्त होकर ये लोग केवल आगे देखना चाहते हैं।

पर बाबा तो बीते समय की स्मृतियों को संजोकर ही मानो जीवित हैं। वही उनकी शक्ति और संजीविनी है जैसे। अपना और अपने परिवार का संघर्ष, अपना जीवन वृतान्त, अपनी सारी सफलताएँ और उपलब्धियाँ ही जैसे वह ओढ़ते-बिछाते हैं। कभी प्रकाश से बात करके वह अपनी भड़ास निकाल लेते थे पर अब उससे कुछ कहने को शेष भी तो नहीं है। इसलिए किसी प्रसंग का सन्दर्भ आते ही वह ऊब महसूस करने लगता है।

और अनुज..., भूत से पूरी तरह असंपृक्त...मात्र भविष्य का स्वप्न सँजोए...।

वह हैरान होता है कि बाबा पूर्व स्मृतियों के सहारे कैसे जिन्दा हैं।

और बाबा भी कम चकित नहीं हैं कि भविष्य का कोई सपना उन्हें आकर्षित करना तो दूर, दिखता तक नहीं है।

फोन की घंटी बजने पर दिव्या को आभास है कि यह किसका फोन है। अनुज के आने से पूर्व तीन बार अदिति का फोन आ चुका है। दिल्ली से दोनों ने इंजीनियरिंग का अध्ययन साथ ही किया है। दोनों साथ आते-जाते थे, अच्छा मेल-जोल था उनका। पढ़ाई के बाद अदिति ने यहीं सहारा ग्रुप ज्वायन कर लिया और अनुज पहले हैदराबाद और फिर अब बैंगलोर...। लेकिन दोस्ती बरकरार रही।

प्रकाश और दिव्या को इसकी पूरी जानकारी है और अदिति के घरवालों से भी कुछ छुपा नहीं है। हालाँकि इससे ज्यादा किसी ने भी कुछ नहीं सोचा है पर दिव्या को यह दोस्ती अन्दर-ही-अन्दर कहीं कोंचती भी है। उसे अदिति में कुछ खराबी भी नजर नहीं आती। पढ़ी-लिखी, स्मार्ट, औसत से बेहतर सुन्दर और अच्छे परिवार की लड़की है। सजातीय न होने पर भी उसे कोई आपत्ति नहीं है किन्तु अदिति की बहू के रूप में परिकल्पना उसके मन में नहीं उतरती।

'क्यों, क्या कमी है उसमें...?' प्रकाश ने एक बार उससे पूछा था।

'सो कोई कमी बतलाना सम्भव नहीं लगता पर...।' वह हौले-से हँस दी थी।

'बोलो न...?'

'क्या कहूँ...? अनुज की बहू खूब सुन्दर, गुड़िया जैसी होनी चाहिए जिसकी आँखों में शर्म और सम्मान हो, हम लोगों और अनुज की इज्जत करे, उसे खुश रखे, उसके घर को सुख समृद्धि से भर दे...।' स्वप्नलोक में जैसे वह खो गई थी।

'तुम्हें लगता है कि अदिति...?'

'देखो, उस बेचारी के लिए मुझसे कोई गलत बात मत कहलवाओ। मुझे यह भी नहीं मालूम कि मैं जो लड़की में चाहती हूँ वो उसमें है भी या नहीं? शायद मैंने उसे इस नजर से कभी देखा ही नहीं।'

'कभी अनुज से इस बारे में बात नहीं की...?'

'मैंने एक बार यूँ ही जिक्र छेड़ा तो बुरा-सा मुँह बनाकर कहने लगा, 'मातृश्री तुम्हारी पसन्द से ही ब्याह करूँगा। हाँ, तुम क्या सोचते हुए इस बारे में...?'

'मैं...।' प्रकाश जैसे किसी गहरे सोच में डूब गया, 'वैसे तो कोई हर्ज नहीं लगता। फिर अगर अनुज की पसन्द है तो हम कर भी क्या सकते हैं? बस मन है कि घर में सुन्दर और सुशील बहू आए, खूब बढ़िया शादी हो, अच्छी आवभगत हो...।'

'मतलब शानदार शादी हो...।' दिव्या चहक उठी थी हालाँकि उसमें कुछ व्यंग्य का पुट भी था।

'देखो, तुम जानती हो कि मैं लेन-देन में यकीन नहीं करता। अच्छी लड़की के अलावा मुझे कुछ नहीं चाहिए।' प्रकाश ने अपनी स्थिति स्पष्ट की।

'हाँ बाबा, पर शादी तो राजकुमारों जैसी चाहते हो...?'

'कौन नहीं चाहता? मेरे अन्दर भी तमाम कल्पनाएँ और आकांक्षाएँ हैं, हालाँकि काफी कुछ मैं खुद नहीं जानता या समझता या शायद बतला नहीं सकता...।'

'कन्फ्यूज्ड लाइक ए प्रोफेसर...।' दिव्या ने टिप्पणी की तो वे दोनों ही खिलखिला दिए। अनुज देर तक अदिति से बातें करता रहा है। न चाहते हुए भी दिव्या के कान उसी ओर लगे हुए हैं। पर फुसफुसाहट और हँसी के अलावा कानों में कुछ नहीं पड़ रहा है।

'मम्मी, छह बजे अदिति आएगी। हम लोग घूमने जाएँगे।' फोन रखकर उसने कहा है।

'पर खाना घर पर ही खाओगे...।'

''ओके मॉम...।'

अदिति के साथ अनुज के घूमने जाने पर बाबा मन-ही-मन किलसते हैं। वह प्रकाश और दिव्या से नाखुश हैं किन्तु अदिति के माँ-बाप पर तो हैरान हैं कि उन्होंने एक जवान लड़की को इस तरह घूमने की इजाजत दे रखी है। वो तो इसे आग और फूस का सम्बन्ध मानते हैं।

'हम लोगों से बात करने की उसे फुर्सत नहीं है और लड़की के साथ घूमने चला गया।' अवसर मिलने पर उन्होंने अपनी शिकायत दर्ज कराई है।

'बाऊजी, घूमे-फिरे बिना इन बच्चों का आजकल खाना हजम नहीं होता। थोड़ा मन बदल जाएगा उसका। अदिति उसकी पुरानी दोस्त है।'

'दोस्त...?' बाबा ने मुँह बिगाड़कर कहा है, 'लड़के-लड़की में कैसी दोस्ती...?'

'बाऊजी, आपके हमारे समय में नहीं होती थी पर अब तो खूब होती है। साथ पढ़ते हैं, एक साथ काम करते हैं तो दोस्ती तो होगी ही...।'

'हमें समझ नहीं आतीं नए जमाने की बातें। कल को उससे शादी कर लेगा तो देखते रह जाना...।' उनके स्वर में एक दर्द उभर आया है। झुर्रियों-भरे चेहरे पर वितृष्णा की काली परछाई-सी छा गई है। अपनी नजरें प्रकाश के चेहरे से हटाकर कहीं शून्य में गड़ा दी हैं उन्होंने।

प्रकाश को लगा कि वह भी अपने पिता की निगाह में कम दोषी नहीं है। बाऊजी का कथन और उनका विद्रूप चेहरा उसके अन्दर तक टीस पैदा कर रहा है। एकाएक उसका चेहरा विवर्ण हो चला है। अन्दर एक बेचैनी-सी महसूस की है उसने। उसने भी तो दिव्या से इस विवाह पर कोई आपत्ति न होने की बात स्वीकारी थी फिर अब...! सच का उद्‌घाटन इतना कड़ुवा क्यों लगा है उसे...? किस तरह का विरोधाभास है उसके अन्दर...? उसे लगा कि अतीत और आगत के बीच वह पिस रहा है। भूत और भविष्य के दो पाटों के बीच एक घुटन-सी महसूस होती है उसे...। बिना कुछ कहे वह वहाँ से उठकर चला आया है।

डायनिंग टेबिल पर सब खामोशी से खाना खा रहे हैं। रात्रिभोज एक साथ करने की परम्परा को प्रकाश और दिव्या ने जीवित रखा है, हालाँकि इसे लेकर अनुज से उनकी असहमतियाँ रही हैं। अकसर वह स्टडीरूम या टीवी के सामने खाना खाने की जिद करता था पर प्रकाश ने उसकी यह बात नहीं मानी। बाबा का कहना था कि एक साथ खाना खाने से घर में सौहार्द्र, आत्मीयता और प्यार बढ़ता है, बच्चों के खान-पान पर अपेक्षित तव्वजो रहती है जो उनके स्वास्थ्य के लिए लाजमी है, महज शारीरिक ही नहीं मानसिक विकास के लिए भी।

अनुज के कानों में आईपॉड के माइक्रोफोन लगे हैं। वह संगीत में डूबा हुआ है। दिव्या ने एकाध बार कुछ परोसने के लिए पूछा है पर उसे सुनाई दे तब तो...। मोबाइल फोन प्लेट के पास रखा है। पता नहीं क्यों उसकी नजर बार-बार उस पर जा अटकती है? शायद उसे पता ही नहीं कि वह क्या खा रहा है।

बाबा भोजन के प्रति उसके इस लापरवाह नजरिए से खुन्नस-सी महसूस कर रहे हैं। उन्होंने भगवान् का भोग लगाया है, जल की कुछ बूँदें थाली के चारों ओर डाली हैं और हाथ जोड़कर 'हरिओम' बुदबुदाते हुए पहला कौर तोड़ा है। तभी मोबाइल में एक तेज बीप होती है जो बाबा के लिए बड़ी नई और अजीब-सी है। सहसा ठिठक गए हैं बाबा। एकबारगी इधर-उधर देखने लगे हैं। अनुज इस सबसे बेखबर मोबाइल बाएँ हाथ में लेकर उसमें लिखे मैसेज को पढ़ने लगा है और धीमे-धीमे मुस्कुरा रहा है। फिर वह मोबाइल की कीज दबाकर उसमें कुछ लिखने लगा है।

'बेटा, एक साथ सब काम...' बाबा अपने को कहने से रोक नहीं सके हैं, 'यह तो भोजन का अनादर है।'

कानों में बजते पाश्चात्य संगीत के शोर-शराबे में बाबा की आपत्ति गुम हो गई है। अनुज खाने में मशगूल हो गया है। इतना अवश्य उसे महसूस हुआ कि कुछ टिप्पणी जरूर की गई है। पर चीजों को नजरअन्दाज करने का उसका अपना ढंग है। मोबाइल में फिर आवाज आई है और उसने वही क्रम दोहराया है।

'बेटा, खाते वक्त तो कम-से-कम कान-हाथ फ़्री रखा करो।' इस बार प्रकाश ने ऊँची आवाज में कहा है।

'सॉरी डैड...।' अनुज ने माइक्रोफोन कानों से हटा लिए हैं और धीरे-से मुस्कुरा दिया है। दिव्या के चेहरे पर भी मुस्कान की एक झीनी-सी छटा छा गई है। उसे तो अनुज की इन हरकतों में वही बालसुलभ नटखट अनु नजर आता है। वैसे भी माँ के सामने बच्चे बड़े कहाँ होते हैं? मुग्ध भाव से वह उसे खाना खाते देख रही है।

'अनुज, आजकल इलाहाबाद में कुम्भ मेला लगा है। सोचता हूँ कि एक दिन के लिए सब लोग चलें।' अचानक प्रकाश ने कहा है।

'आई डोंट माइंड...। अच्छी आउटिंग होगी, ग्रेट पिकनिक...।'

'पिकनिक...।' बाबा ने नाराजगी भरे स्वर में कहा है, 'वहाँ लोग पूजा-पाठ करने जाते हैं, पिकनिक करने नहीं।'

'तो बाबा, आप पूजा-पाठ करना न...। आप तो यहाँ भी रोज एक-डेढ़ घंटे पूजा करते हैं।'

'भगवान् को याद करना अच्छी बात है। मैं तो बहू और प्रकाश से भी कहता हूँ कि कुछ न करो तो रोज मन्दिर में दीप जलाकर हाथ ही जोड़ लिया करो।'

'पर पापा-मम्मी तो दशहरे-दीवाली को ही पूजा करते हैं। हाँ, शायद शिवरात्रि का व्रत भी रखते हैं। हैं न पापा...?'

प्रकाश ने धीमे-से सिर हिला दिया है।

'और तू...?' दिव्या ने हँसकर पूछा है।

'मुझे तो याद ही नहीं कि मैंने कब पूजा की? बचपन में मम्मी जरूर मुझे कभी मन्दिर ले जाती थीं। पर अब इस सब के लिए टाइम ही कहाँ है।'

'जब मुसीबत पड़ती है तो सबको भगवान ही याद आते हैं।' सायास दबाए स्वर से भी बाबा का आक्रोश झलक रहा है, 'किसी और काम के लिए समय की कोई कमी नहीं है। बाथरूम में आधा घंटा बैठकर अखबार पढ़ लोगे, घंटों कम्प्यूटर के सामने बैठे रहोगे और घूमने-फिरने के लिए तो टाइम की कमी है ही नहीं। बस पूजा...। बेटा, पूजा करने से मन को शान्ति मिलती है।'

'छोड़िए बाऊजी...। इसकी बातों पर इतना ध्यान मत दिया कीजिए...।' प्रकाश ने बात सम्हाली है, 'कुम्भ के बारे में बतलाएँ।'

'बना लो, मेरे तो जीवन की आस पूरी हो जाएगी...।'

'ठीक है, तो इस शनिवार को चलते हैं। इतवार की शाम तक लौट आएँगे।'

'पर वहाँ रुकेंगे कहाँ...? करोड़ों लोग वहाँ आ रहे हैं। इट इज ए मैडनैस। यू नो पापा, वी इंडियंस आर क्रेजी एबाउट दीज थिंग्स...।'

'हम भी तो अपवाद नहीं हैं।' बाबा की किसी टीका-टिप्पणी से पहले ही प्रकाश ने हस्तक्षेप किया है, 'कहीं भी रुक जाएँगे। वहीं चलकर देखा जाएगा। एक रात की ही तो बात है।'

'देख बेटा, कुम्भ में रुकने का अपना पुण्य है। वहाँ अपने पारिवारिक पंडे से सम्पर्क करना। तुम्हारे बाबा और पूर्वज हर कुम्भ में जाते रहे हैं। पंडे की बहियों में सबका नाम दर्ज होगा। वो लोग सब व्यवस्था कर देते हैं...।' बाबा ने सुझाव दिया।

'अरे बाऊजी, उनके चक्कर में नहीं पड़ना। अब पहले जैसे पंडे नहीं हैं। बुरी तरह लूट लेते हैं। किसी न किसी आश्रम में जगह मिल ही जाएगी, नहीं तो होटल हैं ही।'

'पापा, लेट्स प्लान प्रॉपरली अदरवायज बहुत दिक्कत होगी। मैं अभी कुम्भ की साइट खोलता हूँ। फिर कई टूरिस्ट एजेंसीस भी वहाँ ये सब काम कर रही हैं। मैंने कॉक्स एंड किंग का एड भी देखा है। वीआईपी कॉटेजेस और टेंट्स लगाए हैं उन्होंने। अभी बुक कर देता हूँ...।'

'बड़े महँगे होंगे...?' दिव्या ने पूछा।

'कम ऑन मॉम। योर सन अर्न्स टेन लख्स पर एनम...।'

'तू इतने रुपये लेकर आया है...?'

'नो, कैश तो मेरे पास पाँच सौ रुपये भी नहीं है। क्रेडिट कार्ड है न...'

बाबा को कुछ समझ ही नहीं आ रहा है। परेशान से वह इधर-उधर देखने लगे हैं। एक नई तरह की उलझन ने उन्हें अपनी गिरफ्त में ले लिया है।...कुम्भ स्नान जैसा पुनीत कार्य, विदेशी टेंट, क्रेडिट कार्ड...। तरह-तरह की शंकाएँ नागफनी की मानिंद अन्दर चुभने लगीं। ऐसा लगा, जैसे उनकी आस्था को आघात पहुँचा है। धर्म के साथ खिलवाड़ होने जैसा आभास हुआ है उन्हें। उनके लिए तो कुम्भ महान धार्मिक कर्मकांड और पुण्य का स्थल है। उसमें आधुनिकता और तकनीकी का हस्तक्षेप उनके लिए अनावश्यक और घोर कष्टप्रद है।

'बेटा, इन विदेशियों के तम्बुओं में रहना...? कहीं हमारा धर्म ही भ्रष्ट न हो जाए...।'

'नहीं बाऊजी, ये विदेशी कम्पनियाँ धर्म, संस्कार और मान्यताओं के मामले में हम लोगों से ज्यादा सचेत हैं। उनका बिजनेस है यह। जानते हैं कि जरा-सा दुष्प्रचार उनके पूरे कारोबार को चौपट कर देगा।' प्रकाश ने समझाया और फिर अनुज से कहा, 'अनुज, गो अहैड...।'

'ओके, लेट मी ऑरगनाइज एवरीथिंग...।' अनुज झटके-से उठ खड़ा हुआ है।

'अरे, खाना तो ठीक तरह खा ले...।' दिव्या ने टोका है।

'आयम फिनिश्ड मॉम...।'

सभी डायनिंग टेबल छोड़कर उठ गए हैं।

'बस अब तीन-चार घंटे अपने कम्प्यूटर के सामने बैठा रहेगा...।' हाथ धोते हुए बाबा बुदबुदा रहे हैं।

सुबह के बारह बज चुके हैं। प्रकाश कब के विश्वविद्यालय जा चुके हैं। बाबा अल्लसुबह उठकर पूरे एक पहर की दिनचर्या समाप्त कर चुके हैं जिसमें सैर करना, नहाना, पूजा और नाश्ता शामिल हैं। अब उनके आराम का वक्त है जिसमें वह देर तक शब्द दर शब्द अखबार पढ़ते हैं, कभी ऊँचे स्वर में खबरों पर टिप्पणियाँ करते हैं और फिर खाना खाकर सोने का उपक्रम करते हैं।

'अनु अभी सो रहा है...?' वह हैरानी से दिव्या से पूछते हैं।

'जी पापा...।' वह सहमे से स्वर में उत्तर देती है।

'बहू, यह सोने का क्या समय है? उठाना चाहिए तुम्हें...'

'पापा, सुबह चार बजे तो सोया है, फिर सफर की थकान भी होगी...।'

'तो जल्दी सोना चाहिए...। बस, रात-भर कम्प्यूटर पर नजरें गड़ाए बैठा रहा होगा। कैसे बच्चे हैं आजकल...? हमें तो पौ फटने पर खड़ा कर दिया जाता था। साढ़े छह-सात तक प्रकाश भी उठ जाता था और अब...। ऑफिस कैसे जाता होगा...?'

'पापा, ये बच्चे काम में पीछे नहीं हैं। रात को दो बजे सोकर भी सुबह आठ बजे दफ्तर चले जाता है अनु। रात को लौटने का तो वक्त ही नहीं है। नौ-दस तो रोज बजते हैं और कभी-कभी बारह-एक भी...।'

'ऐसे कैसे जिन्दगी कटेगी इनकी? जीवन में कुछ तो अनुशासन हो। सेहत पर भी देर-सवेर खराब असर होगा...। खाना तो इनका मालूम ही है।...वो क्या कहें, बर्गर, पीजा...दूध से इन्हें महक आती है और घी तो जैसे अछूत है...।'

दिव्या शान्त रहकर सब सुन रही है। यह चिन्ता उसे भी कम नहीं सताती। प्रकाश भी बेटे को इस 'जंक फूड' से बचने की सलाह देते हैं पर अनुज के तर्क के सामने हथियार डाल देते हैं...समय की किल्लत, सर्वत्र सुलभ उपलब्धता, खान-पान की बहुराष्ट्रीय कम्पनियों द्वारा फैलाया जाल...।

'अनु को उठा लो, बहू...।' कुछ देर खामोश रहने के बाद बाबा ने कहा है, 'यहाँ तो सुबह-शाम दूध पिला दिया करो...।'

दिव्या के झकझोरने पर 'पन्द्रह मिनट' और कहकर अनुज ने करवट बदल ली है। घड़ी देखकर दिव्या ने उसे फिर आवाज लगाई है।

'मम्मी न्यूज पेपर...।' अनुज ने उठते ही कहा है।

दिव्या जानती है कि अनुज अखबार लेकर बाथरूम में पूरे बीस-पच्चीस मिनट बैठेगा। पहले वे दोनों ही अनुज की इस आदत से खासे चिढ़ते थे पर अब अभ्यस्त

हो चले हैं। हाँ, बाबा को जब से पता चला है कि वो अब 'अशुद्ध अखबार' को हाथ नहीं लगाते।

लगभग पैंतालीस मिनट बाद अनुज पूरी तरह तैयार होकर आया है।

'क्या खाएगा...?'

'कुछ भी...।'

'हलुआ बना है, सेंडविच और बना देती हूँ। और हाँ, दूध पीना जरूरी है। बाबा का आदेश है...।' कहकर दिव्या धीरे-से हँस दी है।

'फिर लंच के लिए मत कहना...।'

'लंच तो बनेगा ही। जब मन करे, खा लेना। जा, तब तक बाबा से मिल ले। सुबह से तेरे सोने से परेशान हैं।'

अनुज मुस्कुराकर बाबा के कमरे में आ गया है।

'गुड मॉर्निंग बाबा...।'

बाबा आरामकुर्सी पर पसरे किसी पत्रिका को उलट-पुलट रहे हैं। अनुज का 'गुड मार्निंग' कहना उन्हें कतई नहीं भाता। वह अपने दिन की शुरुआत सभी के पैर छूकर करते थे हालाँकि प्रकाश को 'प्रणाम' करना ही सिखला पाए वह। और अब...।

'बेटा, अब मार्निंग कहाँ...। बारह बज चुके हैं। अब तो गुड आफ्टरनून हो गई है...।' बाबा मुस्कुरा रहे हैं।

उसे बाबा से ऐसी प्रतिक्रिया की आशा थी, इसलिए कोई उत्तर देना जरूरी नहीं लगा।

'बैंगलोर में कौन उठाता है तुझे...?'

'मोबाइल में एलार्म लगाकर सोता हूँ...।'

'फिर नींद कैसे पूरी होती है...?'

'सेटरडे, संडे को चौदह, सोलह घंटे सो लेता हूँ। बस, पूरे हफ्ते की नींद पूरी...।'

'नींद की जुगाली करता है क्या....?' कहकर बाबा धीरे-से हँस दिए हैं, 'चल छोड़ अब नाश्ता करेगा या सीधे लंच...?'

'ब्रंच...।' कहकर वह मुस्कुरा दिया है।

'ब्रंच, ये क्या बला है...?' बाबा ने हैरानी से पूछा।

'ब्रेकफास्ट और लंच के बीच में, दोनों को मिलाकर। जैसे मेरे और आपके बीच में पापा...।' कहकर अनुज हँसने लगा है।

'ब्रंच...' बाबा ने ऊँची आवाज में कहा है, 'यानी प्रकाश...।' उनकी तेज हँसी फूट पड़ी है। वह देर तक हँसते रहे हैं। बूढ़ी आँखों से पानी बहने लगा है।

...बाबा को पहली बार उसने इतना खुलकर हँसते देखा है।

...क्या बूढ़े लोग भी कभी इतना खुश होते हैं, वह सोचने लगा है।

बड़ी दादी

मनमोहन भाटिया

'धड़ाम' की आवाज के बाद कुछ पल की शान्ति और फिर उसके बाद जोर-से रोने की आवाज आई। देवेन्द्र ने देविका को आवाज लगाई, "देखना देवी, यह किसके गिरने की आवाज है?" तभी रोने की आवाज और अधिक तेज हो गई। "देख देवी कहीं शुभ तो नहीं रो रहा है, लगता है गिर गया है, कहाँ है, शुभ?" देविका तुरन्त भागी। चार वर्ष का शुभ देवेन्द्र और देविका का प्यार पोता बाथरूम में फिसलकर गिर गया था। रोते पौत्र को गोद में उठाकर देविका चुप कराने लगी। "बेटे, बाथरूम में धीरे-धीरे जाते हैं। आप तेजी से भागते हुए गए होंगे, तभी फिसलकर गिर गए न, कोई बात नहीं। कहीं भी चोट नहीं आई? मेरा बहादुर बेटा, कपड़े गीले हो गए हैं, इनको जल्दी से बदलो, नहीं तो जुकाम लग जाएगा।" दादी की गोद में दादी के प्यार के बाद शुभ चुप हो गया, फिर धीरे-से गोद से उतरकर बहुत धीरे-धीरे बाथरूम की ओर जाने लगा।

"शुभ, इतना धीरे-धीरे क्यों चल रहे हो? क्या दर्द हो रहा है?"

"नहीं दादी, आपने कहा न, बाथरूम धीरे-धीरे जाते हैं, इसलिए। बहुत जल्दी भूल जाती हैं आप। अभी तो आपने कहा था न।"

नन्हे पौत्र की शैतानी भरी बातें सुनकर देविका हँसने लगी।

"दादी हँस क्यों रही हो? बड़ी दादी की पिटाई करो। उसने मेरे को बाथरूम में गिराया है।"

"बड़ी दादी के बारे में ऐसा नहीं बोलते हैं।"

"क्यों नहीं बोलते? अभी-अभी ममता बाथरूम सुखाकर गई है। बड़ी दादी ने आगे बैठकर शूशू किया है। बाथरूम का दरवाजा भी बन्द नहीं करतीं। खुले बाथरूम में बैठकर शूशू

करती हैं। पॉट में भी नहीं बैठती हैं। बड़ी दादी शूशू करके निकली, मैं बाथरूम में शूशू पर फिसल गया।''

नन्हे शुभ के मुँह से सच्ची बात सुनकर देविका सन्न रह गई। यह सोचकर काँप गई कि, कहीं घर में महाभारत न छिड़ जाए। अगर बड़ी दादी अर्थात् देवेन्द्र की माँ और देविका की सास ने शुभ की बातें सुन लीं, तो शत-प्रतिशत घर में तीसरा विश्वयुद्ध तो किसी भी क्षण छिड़ सकता है। देवेन्द्र भी तब तक वहीं पहुँच गया। ''क्या हुआ, शुभ गिर गया? बहादुर बच्चे रोते नहीं हैं।'' देवेन्द्र ने शुभ को अपनी गोद में लिया और कमरे की तरफ प्रस्थान करने ही वाला था कि जिस बात की आशंका देविका को थी, वही हो गई। बड़ी दादी ने शुभ की बात सुन ली थी, जो अभी ड्राइंग रूम में बैठी थी वहीं से तेज स्वर में बोली, ''देखो, कैसा जमाना आ गया है? छोटा अभी छटांक भर का है नहीं, मेरे पर इल्जाम लगा रहा है। मैंने कब तेरे को धक्का दिया है?''

इतना सुनकर शुभ रोते हुए बोला, ''आपने शूशू किया है। आपके शूशू पर फिसल गया।'' कहकर और तेज स्वर में रोने लगा।

''हाँ हाँ और चीखकर सच्चा बन। शूशू बाथरूम में नहीं करूँगी तो क्या तेरे मुँह में करूँगी?'' बड़ी दादी ने रौब से कहा।

यह सुनकर देवेन्द्र और देविका सन्न रह गए कि माँ आखिर क्या और क्यों शुभ को बोल रही है। वे दोनों जानते थे कि माँ और बुजुर्गों की तरह इंग्लिश पॉट का इस्तेमाल नहीं करती हैं और शूशू पॉट के बाहर ही करती हैं। लेकिन छोटे शुभ ने पलटवार किया, ''शशू पॉट में करते हैं।''

''बड़ा आया पॉट वाला! बाथरूम में किया है, कौन सा तेरे मुँह में कर दिया, जो रोए जा रहा है? चुप कर छटांक।''

''माँ, क्या बोले जा रही हो? शुभ छोटा बच्चा है, बहस करने की कोई जरूरत नहीं है। आप चुप करो।'' देवेन्द्र ने माँ को समझाते हुए कहा।

''मैं भी आपके मुँह में शूशू करूँगा, तब आपको पता चलेगा, मुँह में कैसे शूशू करते हैं।'' शुभ बोल पड़ा।

''देख पिद्दी की हरकतें, कैसे मुझ बुड्ढी से लड़ रहा है। और सिखाओ बच्चों को, बड़ों की बेइज्जती कैसे करते हैं?'

माँ के लड़ाके तेवर देखकर देविका शुभ के साथ में कमरे में चली गई। देवेन्द्र ने माँ को कहा, ''देखो, हमने शुभ को कुछ नहीं सिखाया, आप शान्ति रखो। आपने गलत शुरुआत की तो शुभ भी चुप नहीं रहा। आपको मालूम है, वह बहुत बातूनी है, हमसे भी सारा दिन प्रश्न पूछता रहता है। आपको ऐसा नहीं कहना चाहिए था। हम बड़े तो किसी बात पर चुप रह जाएँगे, पर बच्चे कभी भी चुप नहीं रहते हैं, उलटा

कुछ न कुछ जरूर बोलते हैं। बच्चों को सही बात समझाकर चुप कर सकते हैं। यदि गलत बात पर बच्चों से बहस करेंगे तो हम खुद बच्चों को गलत संस्कार देंगे। जैसा हम बोलेंगे, वैसा ही बच्चे सीखेंगे, बोलेंगे, जवाब देंगे। आखिर हमें देखकर ही बच्चे बड़े होते हैं। बच्चों को नकल करने की आदत होती है, तभी हम उन्हें नकलची बन्दर कहते हैं। आपने जो कहा है, वैसा ही उसने उलटा जवाब दिया।''

''अरे तू एक पिद्दी को सँभाल नहीं सकता? मैंने पाँच बच्चों को पैदा किया, पाल-पोस के बड़ा किया, कह तो ऐसे रहा है, जैसे तुम पाँचों बच्चे थे ही नहीं, बड़े पैदा हुए थे।''

''पाँच भाई-बहन तो हैं, लेकिन बनती किसी की नहीं है। जैसा तुम बहस कर रही हो, वैसा हम आपस में करते हैं।''

''तू कहना क्या चाहता है? मैं गलत हूँ तुम सही हो?''

''मैं आज की बात करता हूँ, आज तो आपने गलत बात की है।''

माँ तमतमा गईं। ''अब तू मुझे सिखाएगा, मैं क्या बात करूँ? उसको सिखाएगा, जिसने पाल पोसकर बड़ा किया? आज तू दादा बन गया तो यह मतलब नहीं कि मेरा दादा बन गया है। तेरी माँ रहूँगी, बात करता है। अपनी माँ की बेइज्जती करता है।'' कहते हुए माँ घर के बाहर मेन गेट पर बैठ गईं। बैठकर शोर मचाने लगीं।

''क्या जमाना आ गया है। अब मुझे दो-चार साल के बच्चों से सीखना पड़ेगा, किससे क्या बात करूँ? मेरा बेटा कहता है, मैं गलत हूँ।'' माँ अर्थात् बड़ी दादी के विलाप से गली की सफाई कर्मचारी, दो-चार राहगीर और पड़ोसी जमा हो गए। उन्होंने तो केवल तमाशा देखना था। वे हाँ में हाँ मिलाते गए। घर के गेट पर शोरगुल सुनकर देवेन्द्र ने बाहर आकर तमाशबीनों को हटने को कहा। जवाब में एक आदमी ने कमेन्ट कस दिया। ''बूढ़ी माँ को तंग करते हो माफी माँगकर इज्जत से घर में ले जाओ, वरना एक फोन घुमाने की देर है, दर्जनों टीवी न्यूज चैनल वाले इकट्ठे हो जाएँगे मिस्टर! जेल की हवा खानी पड़ सकती है।'' इतना सुनकर देवेन्द्र का माथा ठनका। सब तमाशबीनों से हाथ जोड़कर माफी माँगी और माँ को मनाने में जुट गया। माफी माँगता देख माँ के तेवर और तीखे हो गए। ''माँ कभी गलत नहीं होती है, समझ ले।'' काफी ना-नकुर के बाद माँ घर के अन्दर गईं और तमाशबीनों की भीड़ छँट गई। देवेन्द्र एक हारे हुए जुआरी की तरह चुपचाप कमरे में आया, जहाँ देविका रो रही थी। नन्हा शुभ भौंचक्का-सा देविका की गोद में सहमा-सा गुमसुम चिपका था। गम्भीर वातावरण को बदलने के लिए टीवी ऑन कर कार्टून चैनल लगाकर शुभ को अपनी गोद में लिया।

''शुभ, उदास क्यों हो? देखो, आपका प्यारा मनपसन्द कार्टून चैनल।'' देवेन्द्र ने नन्हे शुभ के गाल पर एक प्यार-सा चुम्बन लेकर कहा।

"दादा, बड़ी दादी मेनगेट पर बैठकर लड़ाई क्यों कर रही थी?"

"आप इसको भूल जाओ और कार्टून चैनल देखो।" देवेन्द्र ने शुभ को बहलाने की कोशिश की, लेकिन उसने फिर प्रश्न किया, "बताओ न दादा, बड़ी दादी क्यों लड़ाई कर रही थी? बाहर लोग क्या कह रहे थे?" नन्हे शुभ की भोली बातें सुनकर देविका ने कहा, "आप जितना यत्न कर लें, एक छोटे बच्चे को बहला नहीं सकते हैं। माँ की गलत बात पर क्यों परदा डाल रहे हैं?"

"बात परदे की नहीं है, घर में शान्ति रखने की है। लड़ाई-झगड़े से बच्चों के नाजुक मस्तिष्क पर गलत असर पड़ता है।"

"क्या घर की शान्ति का सारा जिम्मा आपने ले रखा है? माँ का कुछ दायित्व नहीं है, शान्ति बनाने में? एक छोटे नन्हे-से बालक से ऐसे लड़ रही थीं, जैसे कोई हमउम्र हो। बच्चे की सही बात भी नहीं मान रही थीं। लड़कर कोई मान-मर्यादा बढ़ गई क्या? छोटे बच्चे को दुश्मन समझकर लड़ रही थीं। क्यों आप हमेशा माँ से दब जाते हो? आपके दूसरे भाई-बहन जमकर उलटे जवाब देते हैं। माँ की हिम्मत नहीं होती किसी से बहस करने की। भीगी बिल्ली की तरह उनके घर चुपचाप पड़ी रहती हैं। सारी भड़ास यहीं आप पर उतरती है। सारी उम्र माँ की बातों को सहा है, अब छोटे बच्चे पर माँ की भड़ास नहीं सह सकूँगी। क्यों नहीं बोलते माँ को?"

"दादा, भीगी बिल्ली क्या होता है? बड़ी दादी बिल्ली क्यों बन जाती हैं? बताओ दादा।"

"भीगी बिल्ली एक मुहावरा है।"

"मुहावरा क्या होता है?" शुभ ने फिर से प्रश्न किया। दादा-पोता थोड़ी देर तक कार्टून चैनल देखते हुए बातें करते रहे। थोड़ी देर बाद शुभ को नींद आ गई, तो देवेन्द्र और देविका का वार्तालाप फिर शुरू हो गया। "आप माँ को समझाते क्यों नहीं हो, बच्चों से बहस जिद उचित तो है नहीं।"

"तेरी बातें उचित हैं। समझाता बहुत हूँ, लेकिन बुढ़ापे में हर व्यक्ति समझने पर अपनी तौहीन मानता है। जब पूरी उम्र बच्चों पर अपनी मरजी चलाई, तो बच्चों की सही बात भी अखरती है। इसलिए हर घर में झगड़े होते हैं, जिससे मैं कतराता हूँ। आज भी माँ को समझाने की पूरी कोशिश की, लेकिन समझाने के बजाय गली में तमाशा खड़ा कर दिया, जिस कारण बिना किसी बात के तमाशबीनों से माफी माँगनी पड़ी।"

"सब आपकी कमजोरी है, माँ को कुछ नहीं बोलते।"

"हम अपने बच्चों पर खुद अपने व्यवहार को विरासत में देते हैं। जैसा हमारा व्यवहार, आदतें होती हैं, बच्चे उसी का अनुसरण करते हैं। मैंने हमेशा कोशिश की है कि खुद अच्छा व्यवहार करूँ ताकि हक से बच्चों को कह सकूँ कि वे भी अच्छी

आदतें अपनाएँ। अपने बच्चों को देख लो, प्रथम को कोई बुरी आदत नहीं है। बहू प्रतिमा को देखो, तुम्हारा कितना मान-सम्मान करती है? वह बहू कम और बेटी अधिक है। हम बच्चों का ध्यान और खयाल रखेंगे तो उससे अधिक वो हमारा ध्यान और खयाल रखेंगे। अब तुम खुद अपने बच्चों की तुलना मेरे भाई-बहनों के बच्चों से कर सकती हो। माँ-बाप को गाली निकालकर बात करते हैं, क्योंकि खुद मेरे भाई-बहनों का उग्र स्वभाव है। विरासत में बच्चों को भी वही स्वभाव मिला। जब बच्चे छोटे होते हैं, उनके गाली निकालने, झगड़ने पर हम खुश होते है कि देखो पिट के नहीं आया, दूसरे बच्चों को पीटकर आया है। बुनियाद बचपन में ही पड़ जाती है। बड़े होकर झुकना, समझौता करना शानो शौकत के खिलाफ हो जाता है। मैं मानता हूँ कि माँ का स्वभाव उग्र है, जो गलत है। आज जो शुभ के साथ किया और मेनगेट पर बैठकर तमाशा किया, बिलकुल गलत है। यदि माँ सिर्फ एक शब्द बोल देती कि शुभ, आगे से खयाल रखूँगी तो एक पल में बात समाप्त हो जाती। बच्चा भी खुश हो जाता और अच्छे संस्कारों के बीज पनपते। बुजुर्ग अपनी हठ नहीं छोड़ते, कि बच्चों से नीचे हो जाएँगे। अपने बच्चों से तालमेल ही बड़प्पन की निशानी है। इसी कारण अपना बेटा प्रथम कोई भी कार्य करने से पहले हमारे से सलाह लेता है और हम अपने अनुभवों के अनुसार उसका मार्ग दर्शन करते हैं जबकि मैं माँ को कुछ भी नहीं बताता, क्योंकि उसकी आदत मीनमेख निकालने की है, कि मेरे से पूछ के कोई काम करते हो? अब क्यों पूछ रहे हो? इसलिए न बताने पर ही भलाई है। दुनियादारी बड़ी कठिन है। जो भी कर लो, कोई खुश नहीं होता।''

''हमने किसी का क्या करना है? अपने घर में शान्ति रहे, बस यही चाहा है।'' देविका ने कहा।

''इसी बात की कोशिश करता हूँ।''

''एक कोशिश और करो। माँ को कहो, कम-से-कम नन्ही जान शुभ को तो बख्श दे। उससे बहस न किया करे। क्या कसूर है शुभ का, जो अपनी भड़ास आज बच्चे पर निकाली है?''

''देविका, तेरे सामने ही बात बहुत शान्ति के साथ की थी, लेकिन खुद तुमने देखा कि गली में तमाशबीन एकत्रित कर लिए। मैं ऐसा मजबूर हुआ कि बिना गलती के माफी माँगनी पड़ी।''

''और माँग भी क्या सकते हो?''

''खाना। शुभ को भी भूख लगी होगी। कुछ बना दे, शान्ति के साथ भोजन करें।''

''माताश्री से भी पूछ लो, नहीं तो फिर शुरू हो जाएगी कि बहुएँ सास को भूखा रखती हैं। किसी टीवी चैनल वाले को बुला लिया तो मुसीबत हो जाएगी।''

''ठीक कहती हो देविका।''

''मैं तो हमेशा ठीक कहती हूँ, लेकिन सुनता कौन है?''

''मैं तो सुनता ही हूँ।''

''कहाँ सुनते हो? एक कान से सुनकर दूसरे से निकाल देते हो।''

''सफल गृहस्थी के लिए सब कुछ करना पड़ता है।''

''भारत में शरीफ पत्नियाँ होती हैं। अगर अमेरिका, यूरोप होता तो कब का तलाक हो जाता। सास की कोई नहीं सुनता है। सब अलग-अलग रहते हैं।''

''मैं कभी अमेरिका, यूरोप तो नहीं गया, लेकिन सुना है, वहाँ गृहस्थी नाम की कोई चीज ही नहीं होती है। छोटी सी बात पर तलाक हो जाते हैं। अखबार में पढ़ा, कि एक बार तो शादी के कुछ घंटों बाद ही तलाक हो गया।''

''भारत में खाना खाना है, या यूरोप जाना है?''

''अपुन तो भारत में ही रहकर खुश हैं। जीवन के उतार-चढ़ाव, गृहस्थी के झमेलों में ही खुश हैं।'

देविका ने खाना परोसते हुए पूछा, ''ऐसा गृहस्थी में कब तक?''

''अन्तिम साँस तक, यही दुनिया है और गृहस्थी का सुख, आनन्द है। मिल-जुलकर जिन्दगी के उतार-चढ़ाव सहना और जीना ही गृहस्थी की सफल कुँजी है, जिसका परम आनन्द और सुख केवल गृहस्थ इनसान ही प्राप्त करता है। जो डरकर भाग जाता है, शायद साधू बनता है। जो निडरता से सामना करता है, वही सच्चा गृहस्थ इनसान होता है।''

देवेन्द्र और देविका खाना खाते हुए बातें कर रहे थे, तभी शुभ की नींद खुली और भोलेपन से पूछा, ''दादा, बड़ी दादी क्यों लड़ाई कर रही थी?''

''अब नहीं कर रही है, वो भी खाना खा रही है, आप भी खाओ।''

''कौन सी सब्जी बनाई है?'' शुभ ने देविका की गोद में बैठते हुए पूछा।

''आपकी मनपसन्द गाजर-मटर।'' शुभ देविका के हाथों खाना खा रहा था और देविका मन-ही-मन में सोच रही थी, मासूम बच्चों को भी बहलाया नहीं जा सकता। नींद से जागने के बाद भी सबसे पहले बड़ी दादी की लड़ाई के बारे में पूछा और बड़ी दादी है, कि बुजुर्ग हठ के कारण एक बार भी कोप भवन से बाहर आकर नहीं पूछा, कि नन्हे बालक शुभ ने कुछ खाया भी है या नहीं। आखिर बुजुर्गों की बेकार हठ कब समाप्त होगी?

दादी और रिमोट

सूर्यबाला

चूँकि इसके सिवा कोई चारा न था।

गाँव से दादी ले आई गई।

हिलती, डुलती ठेंगती ठँगाती।

लाकर, ऊँची इमारतों वाले शहर के सातवें माले पर पिंजरे की बूढ़ी मैना-सी लटका दी गई।

नीचे झाँकी तो झाँई आए और ऊपर देखो तो एक पे एक, डब्बा पे डब्बा से घेरे, आसमान पे लटके घर। इतने, कि आसमान नजर आता ही नहीं। पूरब वाली खिड़की से देखता सिर्फ बालिश्त भर आसमान का नुचा-सा टुकड़ा। उसी में रात-बिरात झाँक जाते, कुल जमा, चार-छह तारे।

न सप्तर्षि, न सुकवा (शुक्रतारा)।

और सवेरा? जैसे जंग छिड़ी हो कहीं। भोर हुई नहीं कि भागमभाग। अड़ाक-फड़ाक खुलते-बन्द होते दरवाजे। जूते-चप्पल, कंघी, इस्त्री, अफड़ा-तफड़ी। और अपने-अपने थैले, बकसियाँ लटकाए सब दरवाजे से बाहर!

बाप दफ्तर चलाने, माँ कॉलेज पढ़ाने और बेटे-बेटी इस्कूल।

दरवाजा भेड़ती मालकिन, हर रोज बाहर निकलते हुए जंगबहादुर से वही एक हिदायत दुहराती कि वह दादी के लिए रोटियाँ, दाल और सब्जी मेज पर ढककर, दरवाजा पूरी चौकसी से बन्द करता जाए।

दादी को भी यही समझाया जाता कि कोई कितनी भी घंटी मारे, खोलना नहीं है।

हमसे हर एक के पास चाबी तो है ही। सो, आधे-पौन घंटे बाद जंगबहादुर भी दादी से वही हिदायत दुहराता, बीड़ी का सुट्टा मारता, दरवाजे से बाहर हो जाता।

अब? दो-चार माला फेरने के बाद, दादी सारे गाँव के टोले-पड़ोस और नाते-पट्टीदारों को

कोसना शुरू कर देतीं, जिन्होंने बिना लाग-लपेट के सीधम सीध 'सहेर' के ठिकाने पर चिट्ठी तान दी थी–

'आगे समाचार यह है कि आपकी माँ को सहेर जाने के लिए हम लोगों ने राजी कर लिया है। अब आप फौरन से पेस्तर आओ और 'डाइरीक्ट' लिवा ले जाओ। अपनी जमीवारी सँभालो। काहे से कि आप जान लो, उमिर और बुढ़ाया सरीर अब पूरी तरह पक के चू पड़ने को है लेकिन मानती फिर भी नहीं। टोल-पड़ोस का हेत-हवाल लेने, गिरती-भहरती हर कहीं पहुँच जाती हैं। दो-तीन मर्तबा तो ऊँचे-खाले लुढ़क भी चुकी हैं। अब मलहम-पट्टी और डॉक्टर-वैद का उतना सरंजाम हमारे बस का कहाँ?

और सहेर में जानो कि आपका आलीसान मकान, नौकर-टहलुए, सान-सौकत के सारे बन्दोबस्त! तो आप जांगर-पौरुष से थकी अपनी बूढ़ी माता की सेवा करके इहलोक, परलोक सुधारी और हम भी आपकी थाती आपको सुपुर्द कर गंगा नहाएँ। इसलिए चिट्ठी को 'तार' जानो और आकर उन्हें अपने साथ ले जाओ। इस बार वे जरूर चली जाएँगी।'

इन्तजाम पहले से था। साफ-सुथरा चाटा-पोंछा घर। एक कोने में उनकी कोठरी। पर्दे ढकी खिड़की, तिपाई, जग। जग में पानी और तिपाई पर बिस्कुट का पैकिट भी। और तो और, उनकी खाट के ऐन सामने एक छोटा टीवी भी।

इन सबके बीच पूरी निगरानी के साथ दादी को स्थापित कर दिया गया। नल की टोटियाँ खोल बन्द करके बताई गईं। खिड़की के हुक और दरवाजे के हैंडल। कमोड में पानी चलाने की तरकीबें।

इस स्थापना पर्व के बीच ही बेटे के बेटे ने पुट्ट-से रिमोट का बटन दबा दिया।

दादी हकबकाई, भौचक जैसे यक्ष-किन्नर, नाग-गन्धर्व, तीनों लोक, चौदहों भुवन से लेकर सम्पूर्ण ब्रह्मांड डाँवाँडोल हो, इस चौखूँटी 'पेटी' (बक्से) में। हरिणाकुश से लेकर गौरा-पार्वती तक। जय जगदम्बे! दादी निहाल हो लीं। बच्चों की तरह रिमोट हाथ में लेकर किलक उठीं, जैसे अलादीन का चिराग हाथ लग गया हो। फिर लजाई। बच्चा के बाप ने मसखरी की।

'अब इन्हें दो-तीन वीडीयो गेम्स और लाकर दे दो तुम लोग। इनका वक्त आसानी से कट जाया करेगा।'

सो, वक्त कटने लगा। सुबह-शाम और रात, एक पर एक उतरने लगे–रसोई में जंगबहादुर द्वारा उतारे जाने वाले आलू-तोरई के छिलकों की तरह। गैस पर सब्जी छौंकने की आवाज के साथ शाम घिरती और रात मेज से प्लेटें उठा लेने के बाद दिनचर्या समेट ली जाती। सुबह फिर वही भूचाल।

घर के लोग अपने-अपने समय पर आते-जाते। आपस में थोड़ी बातचीत करते फिर अपने-अपने काम में मशगूल हो जाते। दादी उनके आसपास कहीं-न-कहीं बैठने-उठने, चलने-फिरने की कोशिश करती रहतीं। फिर थककर अपनी कोठरी में आकर रिमोट का बटन दबा देतीं।

दो-चार दस हफ्ते बीतते न बीतते दादी उदास हो लीं। 'पेटी' का रंगारंग जादू बेअसर साबित होने लगा। दादी खेत-खलिहान, गड़ही-पोखर ढूँढ़तीं तो उधर बड़े-बड़े रंगीन फूलों वाली आदमकद फुलवारियाँ दीखतीं। गाँव-सिवान तलाशतीं तो घुटनों तक घाघरी चढ़ाए, सीना उघारे होश से बेहोश फूहड़पने पर उतरीं छोकरियाँ। बाकी पूरे समय धाँय-धाँय छूटते गोले-बारूद, ताड़-ताड़ दगती बन्दूकें, कहीं उघड़ी खाल, कहीं लिथड़ते शरीर, रिसता खून पहली बार देखा तो दिमाग चकराया और वहीं की वहीं घुमटा खा के लुढ़क गई थीं। पाँच-दस मिनट में पानी के छींटे मार, गुलाब का शरबत पिला के दुरुस्त किया गया। होश-हवास लौटे तो खिसियाईं। सबके सामने सफाई दी 'गोली-बारूद वाली बटन निकाल दो। जान थोड़ेई देनी है मैंने तो राधेकृष्ण के लिए बटन दबाई थी। भगवान लोग अब क्यों नहीं आते?'

बच्चों ने ठहाका लगाया 'आप जो आ गईं। सारे भगवान भाग खड़े हुए।' फिर समझाया गया 'सब कुछ रोज-रोज नहीं आता। हम लोग सारे दिन तो रहते नहीं। बटन दबा-दबा कर देख लिया कीजिए। ओ.के.?' और रिमोट दादी के हाथों में थमाकर चलते बने।

लेकिन शाम को बच्चों के पिता ने सुना तो एक झोंके में सब पर दहाड़े, 'निकाल बाहर करो टी.वी. उनकी कोठरी से। वरना हमारी गैरहाजिरी में कुछ हो-हवा गया तो कौन जिम्मेवार होगा? ऐं? नहाना-धोना, खाना-पीना, पूजा-पाठ—इतना काफी नहीं क्या? बाकी समय चुपचाप माला जपें, बस।'

माला के नाम से दादी का दिल बैठ गया, जैसे पढ़ाई के नाम से बच्चों का। लेकिन अधेड़ हुए बेटे के सामने कहें तो कैसे? चुपचाप साँस रोके, अपने लिए किए गए फैसले का इन्तजार करती रहीं। पूरे समय दिल धड़कता रहा। बस, अब कोई आया, 'पेटी' उठा के ले जाने। कहीं कुछ खड़कता, जान मुँह को आ जाती। अच्छा हो या बुरा—समय काटने का साथी तो है न! चला जाएगा तो क्या करेंगी दिन भर? ले-दे के वही एक खिड़की जिसके बगल वाली बिल्डिंग की कफ्फन-सी सपाट दीवाल के सिवा कुछ दिखता ही नहीं। लगता है, जैसे ऊँची उठती दीवाल के बीच चिन दी गई हों।

खैर, देर रात तक कोई नहीं आया तो उन्हें ढाढ़स बँधा। गई नहीं 'पेटी'। बच गई। पर बटन दबाने की भी हिम्मत न पड़े। हतबुद्धि-सी रिमोट लिए बैठी रहीं।

बैठे-बैठे उकता गईं। न रिमोट छोड़ते बने, न माला उठाते बने। हारकर रिमोट पकड़े-पकड़े ही अचानक बटन दब गई। अरे! सामने, पेटी पर तो सावन के झूले-हिंडोले और रंग-बिरंगी ओढ़नियाँ फहराती लड़कियाँ तीज कजली गा-गा के झूला झूल रही थीं। सब की सब बिछुए, टीके, मेहँदी, महावर, कंगन-चूड़ियों से लैस। जितने शृंगार और सज्जा की दादी कल्पना कर सकती थीं, उससे कई-कई गुना ज्यादा। इतना सिंगार! (दादी ने तो 'सोलह' ही सुने थे) जुटता किसे है दादी का जी लहक उठा। 'बड़ा खुशहाल गाँव है। जगदम्बे माता सबके सुख-सुहाग की रच्छा करें।'

मगन मन दादी लड़कियों के सुर में सुर मिलाकर गाने की कोशिश करने लगीं।

सावन रितु आ...ई, धीरे-धीरे सावन रितु
खोलो मोरे सजना, चन्दन केवड़िया
(क्योंकि)
चुनर मोरी, भी...जे, धीरे-धीरे
सावन रितु आ...ई धीरे-धीरे

सुनते-सुनते दादी पूरी तरह तन्मय हो गईं।

गीत के 'बोलों' के हिसाब से शरमाने, लजाने और मुस्कुराने लगीं। मुग्ध दृष्टि से टकटकी लगाए, फूलों के गजरे लिपटे, पेंगे बढ़ाते झूलों को देखती रहीं। देह-दशा की सुध-बुध बिसर गई। आँखों के आगे बस सावन की झिरी, भीगी चूनर और चन्दन केवड़िया कि पट्ट से प्रोग्राम खत्म हो गया। परदे पर कलाकारों के नामों की सूची बदलने लगी। दादी का सपना टूटा पर मन की हरियाई नीम पर वही झूले, वही गाने, पेंगें मारते रहे। अगले पूरे दिन भी वे अपनी खुरखुरी आवाज और थरथराते गले से सोलह शृंगार और चन्दन केवड़िया का गीत निकालने की कोशिश करती रहीं।

सारा दिन बहुत अच्छा बीता। उससे अगला भी। पर आखिर कितने दिनों तक वही एक गीत गाते रहा जा सकता था? दादी हर दिन बटन घुमाती रहतीं कि लड़कियाँ फिर आएँ, फिर झूला झूलें, कजली गाएँ लेकिन वह गीत दुबारा नहीं आया।

अलबत्ता, बटन दबा-दबाकर उसे ढूँढ़ते रहने के दरम्यान कभी किसी गरीब बेसहारा की झोपड़ी में आग लगाते लोग; कभी चीखती, तड़पती लुगाई को नोंचते, खसोटते दरिन्दे। गोली तो लोग यों मार देते जैसे कंचे खेल रहे हों। धाँय-धाँय गोलियाँ चलतीं और पटापट हँसते-खेलते इनसान खून से तर-बतर धरती पर लोट जाते। कभी बाप की गोद में बेटा, कभी औरत की गोद में उसके आदमी का सिर बेजान लुढ़क जाता।

दादी रोक न पातीं। हिलक के रो पड़तीं 'बैन' कह-कहके–देखो-देखो। अरे राच्छसों, खड़े-खड़े गोली दाग दी रे दैय्या। बेचारे निहत्थों बेकसूर पे मैंने खुद अपनी आँखों से देखा–मार के पुलिया पार से छलांग लगा दी, कसाइयों ने। अरे राम-रहीम का पहरा उठ गया क्या रे, दुनिया से? कहीं आग में जिन्दा झोंक रहे हैं, कहाँ पानी में घाँट-घाँट के कहाँ बिजली का करेंट लगा के। कहाँ हो दीनबँधु दीनानाथ।'

उत्तेजना में साँस चलने लगती। ओठ लटपटाने लगते। हर छोटे-बड़े को बुलाकर फूलती साँसों के बीच आँखों देखे 'अन्याय' की दुहाई देने लगतीं। बच्चे हँस पड़ते लेकिन बच्चों की माँ झुँझलाकर रिमोट छीन लेती 'जब समझती नहीं तो देखना काहे का? सब कुछ को सच मान लेती है।' जान छुड़ाने की गरज से किया उपाय, जान की जहमत बन गया। शुरू-शुरू में मजा लेने वाले बाकी लोग भी क्रमश: दादी द्वारा वक्त-बेवक्त उचारे जाते 'बैनों' से आजिज आने लगे।

एक बार घर की मालकिन ने किसी पड़ोसन के सामने परेशानी बयान की। उसने सुझाया–सुबह नौ-दस के बीच चैनल सात पर किसी महात्मा का प्रवचन आता है। वैसे महात्मा लगता तो पूरा गुरू घंटाल है, पर दादी का हिसाब बैठ जाएगा। वक्त कटी हो जाएगी।

और अगली सुबह टाइम देखकर दादी के सामने बटन दबा दी गई। दादी गद्गद। ऐन सामने घर के घर में लम्बी दाढ़ी, तिलक-त्रिपुंड और गेंदे-गुलाब की मालाओं से सुसज्जित महात्मा जी प्रकट हो गए। चारों तरफ रंग-बिरंगी झालरें, झंडियों से सजा पंडाल, खचाखच भरे आलम (लोग), बैक ग्राउंड में कैसियो टोन पर बजती बाँसुरी की धुन। बीचों-बीच रेशमी चादर से ढकी चौकी पर विराजमान महात्मा जी।

'जय बाँके बिहारी, गोबरधन, गिरधारी, वंशी के बजैया, रास के रचैया, माखन चोर, बोलो यशोदानन्दन, कंसनिकन्दन, कन्हैयालाल की'

'जै...'

रसमग्न, झूमते-गाते, श्रोताओं का समवेत स्वर गूँज उठा। दादी हर्ष-विह्वल, आँखों से आँचल लगा, आनन्दातिरेक के आँसू पोंछने लगीं।

बस, अब तो रोज यही सिलसिला चल निकला। अपने सारे काम जैसे-तैसे समेट, गिरती-लटपटाती दादी, साढ़े आठ से ही टी.वी. के सामने आ बैठतीं। बैठने के साथ ही बेताबी बढ़ती जाती। कहीं देर न हो जाए। महात्मा जी पहुँच न गए हों पंडाल में। समझाने, बताने से ज्यादा फायदा नहीं।

बटन दबते ही कैसियो टोन की धुन के बीच मन्द-मन्द मुस्कुराते, दाढ़ी सँवारते महात्मा जी प्रकट हो जाते। दादी का पोपला मुँह नवोढ़ा सा खिल उठता। टकटकी

बँध जाती। महात्मा जी बीच-बीच में चुटकुले भी छोड़ देते हैं। 'पेटी' के अन्दर का पंडाल हँस पड़ता, दादी भी। थोड़ा-बहुत जानने, समझाने पर भी कभी-कभी रहा नहीं जाता। थोड़ी सकुचाती, लजाती बच्चों से पूछतीं।

'महात्मा जी हम सबको देख रहे होंगे क्या?'

'हाँ, कल आपको उनकी चिट्‌ठी भी मिलेगी।'

दादी बच्चों की उद्‌दंडता और मसखरी का बुरा नहीं मानतीं। उनका ध्यान तो भाव-विभोर करने वाली धुन और प्रवचन में रमा रहता। अकसर पंडाल में बैठे भक्त श्रोताओं की तरह वे भी झूमने की कोशिश करतीं। और कभी-कभी तो उन्हें अपने आपको तत्त्व ज्ञान प्राप्त होता भी महसूस होने लगता।

लेकिन एक दिन बड़ा पंगा हो गया। पूरी फजीहत ही। दादी मगन मन और दिनों की तरह महात्मा जी का प्रवचन सुन रही थीं, कैसियो टोन का बंशी वादन गूँज रहा था। बीच से उभरता महात्मा जी का स्वर भी 'वह रास का रचैया, गोप बालों का खिलैया, मोर मुकुटधारी वृन्दावन विहा...'—कि महात्मा जी का मुँह खुला का खुला रह गया और कार्यक्रम पलट गया। शायद वह महात्मा जी के प्रवचनों वाला आखिर कैसेट था और टाइमिंग में थोड़ी गड़बड़ी होने से एक-डेढ़ मिनट पहले ही बन्द कर दिया गया था।

उसके बाद उस चैनल पर किसी और कार्यक्रम की घोषणा हो गई। इधर दादी का हाल-बेहाल, सुन्न सकता कि बैठे-बिठाए, हँसते-बोलते, प्रवचन करते महात्मा जी देखते-देखते अन्तर्ध्यान हो गए। मुँह तक खुला का खुला! हाय, कैसी तो छवि और कैसा तेज। अब कहाँ देखने को मिलेगा मुखमंडल और कहाँ से सुनने को मिलेगी ब्रज की बाँसुरी?

उन्हें सही बात समझाने की काफी कोशिश की गई। थोड़ी-बहुत समझीं पर मन टूटा सो टूटा। उस पूरे दिन अन्न-जल नहीं ग्रहण कर पाईं। दूसरे दिन भी उदास, तीसरे दिन भी लस्त। अकेली कोठरी, पहाड़-सा दिन।

आखिर शोक से उबरने के लिए पुनः रिमोट की शरण में जाना पड़ा। यह भी डर था कि कहीं बेटे के कानों में बात न जाने पाए कि फिर से 'पेटी' की करामात के कारण दादी हलकान। 'बेटा कम हट्‌ठी नहीं। इस बार कहीं सचमुच हड़ककर 'पेटी' हटवा दी तो?

अतः धीरे-धीरे दादी ने वापस सब कुछ देखना शुरू कर दिया। जो कुछ भी, जब भी आता, देखने-समझने की कोशिश करतीं। पहले लगातार देखते हुए कुछ न कुछ टीका-टिप्पणी भी चलती रही। कभी लानतें भेजतीं, कभी कोसतीं, लेकिन फिर लोगों के झुँझलाने-झल्लाने पर वह सब भी कम हो गया। जब कभी मन घबड़ाता, अकेलापन उदासी काटती, बटन दबा देतीं। धीरे-धीरे मारधाड़ से डरना,

रोना, कलपना भी बन्द हो गया। घर वालों को राहत मिली। अब अपने-अपने काम से घर लौटने के बाद शाम को दादी उन्हें बेवजह घेरने-घारने के बदले अपनी कोठरी में टी.वी. देखती मिलतीं या टी.वी. देखने के बाद थकी आँखों को आराम पहुँचातीं। अब वे जबरदस्ती के 'सिली' सवालों से किसी को परेशान भी न करतीं, उलटे कभी-कभार बात चलने पर किसी प्रोग्राम को कितनी हजार चिट्ठियाँ मिलीं या क्या-क्या कीमती चीजें ईनाम में थीं, या साबुन तेल वाली छोकरियाँ कैसी घाघरी, कैसा जम्पर पहने थीं—यह भी बतातीं। बड़ों और बच्चों—दोनों के लिए दादी से मिली ये ज्ञानवर्धक सूचनाएँ अतिरिक्त मनोरंजन का माध्यम हो गईं और उन्होंने अब दादी को 'टेलीविजन इनफॉरमेशन ब्यूरो' के नाम से पुकारना शुरू कर दिया।

किचेन में जेट-स्पीड से दाल बघारता या रोटियों को फटाफट तवे से गैस पर फेंकता जंगबहादुर भी अब दादी की विस्तृत पूछा—पैखियों से मुक्त हो गया था। उसकी माँ की दवा, बाप की दारू और बहनों की शादियों से सम्बन्धित चिन्ताएँ और सुझावों के साथ-साथ दादी की किचेन में पहुँचकर की जानेवाली टोका-टोकी और दखलन्दाजी भी बन्द हो गई। अधेड़ बेटा घी-दूध खाए तो ठीक, न खाए तो ठीक। उसके दफ्तर जाने से पहले 'जान है तो जहान है' की नसीहत भी नहीं।

स्थितियों के साथ दादी के इस समझौते और समझदारी पर पूरा घर मन-ही-मन सन्तुष्ट और चमत्कृत था। देर आयद दुरुस्त आयद। सबकी जिन्दगी अमन-चैन से कटने लगी। दिन, हफ्ते और महीने पर महीने बीतते गए।

अचानक इतवार की एक दोपहर, नीचे आवाजाहियों से भरी सड़क पर कहीं गोलियाँ चलने जैसी आवाज आई और मिनटों में पूरी कॉलोनी लोमहर्षक उत्तेजना से सनसना गई। एक खौफनाक दहशत भरा सियापा सारी आवाजाहियों को निगल गया।

पता चला, ठीक तीन इमारतों के पहले कोने पर दो नकाबपोश अजनबी एक अट्ठाइस साल के लड़के पर गोलियाँ दागते निकल गए। लड़के का मृत, छलनी हुआ शरीर हाथों में था। बाप अवसन्न, पथरा-सा बैठा है, कोई पास तक जाने की हिम्मत नहीं कर पा रहा। दमघोंटू सन्नाटे में पुलिस की गाड़ियों की दनदनाहट दूर हो गई।

इतवार की दोपहर। माँ-बाप तथा बच्चे—सभी घर पर। चेहरे आतंक से सहमे।

शायद छोटे वाले लड़के को खयाल आया। भागा गया। एक स्वाभाविक उत्तेजनावश उसने सोती हुई दादी को झकझोर कर जगा दिया और जल्दी-जल्दी एक साँस में पूरा किस्सा बयान कर गया।

दादी पहले तो जैसे कुछ समझ ही नहीं पाईं। फिर बच्चे से समझाकर बताने को कहा। उसने दुबारा बताया। इस बार बताते हुए डरा भी कि कहीं दादी ने रोना-बिलखना शुरू कर दिया तो माँ से अलग फ़टकार मिलेगी।

लेकिन आश्चर्य! दादी ने कोई हड़बड़ी या उत्तेजना नहीं दिखाई। आराम से टेक लगाती उठीं। आँखों पर पानी के छींटें मारे, ऐनक लगाई और पोते को 'आधिकारिक सूत्रों' की जानकारी सी देती, शान्त स्वर में बोलीं–

'मुझे मालूम है–कल सेई मालूम है–कल ही देखा था मैंने।'

'क्या?' लड़का झल्लाया। 'आप होश में तो हो?–अभी आधे घंटे पहले की बात है ये। यहाँ, ठीक अपनी सड़क के नीचे गोली दगी और आप कहती हो कल सेई मालूम है' उसने दादी के लहजे की नकल की। 'एकई बात है'–दादी ने शांति से बच्चे को पुचकारा–'अब ये तो आए दिन के टंटे हैं। कल 'पेटी' पे भी एकदम येई दिखाया था–रात-दिन येई चल रहा है 'आठों प्रहर'–फिर पोपली आँखों पर जबान लटपटाती इत्मीनान से पूछ बैठीं–'चाय की हुड़क लग रही है। ज्यादा सो ली क्या? जंगबहादुर ने चाय चढ़ाई कि नहीं, देख तो जरा बेटा।'

दादी माँ

शिवप्रसाद सिंह

कमजोरी ही है अपनी, पर सच तो यह है कि जरा-सी कठिनाई पड़ते; बीसों गरमी, बरसात और बसन्त देखते के बाद भी, मेरा मन सदा नहीं तो प्राय: अनमना-सा हो जाता है। मेरे शुभचिन्तक मित्र मुँह पर मुझे प्रसन्न करने के लिए आनेवाली छुट्टियों की सूचना देते हैं और पीठ पीछे मुझे 'कमजोर और जरा-सी प्रतिकूलता से घबराने वाला' कहकर मेरा मजाक उड़ाते हैं। मैं सोचता हूँ, 'अच्छा अब कभी उन बातों को न सोचूँगा। ठीक है, जाने दो। सोचने से होता ही क्या है?' पर बरबस मेरी आँखों के सामने शरद की शीत किरणों के समान स्वच्छ शीतल किसी की धुँधली छाया नाच उठती है।

मुझे लगता है जैसे क्वार के दिन आ गए हैं। मेरे गाँव के चारों ओर पानी ही पानी हिलोरें ले रहा है। दूर के सिवान से बहकर आए हुए मोथा और साई की अधगली घासें, घेऊर और बन-प्याज की जड़ें तथा नाना प्रकार की बरसाती घासों के बीज, सूरज की गर्मी में खौलते हुए पानी में सड़कर एक विचित्र गन्ध छोड़ रहे हैं। रास्तों के कीचड़ सूख गए हैं और गाँव के लड़के किनारों पर झाग भरे जलाशयों में धमाके-से कूद रहे हैं। अपने-अपने मौसम की अपनी-अपनी बातें होती हैं। आषाढ़ में आम और जामुन न मिलें, चिन्ता नहीं, अगहन में चिउड़ा और गुड़ न मिले, दु:ख नहीं, चैत के दिनों में लाई के साथ गुड़ की पट्टी न मिले, अफसोस नहीं, पर क्वार के दिनों में इस गन्धपूर्ण झाग-भरे जल में कूदना न हो तो बड़ा बुरा मालूम होता है। मैं भीतर हुड़क रहा था। दो-एक दिन ही तो कूद सका था, नहा-धोकर बीमार हो गया। हल्की बीमारी न जाने क्यों मुझे अच्छी लगती है। थोड़ा-थोड़ा ज्वर हो, सर में साधारण दर्द और खाने के लिए दिन-भर

नीबू और साबू। लेकिन उस बार ऐसी चीज नहीं थी। ज्वर जो चढ़ा तो चढ़ता ही गया। रजाई पर रजाई–और उतरा रात बारह बजे के बाद। दिन में मैं चादर लपेटे सोया था। दादी माँ आईं, शायद नहाकर आई थीं, उसी झाग वाले जल में। पतले-दुबले स्नेह-सने शरीर पर सफेद किनारीहीन धोती, सन-से सफेद बालों के सिरों पर सद्यः टपके हुए जल की शीतलता। आते ही उन्होंने सिर, हाथ, पेट छुए। बहुत ही धीरे-से बुदबुदाकर कुछ बोलीं, शायद किसी देवी-देवता को जान के बदले जान देने की मिन्नत रही हो। फिर आँचल की गाँठ खोल किसी अदृश्य शक्तिधारी के चबूतरे की मिट्टी मुँह में डाली, माथे पर लगाई। दिन-रात चारपाई के पास बैठी रहतीं, कभी पंखा झलतीं, कभी जलते हुए हाथ-पैर कपड़े से सहलातीं, सर पर दालचीनी का लेप करतीं, और बीसों बार सर छू-छूकर ज्वर का अनुमान करतीं। नई हाँड़ी में पानी आया कि नहीं? उसे पीपल की छाल से छौंका कि नहीं? खिचड़ी में मूँग की दाल एकदम मिल तो गई है? कोई बीमार के घर में सीधे बाहर से आकर तो नहीं चला गया आदि लाखों प्रश्न पूछ-पूछकर घरवालों को परेशान कर देतीं। दादी माँ को गँवई-गाँव की पचासों किस्म की दवाओं के नाम याद थे। गाँव में कोई बीमार होता उसके पास पहुँचतीं और वहाँ भी वही काम। हाथ छूना, माथा छूना, पेट छूना। फिर नजर, टोना, भूत से लेकर मलेरिया, सरसाम, निमोनिया तक का अनुमान वे विश्वास के साथ सुनातीं। महामारी और विशूचिका के दिनों में रोज सवेरे उठकर, स्नान के बाद, लवंग और गुड़ मिश्रित जलधार, गुग्गुल और धूप, टोना-टोटका और सफाई कोई उनसे सीख ले। दवा में देर होती, मिश्री या शहद खत्म हो जाता, चादर या गिलाफ नहीं बदले जाते, तो वे जैसे पागल हो जातीं। बुखार तो मुझे अब भी आता है। नौकर पानी दे जाता है, मेस-महाराज अपने मन से पकाकर खिचड़ी या साबू। डॉक्टर साहब आकर नाड़ी देख जाते हैं, और कुनैन मिक्सचर की शीशी की तिताई के डर से बुखार भाग भी जाता है, पर न जाने क्यों ऐसे बुखार को बुलाने का जी नहीं होता।

किशन भैया की शादी ठीक हुई, दादी माँ के उत्साह और आनन्द का क्या कहना! दिन-भर गायब रहतीं। सारा घर जैसे उन्होंने सर पर उठा लिया हो। पड़ोसिनें आतीं, हुक्का चढ़ता। बहुत बुलाने पर दादी माँ आतीं, ''बहिन, बुरा न मानना। कार-परोजन का घर ठहरा! एक काम अपने हाथ से न करूँ, तो होने वाला नहीं।'' जानने को यों सभी जानते थे कि दादी माँ कुछ करतीं नहीं। पर किसी काम में उनकी अनुपस्थिति वस्तुतः विलम्ब का कारण बन जाती। उन्हीं दिनों की बात है। एक दिन दोपहर को मैं घर लौटा। बाहर निकसार में दादी माँ किसी पर बिगड़ रही थीं। देखा पास के कोने में दुबकी रामी की चाची खड़ी है। ''सो न होगा धन्नो! रुपये मय सूद के आज दे दे। तेरी आँख में तो शरम है नहीं।

माँगने के समय कैसी आई थी। पैरों पर नाक रगड़ती फिरी, किसी ने एक पाई भी न दी। अब लगी है आज कल करने–फसल में दूँगी, फसल में दूँगी। अब क्या तेरी खातिर दूसरी फसल कटेगी?''

''दूँगी, मालकिन!'' रामी की चाची रोती हुई, दोनों हाथों से आँचल पकड़े दादी माँ के पैरों की ओर झुकी, ''बिटिया की शादी है। आप न दया करेंगी तो उस बेचारी का निस्तार कैसे होगा!''

''हट, हट, पैर न छू। अभी नहा के आ रही हूँ।'' दादी माँ पीछे हट गईं।

''जाने दो दादी।'' मैंने इस अप्रिय प्रसंग को हटाने की गरज से कहा, ''बेचारी गरीब है, दे देगी कभी।''

''चल, चल, चला है समझाने...।''

मैं चुपके-से आँगन की ओर चला गया। कई दिन बीत गए, मैं इस प्रसंग को एकदम भूल-सा गया। एक दिन रास्ते में रामी की चाची मिली। वह दादी को 'पूतों फलो दूधों नहाओ' का आशीर्वाद दे रही थी। मैंने पूछा, ''क्या बात है धन्नो चाची?'', तो उसने विह्वल होकर कहा, ''उरिन हो गई बेटा, बेटी की शादी तो रिन ही है न। भगवान भला करे हमारी मालकिन का। कल ही आई थीं। पीछे का सभी रुपया छोड़ दिया, ऊपर से दस रुपये का नोट देकर बोलीं, 'देखना धन्नो, जैसी तेरी बेटी वैसी मेरी, दस-पाँच के लिए हँसाई न हो।' देवता हैं बेटा देवता।''

''उस रोज तो बहुत डाँट रही थीं?'' मैंने पूछा।

''वह तो बड़े लोगों का काम है बाबू। रुपया देकर डाँटें भी न तो लाभ क्या!''

मैं मन-ही-मन इस तर्क पर हँसता हुआ आगे बढ़ गया।

किशन के विवाह के दिनों की बात है। विवाह के चार-पाँच रोज पहले से ही औरतें रात-रात भर गीत गाती हैं। विवाह की रात को अभिनय भी होता है। यह प्रायः एक ही कथा का हुआ करता है। उसमें विवाह से लेकर पुत्रोत्पत्ति तक के सभी दृश्य दिखाए जाते हैं, सभी पार्ट औरतें ही करती हैं। मैं बीमार होने के कारण बारात में न जा सका। मेरा ममेरा भाई राघव दालान में सो रहा था। (वह भी बारात जाने के बाद पहुँचा था) औरतों ने उस पर आपत्ति की।

दादी माँ बिगड़ीं, ''लड़के से क्या पर्दा! लड़का और बरह्मा का मन एक-सा होता है।''

''शादी हुई होती, तो एक साल में लड़का हुआ होता। अभी बने हैं बच्चे।'' देवू की माँ बोलीं। वे बड़ी शरारती और चुहलबाज थीं। रिश्ते में हम लोगों की भाभी लगती थीं। मुझे भी पास ही एक चारपाई पर चादर उढ़ाकर दादी माँ ने चुपके

से सुला दिया था। बड़ी हँसी आ रही थी। सोचा, कहीं जोर से हँस दूँ, भेद खुल जाए तो निकाल बाहर किया जाऊँगा, पर भाभी की बात पर हँसी रुक न सकी और भंडाफोड़ हो गया।

"यह न लो।" देवू की माँ ने चादर खींच ली—"कहो दादी, यह कौन बच्चा सोया है? बेचारा रोता है शायद, दूध तो पिला दूँ।" हाथापाई शुरू हुई। दादी माँ बिगड़ीं, "लड़के से क्यों लगती है!"

"तो बनें यही औरत, इन्हीं को बच्चा पैदा हो। खूब सी-सी करें। मैं तो नहीं बनती।"

मैं वहाँ से हँसता हुआ भागा। सुबह रास्ते में देबू की माँ मिलीं—"कल वाला बच्चा भाभी।" मैं वहाँ से जोर-से भागा और दादी माँ के पास जा खड़ा हुआ। वस्तुतः किसी प्रकार के अपराध हो जाने पर जब हम दादी माँ की छाया में खड़े हो जाते, अभयदान मिल जाता।

स्नेह और ममता की मूर्ति दादी माँ की एक-एक बात आज कैसी-कैसी मालूम होती है। परिस्थितियों का वात्याचक्र जीवन को सूखे पत्ते-सा कैसा नचाता है, इसे दादी माँ खूब जानती थीं। दादा की मृत्यु के बाद से ही वे बहुत उदास रहतीं। संसार उन्हें धोखे की टट्टी मालूम होता। दादा ने उन्हें स्वयं जो धोखा दिया। वे सदा उन्हें आगे भेजकर अपने पीछे जाने की झूठी बात कहा करते थे। दादा की मृत्यु के बाद, कुकुरमुत्ते की तरह बढ़ने वाले, मुँह में राम बगल में छुरी वाले दोस्तों की शुभचिन्ता ने स्थिति और भी डाँवाँडोल कर दी। दादा के श्राद्ध में दादी माँ के मना करने पर भी, पिता जी ने जो अतुल सम्पत्ति व्यय की वह घर की तो थी नहीं।

दादी माँ अकसर उदास रहा करतीं। माघ के दिन थे। कड़ाके का जाड़ा पड़ रहा था। पछुवा का सन्नाटा और पाले की शीत हड्डियों में घुसी पड़ती। शाम को मैंने देखा, दादी माँ गीली धोती पहने, कोने वाले घर में एक सन्दूक पर दिया जलाए, हाथ जोड़कर बैठी हैं। उनकी स्नेह-कातर आँखों में मैंने आँसू कभी नहीं देखे थे। मैं बहुत देर तक मन मारे उनके पास बैठा रहा; उन्होंने आँखें खोलीं।

"दादी माँ!" मैंने धीरे से कहा।

"क्या है रे, तू यहाँ क्यों बैठा है?"

"दादी माँ, एक बात पूछूँ, बताओगी न?" मैंने उनकी स्नेहपूर्ण आँखों की ओर देखा।

"क्या है, पूछ।"

"तुम रोती थीं?"

दादी माँ मुस्कुराईं, ''पागल, तूने अभी खाना भी नहीं खाया न, चल-चल!''

''धोती तो बदल लो, दादी माँ'' मैंने कहा।

''मुझे सरदी-गरमी नहीं लगती, बेटा'' वे मुझे खींचती रसोई में ले गईं।

सुबह मैंने देखा चारपाई पर बैठे पिताजी और किशन भैया मन मारे कुछ सोच रहे हैं। ''दूसरा चारा ही क्या है,'' बाबू बोले, ''रुपया कोई देता नहीं। कितने के तो अभी पिछले भी बाकी हैं!'' वे रोने-रोने से हो गए।

''रोता क्यों है रे?'' दादी माँ ने उनका माथा सहलाते हुए कहा, ''मैं तो अभी हूँ ही।'' उन्होंने सन्दूक खोलकर एक चमकती-सी चीज निकाली, ''तेरे दादा ने यह कंगन मुझे इसी दिन के पहनाया था।'' उनका गला भर आया, ''मैंने इसे पहना नहीं, इसे सहेज कर रखती आई हूँ। यह उनके वंश की निशानी है।'' उन्होंने आँसू पोंछकर कहा, ''पुराने लोग आगा-पीछा सब सोच लेते थे, बेटा।''

सचमुच मुझे दादी माँ शापभ्रष्ट देवी-सी लगीं।

धुँधली छाया विलीन हो गई। मैंने देखा दिन काफी चढ़ आया है। पास के लम्बे खजूर के पेड़ से उड़कर एक कौआ, अपनी घिनौनी काली पाँखें फैलाकर मेरी खिड़की पर बैठ गया। हाथ में अब भी किशन भैया का पत्र काँप रहा है। काली चींटियों-सी कतारें धूमिल हो रही हैं। आँखों पर विश्वास नहीं होता। मन बार-बार अपने से ही पूछ बैठता है, ''क्या सचमुच दादी माँ नहीं रहीं?''

दादी अम्मा

कृष्णा सोबती

बहार फिर आ गई। बसन्त की हल्की हवाएँ पतझर के फीके ओठों को चुपके-से चूम गईं। जाड़े के सिकुड़े-सिकुड़े पंख फड़फड़ाए और सर्दी दूर हो गई। आँगन में पीपल के पेड़ पर नए पात खिल-खिल आए। परिवार के हँसी-खुशी में तैरते दिन-रात मुस्कुरा उठे। भरा-भराया घर। सँभाली-सँवरी-सी सुन्दर-सलोनी बहुएँ। चंचलता से खिलखिलाती बेटियाँ। मजबूत बाँहों वाले युवा बेटे। घर की मालकिन मेहराँ अपने हरे-भरे परिवार को देखती है और सुख में भीग जाती है। ये पाँचों बच्चे उसकी उमर-भर की कमाई हैं।

उसे वे दिन नहीं भूलते जब ब्याह के बाद छह वर्षों तक उसकी गोद नहीं भरी थी। उठते-बैठते सास की गम्भीर कठोर दृष्टि उसकी समूची देह को टटोल जाती। रात को तकिए पर सिर डाले-डाले वह सोचती कि पति के प्यार की छाया में लिपटे-लिपटे भी उसमें कुछ व्यर्थ हो गया है, असमर्थ हो गया है। कभी सकुचाती-सी ससुर के पास से निकलती तो लगता कि इस घर की देहरी पर पहली बार पाँव रखने पर जो आशीष उसे मिली थी, वह उसे सार्थक नहीं कर पाई। वह ससुर के चरणों में झुकी थी और उन्होंने सिर पर हाथ रखकर कहा था, ''बहूरानी, फूलो-फलो।'' कभी दर्पण के सामने खड़ी-खड़ी वह बाँहें फैलाकर देखती—क्या इन बाँहों में अपने उपजे किसी नन्हे-मुन्ने को भर लेने की क्षमता नहीं!

छह वर्षों की लम्बी प्रतीक्षा के बाद सर्दियों की एक लम्बी रात में करवट बदलते-बदलते मेहराँ को पहली बार लगा था कि नर्म-नर्म लिहाफ से वह सिकुड़ी पड़ी है, वैसे ही उसमें, उसके तन-मन-प्राण के नीचे गहरे कोई धड़कन उससे लिपटी आ रही है। उसने अँधियारे में एक बार सोए हुए पति की ओर देखा था और अपने से

लजाकर अपने हाथों से आँखें ढाँप ली थीं। बन्द पलकों के अन्दर से दो चमकती आँखें थीं, दो नन्हे-नन्हे हाथ थे, दो पाँव थे। सुबह उठकर किसी मीठी शिथिलता में घिरे-घिरे अँगड़ाई ली थी। आज उसका मन भरा है। तन भरा है। सास ने भाँपकर प्यार बरसाया था :

"बहू, अपने को थकाओ मत, जो सहज-सहज कर सको, करो। बाकी मैं सँभाल लूँगी।"

वह कृतज्ञता से मुस्कुरा दी थी। काम पर जाते पति को देखकर मन में आया था कि कहे–'अब तुम मुझसे अलग बाहर ही नहीं, मेरे अन्दर भी हो।'

दिन में सास आ बैठी; माथा सहलाते-सहलाते बोली, "बहूरानी, भगवान मेरे बच्चे को तुम-सा रूप दे और मेरे बेटे-सा जिगरा।"

बहू की पलकें झुक आईं।

"बेटी, उस मालिक का नाम लो, जिसने बीज डाला है। वह फल भी देगा।"

मेहराँ को माँ का घर याद हो आया। पास-पड़ोस की स्त्रियों के बीच माँ भाभी का हाथ आगे कर रही है, "बाबा, यह बताओ, मेरी बहू के भाग्य में कितने फल हैं?"

पास खड़ी मेहराँ समझ नहीं पाई। हाथ में फल?

"माँ, हाथ में फल कब होते हैं? फल किसे कहती हो माँ?"

माँ लड़की की बात सुनकर पहले हँसी, फिर गुस्सा होकर बोली, "दूर हो मेहराँ। जा, बच्चों के संग खेल!"

उस दिन मेहराँ का छोटा-सा मन यह समझ नहीं पाया था, पर आज तो सास की बात वह समझ ही नहीं, बूझ भी रही थी।

बहू के हाथ में फल होते हैं, बहू के भाग्य में फल होते हैं और परिवार की बेल बढ़ती है।

मेहराँ की गोद से इस परिवार की बेल बढ़ी है। आज घर में तीन बेटे हैं, उनकी बहुएँ हैं। ब्याह देने योग्य दो बेटियाँ हैं। हल्के-फुल्के कपड़ों मे लिपटी उसकी बहुएँ जब उसके सामने झुकती हैं तो क्षण-भर के लिए मेहराँ के मस्तक पर घर की स्वामिनी होने का अभिमान उभर आता है। वह बैठे-बैठे उन्हें आशीष देती है और मुस्कुराती है। ऐसे ही, बिलकुल ऐसे ही वह भी कभी सास के सामने झुकती थी। आज तो वह तीखी निगाहवाली मालकिन, बच्चों की दादी अम्मा बनकर रह गई है। पिछवाड़े के कमरे से जब दादा के साथ बोलती हुई अम्मा की आवाज आती है तो पोते क्षण भर ठिठककर अनसुनी कर देते हैं। बहुएँ एक-दूसरे को देखकर मन-ही-मन हँसती हैं। लाड़ली बेटियाँ सिर हिला-हिलाकर खिलखिलाती हुई कहती हैं, "दादी अम्मा बूढ़ी हो आई, पर दादा से झगड़ना नहीं छोड़ा।"

मेहराँ भी कभी-कभी पति के निकट खड़ी हो कह देती है, "अम्मा नाहक बापू के पीछे पड़ी रहती है। बहू-बेटियों वाला घर है, क्या यह अच्छा लगता है?"

पति एक बार पढ़ते-पढ़ते आँखें ऊपर उठाते हैं। पल-भर पत्नी की ओर देख दोबारा पन्ने पर दृष्टि गड़ा देते हैं। माँ की बात पर पति की मौन-गम्भीर मुद्रा मेहराँ को नहीं भाती। लेकिन प्रयत्न करने पर भी वह कभी पति को कुछ कह देने तक खींच नहीं पाई। पत्नी पर एक उड़ती निगाह, और बस। किसी को आज्ञा देती मेहराँ की आवाज सुनकर कभी उन्हें भ्रम हो आता है। वह मेहराँ का नहीं, अम्मा का ही रोबीला स्वर है। उनके होश में अम्मा ने कभी ढीलापन जाना ही नहीं। याद नहीं आता कि कभी माँ के कहने को वह जाने-अनजाने टाल सके हों। और अब जब माँ की बात पर बेटियों को हँसती सुनते हैं तो विश्वास नहीं आता। क्या सचमुच माँ आज ऐसी बातें किया करती हैं कि जिन पर बच्चे हँस सकें?

और अम्मा तो सचमुच उठते-बैठते बोलती है, झगड़ती है, झुकी कमर पर हाथ रखकर वह चारपाई से उठकर बाहर आती है तो जो सामने हो उस पर बरसने लगती है।

बड़ा पोता काम पर जा रहा है। दादी अम्मा पास आ खड़ी हुई। एक बार ऊपर तले देखा और बोली, "काम पर जा रहे हो बेटे, कभी दादा की ओर भी देख लिया करो, कब से उनका जी अच्छा नहीं। जिसके घर में भगवान के दिए बेटे-पोते हों, वह इस तरह बिना दवा-दारू पड़े रहते हैं।"

बेटा दादी अम्मा की नजर बचाता है। दादा की खबर क्या घर-भर में उसे ही रखनी है! छोड़ो, कुछ-न-कुछ कहती ही जाएँगी अम्मा, मुझे देर हो रही है। लेकिन दादी अम्मा जैसे राह रोक लेती है, "अरे बेटा, कुछ तो लिहाज करो। बहू-बेटेवाले हुए, मेरी बात तुम्हें अच्छी नहीं लगती!"

मेहराँ मँझली बहू से कुछ कहने जा रही थी, लौटती हुई बोली, "अम्मा, कुछ तो सोचो, लड़का बहू-बेटों वाला है। तो क्या उस पर तुम इस तरह बरसती रहोगी?"

दादी अम्मा ने अपनी पुरानी निगाह से मेहराँ को देखा और जलकर कहा, "क्यों नहीं बहू, अब तो बेटों को कुछ कहने के लिए तुमसे पूछना होगा! यह बेटे तुम्हारे हैं, घर-बार तुम्हारा है, हुक्म हासिल तुम्हारा है।"

मेहराँ पर इस सबका कोई असर नहीं हुआ। सास को वहीं खड़ा छोड़ वह बहू के पास चली गई।

दादी अम्मा ने अपनी पुरानी आँखों से बहू की वह रोबीली चाल देखी और ऊँचे स्वर में बोली, "बहूरानी, इस घर में अब मेरा इतना-सा मान रह गया है! तुम्हें इतना घमंड...!"

मेहराँ को सास के पास लौटने की इच्छा नहीं थी, पर घमंड की बात सुनकर लौट आई।

"मान की बात करती हो अम्मा? तो आए दिन छोटी-मोटी बात लेकर जलने-कलपने से किसी का मान नहीं रहता।"

इस उलटी आवाज ने दादी अम्मा को और जला दिया। हाथ हिला-हिलाकर क्रोध में रुक-रुककर बोली, "बहू, यह सब तुम्हारे अपने सामने आएगा! तुमने जो मेरा जीना दूभर कर दिया है, तुम्हारी तीनों बहुएँ भी तुम्हें इसी तरह समझेंगी, समझेंगी क्यों नहीं, जरूर समझेंगी।"

कहती-कहती दादी अम्मा झुकी कमर से पग उठाती अपने कमरे की ओर चल दी। राह में बेटे के कमरे का द्वार खुला देखा तो बोली, "जिस बेटे को मैंने अपना दूध पिलाकर पाला, आज उसे देखे मुझे महीनों बीत जाते हैं। उससे इतना नहीं हो पाता कि बूढ़ी अम्मा की सुधि ले।"

मेहराँ मँझली बहू को घर के काम-धन्धे के लिए आदेश दे रही थी। पर कान इधर ही थे। 'बहुएँ उसे भी समझेंगी' इस अभिशाप को वह कड़वा घूँट समझकर पी गई थी, पर पति के लिए सास का यह उलाहना सुनकर न रहा गया। दूर से ही बोली, "अम्मा, मेरी बात छोड़ो, पराए घर की हूँ पर जिस बेटे को घर-भर में सबसे अधिक तुम्हारा ध्यान है, उसके लिए यह कहते तुम्हें झिझक नहीं आती? फिर कौन माँ है, जो बच्चों को पालती-पोसती नहीं!"

अम्मा ने अपनी झुर्रियों-पड़ी गर्दन पीछे की। माथे पर पड़े तेवरों में इस बार क्रोध नहीं भर्त्सना थी। चेहरे पर वही पुरानी उपेक्षा लौट आई, "बहू, किससे क्या कहा जाता है, यह तुम बड़े समधियों से माथा लगा सब कुछ भूल गई हो। माँ अपने बेटे से क्या कहे, यह भी क्या अब मुझे बेटे की बहू से ही सीखना पड़ेगा? सच कहती हो बहू, सभी माँएँ बच्चों को पालती हैं। मैंने कोई अनोखा बेटा नहीं पाला था, बहू! फिर तुम्हें तो मैं पराई बेटी ही करके मानती रही हूँ। तुमने बच्चे आप जने, आप ही वे दिन काटे, आप ही बीमारियाँ झेलीं!"

मेहराँ ने खड़े-खड़े चाहा कि सास यह कुछ कहकर और कहतीं। वह इतनी दूर नहीं उतरी कि इन बातों का जवाब दे। चुपचाप पति के कमरे में जाकर इधर-उधर बिखरे कपड़े सहेजने लगी।

दादी अम्मा कड़वे मन से अपनी चारपाई पर जा पड़ी। बुढ़ापे की उम्र भी कैसी होती है! जीते-जी मन से संग टूट जाता है। कोई पूछता नहीं, जानता नहीं। घर के पिछवाड़े जिसे वह अपनी चलती उम्र में कोठरी कहा करती थी, उसी में आज वह पति के साथ रहती है। एक कोने में उसकी चारपाई है और दूसरे कोने में पति की, जिसके साथ उसने अगणित बहार और पतझर गुजार दिए हैं। कभी घंटों वे चुपचाप

अपनी-अपनी जगह पर पड़े रहते हैं। दादी अम्मा बीच-बीच में करवट बदलते हुए लम्बी साँस लेती है। कभी पतली नींद में पड़ी-पड़ी वर्षों पहले की कोई भूली-बिसरी बात करती है, पर बच्चों के दादा उसे सुनते नहीं। दूर कमरों में बहुओं की मीठी दबी-दबी हँसी वैसे ही चलती रहती है। बेटियाँ खुले-खुले खिलखिलाती हैं। बेटों के कदमों की भारी आवाज कमरे तक आकर रह जाती है और दादी अम्मा और पास पड़े दादा में जैसे बीत गए वर्षों की दूरी झूलती रहती है।

आज दादा जब घंटों धूप में बैठकर अन्दर आए तो अम्मा लेटी नहीं, चारपाई की बाँह पर बैठी थी। गाढ़े की धोती से पूरा तन नहीं ढका था। पल्ला कन्धे से गिरकर एक ओर पड़ा था। वक्ष खुला था। आज वक्ष में ढकने को रह भी क्या गया था? गले और गर्दन की झुर्रियाँ एक जगह आकर इकट्ठी हो गई थीं। पुरानी छाती पर कई तिल चमक रहे थे। सिर के बाल उदासीनता से माथे के ऊपर सटे थे।

दादा ने देखकर भी नहीं देखा। अपने-सा पुराना कोट उतारकर खूँटी पर लटकाया और चारपाई पर लेट गए। दादी अम्मा देर तक बिना हिले-डुले वैसी की वैसी बैठी रही। सीढ़ियों पर छोटे बेटे के पाँवों की उतावली-सी आहट हुई। उमंग की छोटी-सी गुनगुनाहट द्वार तक आकर लौट गई। ब्याह के बाद के वे दिन, मीठे मधुर दिन। बार-बार घर की ओर लौटते हैं। प्यारी-सी बहू आँखों में प्यार भर-भरकर देखती है, लजाती है, सकुचाती है और पति की बाँहों में लिपट जाती है। अभी कुछ महीने हुए, यही छोटा बेटा माथे पर फूलों का सेहरा लगाकर ब्याहने गया था। बाजे-गाजे के साथ जब लौटा तो संग में दुलहिन थी। सबके साथ दादी अम्मा ने भी पतोहू का माथा चूमकर उसे हाथ का कंगन दिया था। पतोहू ने झुककर दादी अम्मा के पाँव छुए थे और अम्मा लेन-देन पर मेहराँ से लड़ाई-झगड़े की बात भूलकर कई क्षण दुलहिन के मुखड़े की ओर देखती रही थी। छोटी बेटी ने चंचलता से परिहास कर कहा था, ''दादी अम्मा, सच कहो भैया की दुलहिन तुम्हें पसन्द आई? क्या तुम्हारे दिनों में भी शादी-ब्याह में ऐसे ही कपड़े पहने जाते थे?''

कहकर छोटी बेटी ने दादी के उत्तर की प्रतीक्षा नहीं की। हँसी-हँसी में किसी और से उलझ पड़ी।

मेहराँ बहू-बेटे को घेरकर अन्दर ले चली। दादी अम्मा भटकी-भटकी दृष्टि से अगणित चेहरे देखती रही। कोई पास-पड़ोसिन उसे बधाई दे रही थी-''बधाई है अम्मा, सोने-सी बहू आई है। शुक्र है उम्र मालिक का, तुमने अपने हाथों छोटे पोते का भी काज सँवारा।''

अम्मा ने सिर हिलाया। सचमुच आज उस जैसा कौन है! पोतों की उसे हौंस थी, आज पूरी हुई। पर काज सँवारने में उसने क्या किया, किसी ने कुछ पूछा नहीं तो करती क्या? समधियों से बातचीत, लेन-देन, दुलहिन के कपड़े-गहने, यह सब

मेहराँ के अभ्यस्त हाथों से होता रहा है। घर में पहले दो ब्याह हो जाने पर अम्मा से सलाह-सम्मति करना भी आवश्यक नहीं रह गया। केवल कभी-कभी कोई नया गहना गढ़वाने पर या नया जोड़ा बनवाने पर मेहराँ उसे सास को दिखा देती रही है।

बड़ी बेटी देखकर कहती है, "माँ! अम्मा को दिखाने जाती हो, वह तो कहेंगी, 'यह गले का गहना हाथ लगाते उड़ता है। कोई भारी ठोस कंठा बनवाओ, सिर की सिंगार-पट्टी बनवाओ। मेरे अपने ब्याह में मायके से पचास तोले का रानीहार चढ़ा था। तुम्हें याद नहीं, तुम्हारे ससुर को कहकर उसी के भारी जड़ाऊ कंगन बनवाए थे तुम्हारे ब्याह में!' "

मेहराँ बेटी की ओर लाड़ से देखती है। लड़की झूठ नहीं कहती। बड़े बेटों की सगाई में, ब्याह में अम्मा बीसियों बार यह दोहरा चुकी हैं। अम्मा को कौन समझाए कि ये पुरानी बातें पुराने दिनों के साथ गईं!

अम्मा नाते-रिश्तों की भीड़ में बैठी-बैठी ऊँघती रही। एकाएक आँख खुली तो नीचे लटकते पल्ले से सिर ढक लिया। ऐसी बेखबरी कि उघाड़े सिर बैठी रही। पर दादी अम्मा को इस तरह अपने को सँभालते किसी ने देखा तक नहीं। अम्मा की ओर देखने की सुधि भी किसे है?

बहू को नया जोड़ा पहनाया जा रहा है। रोशनी में दुलहिन शरमा रही है। ननदें हास-परिहास कर रही हैं। मेहराँ घर में तीसरी बहू को देखकर मन-ही-मन सोच रही है कि बस, अब दोनों बेटियों को ठिकाने लगा दे तो सुर्खरू हो।

बहू का शृंगार देख दादी अम्मा बीच-बीच में कुछ कहती हैं, "लड़कियों में यह कैसा चलन है आजकल? बहू के हाथों और पैरों में मेहँदी नहीं रचाई। यही तो पहला सगुन है।" दादी अम्मा की इस बात को जैसे किसी ने सुना नहीं। साज-शृंगार में चमकती बहू को घेरकर मेहराँ दूल्हे के कमरे की ओर ले चली। नाते-रिश्ते की युवतियाँ मुस्कुरा-मुस्कुराकर शरमाने लगीं, दूल्हे के मित्र-भाई आँखों में नहीं, बाँहों में नए-नए चित्र भरने लगे, और मेहराँ बहू पर आशीर्वाद बरसाकर लौटी तो देहरी के संग लगी दादी अम्मा को देखकर स्नेह जताकर बोली, "आओ अम्मा, शुक्र है भगवान का, आज ऐसी मीठी घड़ी आई।"

अम्मा सिर हिलाती-हिलाती मेहराँ के साथ हो ली, पर आँखें जैसे वर्षों पीछे घूम गईं। ऐसे ही एक दिन वह मेहराँ को अपने बेटे के पास छोड़ आई थी। वह अन्दर जाती थी, बाहर आती थी। वह इस घर की मालकिन थी।

पीछे, और पीछे–

बाजे-गाजे के साथ उसका अपना डोला इस घर के सामने आ खड़ा हुआ। गहनों की छनकार करती वह नीचे उतरी। घूँघट की ओट से मुस्कुराती, नीचे झुकती और पति की बूढ़ी फूफी से आशीर्वाद पाती।

दादी अम्मा को ऊँघते देख बड़ी बेटी हिलाकर कहने लगी, "उठो अम्मा, जाकर सो रहो, यहाँ तो अभी देर तक हँसी-ठट्ठा होता रहेगा।"

दादी अम्मा झँपी-झँपी आँखों से पोती की ओर देखती है और झुकी कमर पर हाथ रखकर अपने कमरे की ओर लौट जाती है।

उस दिन अपनी चारपाई पर लेटकर दादी अम्मा सोई नहीं। आँखों में न ऊँघ थी, न नींद। एक दिन वह भी दुलहिन बनी थी। बूढ़ी फूफी ने सजाकर उसे भी पति के पास भेजा था। तब क्या उसने यह कोठरी देखी थी? ब्याह के बाद वर्षों तक उसने जैसे यह जाना ही नहीं कि फूफी दिन-भर काम करने के बाद रात को यहाँ सोती है। आँखें मुँद जाने से पहले जब फूफी बीमार हुई तो दादी अम्मा ने कुलीन बहू की तरह उसकी सेवा करते-करते पहली बार यह जाना था कि घर में इतने कमरे होते हुए भी फूफी इस पिछवाड़े में अपने अन्तिम दिन-बरस काट गई है। पर यह देखकर, जानकर उसे आश्चर्य नहीं हुआ था। घर के पिछवाड़े में पड़ी फूफी की देह छाँहदार पेड़ के पुराने तने की तरह लगती थी, जिसके पत्तों की छाँह उससे अलग, उससे परे, घर-भर पर फैली हुई थी। आज तो दादी अम्मा स्वयं फूफी बनकर इस कोठरी में पड़ी है। ब्याह के कोलाहल से निकलकर जब दादा थककर अपनी चारपाई पर लेटे तो एक लम्बा चैन का सा साँस लेकर बोले, "क्या सो गई हो? इस बार की रौनक, लेन-देन तो मँझले और बड़े बेटे के ब्याह को भी पार कर गई। समधियों का बड़ा घर ठहरा!"

दादी अम्मा लेन-देन की बात पर कुछ कहना चाहते हुए भी नहीं बोली। चुपचाप पड़ी रही। दादा सो गए, आवाजें धीमी हो गईं। बरामदे में मेहराँ का रोबीला स्वर नौकर-चाकरों को सुबह के लिए आज्ञाएँ देकर मौन हो गया। दादी अम्मा पड़ी रही और पतली नींद से घिरी आँखों से नए-पुराने चित्र देखती रही। एकाएक करवट लेते-लेटे उठ बैठी। रोशनी अभी बुझी नहीं थी। हल्के-हल्के दो-चार कदम उठाए और दादा की चारपाई के पास आ खड़ी हुई। झुककर कई क्षण तक दादा की ओर देखती रही। दादा नींद में बेखबर थे और दादी जैसे कोई पुरानी पहचान कर रही हो। खड़े-खड़े कितने पल बीत गए! क्या दादी ने दादा को पहचाना नहीं? चेहरा उसके पति का है पर दादी तो इस चेहरे को नहीं, चेहरे के नीचे पति को देखना चाहती है। उसे बिछड़ गए वर्षों में से वापस लौटा लेना चाहती है।

सिरहाने पर पड़ा दादा का सिर बिलकुल सफेद था। बन्द आँखों से लगी झुर्रियाँ-ही-झुर्रियाँ थीं। एक सूखी बाँह कम्बल पर सिकुड़ी-सी पड़ी थी। यह

नहीं...यह तो नहीं...दादी अम्मा जैसे सोते-सोते जाग पड़ी थी, वैसे ही इस भूले-भटके भँवर में ऊपर-नीचे होती चारपाई पर जा पड़ी।

उस दिन सुबह उठकर जब दादी अम्मा ने दादा को बाहर आते देखा तो लगा कि रात-भर की भटकी-भटकी तस्वीरों में से कोई भी तस्वीर उसकी नहीं थी। वह इस सूखी देह और झुके कन्धे में से किसे ढूँढ़ रही थी?

दादी अम्मा चारपाई की बाँहों से उठी और लेट गई। अब तो इतनी सी दिनचर्या शेष रह गई है। बीच-बीच में कभी उठकर बहुओं के कमरों की ओर जाती है तो लड़-झगड़कर लौट आती है। कैसे हैं उसके पोते, जो उम्र के रंग में किसी की बात नहीं सोचते? किसी की ओर नहीं देखते? बहू और बेटा, उन्हें भी कहाँ फुरसत है? मेहराँ तो कुछ-न-कुछ कहकर चोट करने से भी नहीं चूकती। लड़ने को तो दादी भी कम नहीं, पर अब तीखा-तेज बोल लेने पर जैसे वह थककर चूर-चूर हो जाती है। बोलती है, बोलने के बिना रह नहीं पाती, पर बाद में घंटों बैठी सोचती रहती है कि वह क्यों उनसे माथा लगाती है, जिन्हें उसकी परवाह नहीं। मेहराँ की तो अब चाल-ढाल ही बदल गई है। अब वह उसकी बहू नहीं, तीन बहुओं की सास है। ठहरी हुई गम्भीरता से घर का शासन चलाती है। दादी अम्मा का बेटा अब अधिक दौड़-धूप नहीं करता। देखरेख से अधिक अब बहुओं द्वारा ससुर का आदर-मान ही अधिक होता है। कभी अन्दर-बाहर जाते अम्मा मिल जाती है तो झुककर बेटा माँ को प्रणाम अवश्य करता है। दादी अम्मा गर्दन हिलाती-हिलाती आशीर्वाद देती है, "जीयो बेटा, जीयो।"

कभी मेहराँ की जली-कटी बातें सोच बेटे पर क्रोध और अभिमान करने को मन होता है, पर बेटे को पास देखकर दादी अम्मा सब भूल जाती है। ममता-भरी पुरानी आँखों से निहारकर बार-बार आशीर्वाद बरसाती चली जाती है, "सुख पाओ, भगवान बड़ी उम्र दे...।" कितना गम्भीर और शीलवान् है उसका बेटा! है तो उसका न? पोतों को ही देखो, कभी झुककर दादा के पाँव तक नहीं छूते। आखिर माँ का असर कैसे जाएगा? इन दिनों बहू की बात सोचते ही दादी अम्मा को लगता है कि अब मेहराँ उसके बेटे में नहीं, अपने बेटों में लगी रहती है। दादी अम्मा को वे दिन भूल जाते हैं जब बेटे के ब्याह के बाद बहू-बेटे के लाड़-चाव में उसे पति के खाने-पीने की सुधि तक न रहती थी और जब लाख-लाख शुक्र करने पर पहली बार मेहराँ की गोद भरनेवाली थी तो दादी अम्मा ने आकर दादा से कहा था, "बहू के लिए अब यह कमरा खाली करना होगा। हम लोग फूफी के कमरे में जा रहेंगे।"

दादा ने एक बार भरपूर नजरों से दादी अम्मा की ओर देखा था, जैसे वह बीत गए वर्षों को अपनी दृष्टि से टटोलना चाहते हों। फिर सिर पर हाथ फेरते-फेरते कहा

था, "क्या बेटेवाला कमरा बहू के लिए ठीक नहीं? नाहक क्यों यह सब कुछ उलटा-सीधा करवाती हो?"

दादी अम्मा ने हाथ हिलाकर कहा, "ओह हो, तुम समझोगे भी! बेटे के कमरे में बहू को रखूँगी तो बेटा कहाँ जाएगा? उलटे-सीधे की फिक्र तुम क्यों करते हो, मैं सब ठीक कर लूँगी।"

और पत्नी के चले जाने पर दादा बहुत देर बैठे-बैठे भारी मन से सोचते रहे थे कि जिन वर्षों का बीतना उन्होंने आज तक नहीं जाना, उन्हीं पर पत्नी की आशा विराम बनकर आज खड़ी हो गई है, आज सचमुच ही उसे इस उलट-फेर की परवाह नहीं।

इस कमरे में बड़ी फूफी उनकी दुलहिन को छोड़ गई थी। उस कमरे को छोड़कर आज वह फूफी के कमरे में जा रहे हैं। क्षण-भर के लिए, केवल क्षण-भर के लिए उन्हें बेटे से ईर्ष्या हुई और उदासीनता में बदल गई। और पहली रात जब वह फूफी के कमरे में सोए तो देर रात गए तक भी पत्नी बहू के पास से नहीं लौटी थी। कुछ देर प्रतीक्षा करने के बाद उनकी पलकें झँपी तो उन्हें लगा कि उनके पास पत्नी का नहीं...फूफी का हाथ है। दूसरे दिन मेहराँ की गोद भरी थी, बेटा हुआ था। घर की मालकिन पति की बात जानने के लिए बहुत अधिक व्यस्त थी।

कुछ दिन से दादी अम्मा का जी अच्छा नहीं। दादा देखते हैं, पर बुढ़ापे की बीमारी से कोई दूसरी बीमारी बड़ी नहीं होती। दादी अम्मा बार-बार करवट बदलती है और फिर कुछ-कुछ देर के लिए हाँफकर पड़ी रह जाती है। दो-एक दिन से वह रसोईघर की ओर भी नहीं आई, जहाँ मेहराँ का आधिपत्य रहते हुए भी वह कुछ न कुछ नौकरों को सुनाने में चूकती नहीं है। आज दादी को न देखकर छोटी बेटी हँसकर मँझली भाभी से बोली, "भाभी, दादी अम्मा के पास अब शायद कोई लड़ने-झगड़ने की बात नहीं रह गई, नहीं तो अब तक कई बार चक्कर लगातीं।"

दोपहर को नौकर जब अम्मा के यहाँ से अनछुई थाली उठा लाया तो मेहराँ का माथा ठनका। अम्मा के पास जाकर बोली, "अम्मा, कुछ खा लिया होता, क्या जी अच्छा नहीं?"

एकाएक अम्मा कुछ बोली नहीं। क्षण-भर रुककर आँखें खोलीं और मेहराँ को देखती रह गई।

"खाने को मन न हो तो अम्मा दूध ही पी लो।"

अम्मा ने 'हाँ' 'ना' कुछ नहीं की। न पलकें ही झपकीं। इस दृष्टि से मेहराँ बहुत वर्षों के बाद आज फिर डरी। इनमें न क्रोध था, न सास की तरेर थी, न मनमुटाव

था। एक लम्बा गहरा उलाहना–पहचानते मेहराँ को देर नहीं लगी। डरते-डरते सास के माथे को छुआ। ठंडे पसीना से भीगा था। पास बैठकर धीरे-से स्नेह भरे स्वर में बोली, "अम्मा जो कहो, बना लाती हूँ।"

अम्मा ने सिरहाने पर पड़े-पड़े सिर हिलाया–नहीं, कुछ नहीं–और बहू के हाथ से अपना हाथ खींच लिया।

मेहराँ पल-भर कुछ सोचती रही और बिना आहट किए बाहर हो गई। बड़ी बहू के पास जाकर चिन्तित स्वर में बोली, "बहू, अम्मा कुछ अधिक बीमार लगती हैं, तुम जाकर पास बैठो तो मैं कुछ बना लाऊँ।"

बहू ने सास की आवाज में आज पहली बार दादी अम्मा के लिए घबराहट देखी। दबे पाँव जाकर अम्मा के पास बैठ हाथ-पाँव दबाने लगी। अम्मा ने इस बार हाथ नहीं खींचे। ढीली-सी लेटी रही।

मेहराँ ने रसोईघर में जाकर दूध गर्म किया। औटाने लगी तो एकाएक हाथ अटक गया–क्या अम्मा के लिए यह अन्तिम बार दूध लिए जा रही है?

दादी अम्मा ने बेखबरी में ही दो-चार घूँट दूध पीकर छोड़ दिया। चारपाई पर पड़ी अम्मा चारपाई के साथ लगी दीखती थीं। कमरे में कुछ अधिक सामान नहीं था। सामने के कोने में दादा का बिछौना बिछा था।

शाम को दादा आए तो अम्मा के पास बहू और पतोहू को बैठा देख पूछा, "अम्मा तुम्हारी रूठकर लेटी है या...?"

मेहराँ ने अम्मा की बाँह आगे कर दी। दादा ने छूकर हौले-से कहा, "जाओ बहू, बेटा आता ही होगा। उसे डॉक्टर को लिवाने भेज देना।"

मेहराँ ससुर के शब्दों की गम्भीरता जानते हुए चुपचाप बाहर हो गई।

बेटे के साथ जब डॉक्टर आया तो दादी अम्मा के तीनों पोते ही वापस आ खड़े हुए। डॉक्टर ने सधे-सधाए हाथों से दादी की परीक्षा की। जाते-जाते दादी के बेटे से कहा, "कुछ ही घंटे और...।"

मेहराँ ने बहुओं को धीमे स्वर में आज्ञाएँ दीं और बेटों से बोली, "बारी-बारी से खा-पी लो, फिर पिता और दादा को भेज देना।"

अम्मा के पास से हटने की पिता और दादा की बारी नहीं आई उस रात। दादी ने बहुत जल्दी की। डूबते-डूबते हाथ-पाँवों से छटपटाकर एक बार आँखें खोलीं और बेटे और पति के आगे बाँहें फैला दीं। जैसे कहती हो–'मुझे तुम पकड़ रखो।'

दादी का श्वास उखड़ा, दादा का कंठ जकड़ा और बेटे ने माँ पर झुककर पुकारा, "अम्मा...अम्मा।"

"सुन रही हूँ बेटा, तुम्हारी आवाज पहचानती हूँ।"

मेहराँ सास की ओर बढ़ी और ठंडे हो रहे पैरों को छूकर याचना-भरी दृष्टि से दादी अम्मा को बिछुरती आँखों से देखने लगी। बहू को रोते देख अम्मा की आँखों में क्षण-भर को सन्तोष झलका, फिर वर्षों की लड़ाई-झगड़े का आभास उभरा। द्वार से लगी तीनों पोतों की बहुएँ खड़ी थीं। मेहराँ ने हाथ से संकेत किया। बारी-बारी दादी अम्मा के निकट तीनों झुकीं। अम्मा की पुतलियों में जीवन-भर का मोह उतर गया। मेहराँ से उलझा कड़वापन ढीला हो गया। चाहा कि कुछ कहे...कुछ...पर छूटते तन से दादी अम्मा ओठों पर कोई शब्द नहीं खींच पाई।

"अम्मा, बहुओं की आशीष देती जाओ...।" मेहराँ के गीले कंठ में आग्रह था, विनय थी।

अम्मा ने आँखों के झिलमिलाते परदे में से अपने पूरे परिवार की ओर देखा—बेटा...बहू...पति...पोते-पतोहू...पोतियाँ। छोटी पतोहू की गुलाबी ओढ़नी जैसे दादी के तन-मन पर बिखर गई। उस ओढ़नी से लगे गोरे-गोरे लाल-लाल बच्चे, हँसते-खेलते, भोली किलकारियाँ...।

दादी अम्मा की धुँधली आँखों में से और सब मिट गया, सब पुँछ गया, केवल ढेर से अगणित बच्चे खेलते रहे गए...!

उसके पोते, उसके बच्चे...।

पिता और पुत्र ने एक साथ देखा, अम्मा जैसे हल्के-से हँसी, हल्के-से...।

मेहराँ को लगा, अम्मा बिलकुल वैसे हँस रही है जैसे पहली बार बड़े बेटे के जन्म पर वह उसे देखकर हँसी थी। समझ गई—बहुओं को आशीर्वाद मिल गया।

दादा ने अपने सिकुड़े हाथ में दादी का हाथ लेकर आँखों से लगाया और बच्चों की तरह बिलख-बिलखकर रो पड़े।

रात बीत जाने से पहले दादी अम्मा बीत गई। अपने भरे-पूरे परिवार के बीच वह अपने पति, बेटे और पोतों के हाथों में अन्तिम बार घर से उठ गई। दाह-संस्कार हुआ और दादी अम्मा की पुरानी देह फूल हो गई।

देखने-सुनने वाले बोले, "भाग्य हो तो ऐसा, फलता-फूलता परिवार।"

मेहराँ ने उदास-उदास मन से सबके लिए नहाने का सामान जुटाया। घर-बाहर धुलाया। नाते-रिश्तेदार पास-पड़ोसी अब तक लौट गए थे। मौत के बाद रूखी सहमी-सी दुपहर। अनचाहे मन से कुछ खा-पीकर घरवाले चुपचाप खाली हो बैठे। अम्मा चली गई, पर परिवार भरा-पूरा है। पोते थककर अपने-अपने कमरों में जा लेटे। बहुएँ उठने से पहले सास की आज्ञा पाने को बैठी रहीं। दादी अम्मा का बेटा निढाल होकर कमरे में जा लेटा। अम्मा की खाली कोठरी का ध्यान आते ही मन बह आया। कल तक अम्मा थी तो सही उसी कोठरी में। रुआँसी आँखें बरसकर झुक आईं तो सपने में देखा, नदी-किनारे घाट पर अम्मा खड़ी है। अपनी चिता को

जलते देख कहती है, 'जाओ बेटा, दिन ढलने को आया, अब घर लौट चलो, बहू राह देख रही होगी। जरा सँभलकर जाना। बहू से कहना, बेटियों को अच्छे ठिकाने लगाए।'

दृश्य बदला। अम्मा द्वार पर खड़ी है। झाँककर उसकी ओर देखती है, 'बेटा, अच्छी तरह कपड़ा ओढ़कर सोओ। हाँ बेटा, उठो तो! कोठरी में बापू को मिल आओ, यह बिछोह उनसे न झेला जाएगा। बेटा, बापू को देखते रहना। तुम्हारे बापू ने मेरा हाथ पकड़ा था, उसे अन्त तक निभाया, पर मैं ही छोड़ चली।'

बेटे ने हड़बड़ाकर आँखें खोलीं। कई क्षण द्वार की ओर देखते रह गए। अब कहाँ आएँगी अम्मा इस देहरी पर...।

बिना आहट किए मेहराँ आई। रोशनी की। चेहरे पर अम्मा की याद नहीं, अम्मा का दुख था। पति को देखकर जरा-सी रोई और बोली, "जाकर ससुरजी को तो देखो। पानी तक मुँह से नहीं लगाया।"

पति खिड़की में से कहीं दूर देखते रहे। जैसे देखने के साथ कुछ सुन रहे हों–'बेटा, बापू को देखते रहना, तुम्हारे बापू ने तो अन्त तक संग निभाया, पर मैं ही छोड़ चली।'

"उठो।" मेहराँ कपड़ा खींचकर पति के पीछे हो ली। अम्मा की कोठरी में अँधेरा था। बापू उसी कोठरी के कोने में अपनी चारपाई पर बैठे थे। नजर दादी अम्मा की चारपाई वाली खाली जगह पर गड़ी थी। बेटे को आया जान हिले नहीं।

"बापू, उठो, चलकर बच्चों में बैठो, जी सँभालेगा।"

बापू ने सिर हिला दिया।

मेहराँ और बेटे की बात बापू को मानो सुनाई नहीं दी। पत्थर की तरह बिना हिले-डुले बैठे रहे। बहू-बेटा, बेटे की माँ...खाली दीवारों पर अम्मा की तस्वीरें ऊपर-नीचे होती रहीं। द्वार पर अम्मा घूँघट निकाले खड़ी है। बापू को अन्दर आते देख शरमाती है और बुआ की ओट हो जाती है। बुआ स्नेह से हँसती है। पीठ पर हाथ फेरकर कहती है, 'बहू, मेरे बेटे से कब तक शरमाओगी?"

अम्मा बेटे को गोद में लिए दूध पिला रही है। बापू घूम-फिरकर पास आ खड़े होते हैं। तेवर चढ़े। तीखे बालों को फीका बनाकर कहते हैं, 'मेरी देख-रेख अब सब भूल गई हो। मेरे कपड़े कहाँ डाल दिए?' अम्मा बेटे के सिर को सहलाते-सहलाते मुस्कुराती है। फिर बापू की आँखों में भरपूर देखकर कहती है, 'अपने ही बेटे से प्यार का बँटवारा कर झुंझलाने लगे!'

बापू इस बार झुँझलाते नहीं, झिझकते हैं, फिर एकाएक दूध पीते बेटे को अम्मा से लेकर चूम लेते हैं। मुन्ने के पतले नर्म होंठों पर दूध की बूँद अब भी चमक रही है। बापू अँधेरे में अपनी आँखों पर हाथ फेरते हैं। हाथ गीले हो जाते हैं। उनके बेटे की माँ आज नहीं रही।

तीनों बेटे दबे पाँवों जाकर दादा को झाँक आए। बहुएँ सास की आज्ञा पा अपने-अपने कमरों में जा लेटीं। बेटियों को सोता जान मेहराँ पति के पास आई तो सिर दबाते-दबाते प्यार से बोली, "अब हौसला करो"...लेकिन एकाएक किसी की गहरी सिसकी सुन चौंक पड़ी। पति पर झुककर बोली-"बापू की आवाज लगती है, देखो तो।"

बेटे ने जाकर बाहरवाला द्वार खोला, पीपल से लगी झुकी-सी छाया। बेटे ने कहना चाहा, 'बापू'! पर बैठे गले से आवाज निकली नहीं। हवा में पत्ते खड़खड़ाए, टहनियाँ हिलीं और बापू खड़े-खड़े सिसकते रहे।

"बापू!"

इस बार बापू के कानों में बड़े पोते की आवाज आई। सिर ऊँचा किया, तो तीनों बेटों के साथ देहरी पर झुकी मेहराँ दीख पड़ी। आँसुओं के गीले पूर में से धुन्ध बह गई। मेहराँ अब घर की बहू नहीं, घर की अम्मा लगती है, बड़े बेटे का हाथ पकड़कर बापू के निकट आई। झुककर गहरे स्नेह से बोली, "बापू, अपने इन बेटों की ओर देखो, यह सब अम्मा का ही तो प्रताप है। महीने भर के बाद बड़ी बहू की झोली भरेगी, अम्मा का परिवार और फूले-फलेगा।"

बापू ने इस बार सिसकी नहीं भरी। आँसुओं को खुले बह जाने दिया। पेड़ के कड़े तने से हाथ उठाते-उठाते सोचा–दूर तक धरती में बैठी अगणित जड़ें अन्दर ही अन्दर इस बड़े पुराने पीपल को थामे हुए हैं। दादी अम्मा इसे नित्य पानी दिया करती थी। आज वह भी धरती में समा गई है। उसके तन से ही तो बेटे-पोते का यह परिवार फैला है। पीपल की घनी छाँह की तरह यह और फैलेगा। बहू सच कहती है। यह सब अम्मा का ही प्रताप है। वह मरी नहीं। वह तो अपनी देह पर के कपड़े बदल गई है, अब वह बहू में जीएगी, फिर बहू की बहू में...।'